AGUSTÍN LAJE

GENERACIÓN

IDIOTA

UNA CRÍTICA AL ADOLESCENTRISMO

AGUSTÍN LAJE
GENERACIÓN IDIOTA

UNA CRÍTICA AL ADOLESCENTRISMO

HarperCollins *México*

© 2023, HarperCollins México, S. A. de C. V.
Publicado por HarperCollins México
Insurgentes Sur 730, 2º piso.
03100, Ciudad de México.

© Agustín Laje Arrigoni 2023

Este título también está disponible en formato electrónico

Edición: *Juan Carlos Martín Cobano*
Diseño del interior: *Setelee*

ISBN: 978-1-40023-856-9
eBook: 978-1-40023-858-3
Audio: 978-1-40023-865-1

La información sobre la clasificación de la Biblioteca del Congreso está disponible previa solicitud.

Impreso en Estados Unidos de América
23 24 25 26 27 LBC 18 17 16 15 14

CV 09 28 2023 0240

CONTENIDO

A los jóvenes
que no pudieron
idiotizar

INTRODUCCIÓN

Este libro no va de letras. Tampoco va de grandilocuentes categorías etarias. Todo lo que sigue va de idiotas. Así, nada de X, Y, Z. Nada de *millennials*, *baby boomers*, *silent generation* o nativos digitales. Hemos hablado en esos términos hasta el hastío; hemos establecido cortes temporales demasiado evidentes, y al final no hemos sido capaces de decir nada interesante en realidad. Todo resultó demasiado obvio: nos lanzamos a la caza de las diferencias justo por donde estas se veían más claras. Nuestro mundo adora la diferencia. Necesitamos verlas en todas partes, aun cuando nos hacen perder de vista la imponente *desdiferenciación* que homogeneizaba a las mismas generaciones que no dejábamos de bautizar con letras y términos grandilocuentes, tratando de aprehender sus particularidades.

Pero de lo que hoy urge hablar, en cambio, es del *idiota*. Pensemos al idiota como principio homogeneizador. Las generaciones se encuentran a menudo precisamente en ese punto: el idiotismo. X, Y, Z: todos pueden ser idiotas por igual. ¿Es acaso el idiotismo el signo de una metageneración? ¿Es el Leviatán de las generaciones? ¿Una especie de horripilante monstruo compuesto ya no por una infinidad de individuos, sino por una infinidad de idiotas? ¿O es acaso el idiotismo el punto de llegada de la lucha de las generaciones? ¿Constituye el idiotismo, más bien, una «sociedad sin generaciones»? ¿Es la síntesis del devenir generacional, que concluye su movimiento dialéctico en la figura del idiota? ¿O simplemente el idiotismo será una marca *transgeneracional* propia de nuestra posmodernidad?

Esto último es especialmente relevante. La *generación idiota* es una *transgeneración* degenerada. Si bien el modelo de esa transgeneración es la *adolescencia*, hoy todos podemos ser adolescentes, de la misma manera que todos podemos ser mujeres o que todos podemos ser hombres, o que todos podemos ser lo que nos venga en gana sin importar nada más que nuestros deseos. Hemos hablado demasiado de transexualidad, y hemos perdido de vista lo transgeneracional. A la emasculación de los hombres y la masculinización de la mujer, a esa insoportable homogeneidad que se vende como «diversidad» le correspondió en el plano etario el envejecimiento de los niños y el rejuvenecimiento de los adultos. Unos y otros se volvieron, de un día para otro, adolescentes, de la misma manera que hoy decimos que un hombre hormonado es una mujer, o que una mujer hormonada es un hombre.

La generación idiota es el núcleo de la *sociedad adolescente*, es su corazón mismo, su principio de funcionamiento. No más gerontocracias, fin de todos los adultocentrismos: el adolescente gobernará desde ahora nuestro mundo. Es en este sentido en el que cabe decir que la forma de nuestra sociedad es *adolescéntrica*. El adolescente convertido en algo parecido al «nuevo hombre» del socialismo, al «superhombre» nietzscheano, al *startupper* del capitalismo digital, convertido en depositario del futuro, de todas las virtudes y todas las aventuras al mismo tiempo. El adolescente gobierna la forma de la cultura, estructura la forma de la política, inspira los cambios de nuestro lenguaje, impone sus preferencias estéticas, domina el imaginario posindustrial y el sistema de consumo. Si para entrar en el reino de los cielos, según el evangelio de Mateo, había que ser como niños, para estar a tono con los tiempos que corren —en los que nos dejaron sin Cielo a la vista— hoy debemos ser como los adolescentes. El reino de la Tierra será nuestro.

Es en este apelmazamiento de las generaciones en una instancia adolescente donde se produce la desdiferenciación generacional, la *transgeneracionalidad*. Los roles, los poderes, los ritos de paso, los secretos, las diferencias en general, se van deshaciendo en una sosa fluidez adolescéntrica. La forma-adolescente orienta la transición, ocupando el lugar del *ideal*, transformándose en la norma, deviniendo instancia de *normalización*. Pero la forma-adolescente es una forma-idiota. No tomemos esto como un insulto. Aquí, la palabra «idiota» juega con múltiples acepciones que más adelante me ocuparé de tratar. Captemos por ahora, más bien, que si en la forma-adolescente encontramos el principio de homogeneidad generacional, el motor *transgeneracional*, encontramos también el principio de la transversalización de la idiotez: la *transidiotez*.

El plan de este libro se estructura de la siguiente manera. En el primer capítulo, quiero asociar tres formas de edad a tres formas de sociedad muy distintas. Me interesa investigar el rol y el poder de los ancianos en sociedades arcaicas, antiguas y medievales, para luego advertir su caída con el advenimiento de las sociedades modernas, en las que pondré el foco en el rol y el poder de los adultos. Con todo esto en vista, desembarcaré en las playas de nuestra sociedad, la que por economía de términos podríamos llamar «posmoderna». Aquí, quien parece tomar el control es el adolescente, y a él abocaré mis análisis, caracterizando el objeto de crítica de este libro: lo que llamo «sociedad adolescente».

En el segundo capítulo, caracterizaré la «sociedad adolescente» en torno a algunas cuestiones esenciales. En primer término, se impone la del idiotismo. Me remontaré a la Grecia antigua para traer desde allí el término *idios*, del que proviene nuestra palabra «idiota». Conectaré su significado con otros tipos de idiotas que surgen en el mundo moderno, como el hombre-masa de Ortega y Gasset, y finalmente con el idiota posmoderno que reivindican Deleuze y Guattari. Otra cuestión crucial de este capítulo es la del sentido. La pérdida del sentido caracteriza nuestra época. El desierto avanza sin freno. Quiero vincular este problema con el gran tópico de la identidad, cada vez más omnipresente. Sentido e identidad no solo son problemas que, a nivel individual, se han adjudicado comúnmente al estadio adolescente de la vida, sino que ahora, a nivel colectivo, podemos adjudicárselos a la forma de nuestra sociedad.

En el tercer capítulo, exploraré las maneras dominantes de la frivolidad. Así, empezaré con el sistema de la moda, para preguntarme no solo qué se supone que esta sea, sino más bien cómo funciona actualmente. Más que un mecanismo de recambio de productos, lo que la moda opera es un cambio al nivel de las significaciones. Vincularé esas significaciones con la política y las batallas culturales, y su aceleración, con la cuestión de la identidad. Algo similar buscaré seguidamente en el fenómeno de la fama, en su tránsito degradante a la *farándula* de nuestros días. Quiero comprender cómo se construye la farándula en el siglo XXI, cómo funciona el poder mimético que detenta y cómo se la aprovecha políticamente. A continuación, me abocaré al mundo digital, para desentrañar la manera en que las tecnologías digitales se incrustan en nuestra vida, la capturan, la controlan y le confieren en gran medida su forma específica. Psicopolítica y pornocracia: modalidades *divertidas* del poder que hay que estudiar. En efecto, frente a nosotros, la vida y el medio se *desdiferencian* sin cesar, confunden sus fronteras y se van volviendo indistinguibles. El metaverso es la síntesis final de este proceso, al que también me dedicaré en esta parte.

En el cuarto capítulo, mi tema general es la socialización, entendida como el proceso por medio del cual aprendemos a vivir en nuestra sociedad. Empezaré, pues, por la familia. ¿Qué ha quedado de la familia en una sociedad donde todos resultan ser adolescentes? ¿Es que vivimos realmente en una cultura «prefigurativa», como sostuvo Margaret Mead? ¿Acaso son los adolescentes los que socializan a los adultos y no al revés? Aquí repasaré la manera en que la familia fue expropiada de su poder de socialización y, más aún, la manera en que alegremente ella misma lo cedió. A continuación, llegará el turno de los medios de comunicación de masas. Su poder socializador ha venido aumentando sin descanso desde hace muchas décadas ya. Ellos establecen cada vez más las pautas sociales a las que debemos ajustarnos. Pero ¿cómo lo hacen? Aquí estudiaré varios mecanismos, como el *framing* y el *agenda-setting*. También analizaré la relación que los más chicos tienen con los medios, convertidos hoy en algo así como su *teta digital*. Por fin, la escuela y la universidad constituirán el último mecanismo de socialización que abordaré. Lo que me interesa es hacer una genealogía del lugar del alma en la educación, repasando grandes pensadores tanto del mundo antiguo como del mundo moderno, para compararlos con lo que hoy tenemos en este campo. Veremos aquí la manera en que nuestra educación funciona hoy como el más burdo de los adoctrinamientos. En un excurso, me animaré seguidamente a brindar algunos consejos bien concretos para resistir en estos contextos, que sintetizo con el concepto de *educación radical*.

Finalmente, el quinto y último capítulo estará dedicado de forma exclusiva a la política. Todos los capítulos, en rigor, están saturados de política. Pero dejé para el final dos cuestiones estrictamente políticas que demandaban mi atención diferencial. Por un lado, la forma de nuestro Estado. ¿Paternalismo acaso? ¡De ninguna manera! ¡Niñerismo! El nuestro es un Estado niñera. La sociedad adolescente tiene a su Gran Niñera, que es el Estado que la rige. Este aparece no simplemente para cubrir nuestras necesidades y disciplinarnos, como hacía el Estado paternalista (de «bienestar»), sino para saciar y estimular nuestros deseos y vigilar nuestra felicidad. Por otro lado, quiero estudiar las formas de la rebeldía política. Postularé que hay un modelo bien definido de rebeldía de la Nueva Izquierda y del progresismo, bien caracterizado por Deleuze y Guattari, y continuado por sus seguidores. Criticaré esta rebeldía, argumentando que en realidad es funcional al sistema establecido: se trata, por tanto, de una *rebeldía idiota*. Cerraré brindando entonces un modelo de rebeldía muy distinto para la Nueva Derecha (a la cual vuelvo a hacer expresa mi adhesión, por si hiciera falta), tomando al *emboscado* de Jünger como referencia. De lo que se trata es de sustraerse del idiotismo político y rebelarse *de verdad* contra el sistema establecido.

Dicho todo esto, manos a la obra.

CAPÍTULO I

LA SOCIEDAD ADOLESCENTE

UNA PARTE IMPORTANTE de mi adolescencia transcurrió en la casa de mi abuela materna. Todos los días, al salir del colegio, almorzábamos juntos. Ella preparaba la comida, que usualmente ya estaba lista para servirse cuando yo llegaba, tras tomar uno o dos autobuses. Todavía hoy podría enumerar con precisión de centavo los menús más destacados, y hasta saborearlos en mi imaginación.

La casa de mi abuela era la casa de sus nietos. No solo yo me apersonaba a diario, sino también mis hermanos. Algunas veces se sumaba mi prima. Mis padres, mientras tanto, trabajaban. Sus horarios laborales tomaban toda la mañana y se extendían hasta la tarde. Ese era el motivo por el que la casa de mi abuela abría sus puertas, no solo como un comedor, sino más bien como un lugar de encuentro intergeneracional.

En una sociedad que venía negando hacía algunas décadas el mundo de los adultos, y despreciando el mundo de los viejos, yo recibí grandes lecciones de vida en la casa de mi abuela.

I- Viejos

La fuente de la juventud es un óleo sobre tabla del año 1546, del pintor alemán Lucas Cranach el Viejo. Su tema es el tiempo, la edad, y el deseo de rejuvenecimiento y eternidad que pesa sobre las criaturas finitas y crecientemente entrópicas que somos. Evoca un mito inmemorial, que cuenta de un manantial con la capacidad de rejuvenecer a quienes se bañaran en él. En el centro de la pintura se nos muestra la fuente mítica, cuyos poderes mágicos son capaces de devolverle la juventud a las ancianas que en ella se bañan. Por eso vemos en la izquierda de la pintura a sus familiares cargar con ellas, en lo que parece ser un largo y extenuante viaje que tiene por destino la fuente. A la derecha de la pintura, las ancianas salen de su baño, ya no con sus cuerpos viejos y cansados, sino como hermosas jóvenes desnudas que son dirigidas por hombres hacia una carpa. Al salir de la carpa, les esperan bailes y banquetes, diversiones y placeres.

Desde antaño, la juventud ha sido objeto del deseo y ha despertado la imaginación de diversas maneras. En el siglo VII, Isidoro de Sevilla creía que la fuente podía encontrarse en Oriente; un cantar de gesta del siglo XIII, *Huon de Bordeaux*, sostenía que el Nilo la proveía de sus aguas.[1] Este asunto incluso ha impulsado grandes empresas. Se ha dicho que Ponce de León buscaba la fuente de la juventud cuando descubrió Florida. En nuestro mundo *desencantado*,[2] en el que la técnica reemplaza a la magia, los nuestros buscan la eterna juventud no en aguas mágicas, sino con arreglo a cirugías, cremas, prótesis, medicina regenerativa, ácido hialurónico, masajes reafirmantes y tonificantes, radiofrecuencias nanofraccionadas, ultrasonidos, láser y *Photoshop*, pero se mantiene el objeto del deseo.

Más aún: en un mundo desencantado, el deseo de la juventud eterna se agudiza. En él, la vejez ya no tiene nada que hacer ni que decir; va empujando al sujeto fuera del mundo —va anticipando su salida final— y, por tanto, acaba con su subjetividad antes de tiempo. El viejo ya no es *subjectum*, ya no está «puesto debajo», ya no es *fundamento* de nada.[3] Cuando la muerte no significa más

---

1. *Cf.* Dardo Scavino, *Las fuentes de la juventud. Genealogía de una devoción moderna* (Buenos Aires: Eterna Cadencia, 2015), p. 12.
2. *Cf.* Max Weber, *Economía y sociedad* (Ciudad de México, FCE: 2014), pp. 438-439.
3. Lo pienso en el sentido que le da Heidegger al «sujeto» en «La época de la imagen del mundo», a saber: «El hombre se convierte en centro de referencia de lo ente como tal», «el hombre lucha por alcanzar la posición en que puede llegar a ser aquel ente que da la medida a todo ente y pone todas las normas» (Caminos de bosque. Madrid: Alianza, 1995, pp. 87, 92). Así, el hombre es sujeto en la Edad Moderna.

que el final, y el desencantamiento del mundo ha llegado al grado de romper cualquier significación *fuerte* y *compartida* de la vida, la presencia del viejo recuerda la finitud de nuestra naturaleza, la fatalidad de la vida, y por eso hay que esconderlo o maquillarlo.

En las sociedades premodernas, la vejez no era necesariamente una maldición. Bajo ciertas circunstancias, podía ser todo lo contrario. Incluso en las sociedades primitivas, cuya existencia material precaria y su necesidad de desplazamiento territorial más o menos constante hacen del viejo una carga objetiva, este puede mantener un lugar destacado en el entramado comunitario. En efecto, sus años traen consigo la experiencia, el conocimiento, la tradición, la magia y la proximidad al mundo de los espíritus.

El viejo de las sociedades primitivas puede gozar de un papel social destacado bajo la condición de que la cultura se haya desarrollado lo suficiente como para revestirse de un cierto sistema religioso y como para precisar de una tradición que necesite transmitirse. El desarrollo de la propiedad también suele ser una condición importante. De ella, acumulada con el correr de los años que desembocan en la vejez, es posible extraer prestigio.

Los antropólogos han ofrecido muchos ejemplos al respecto. Malinowski encontró que las tribus de las islas Trobriand concedían la autoridad a los más viejos, y que eran ellos los que encabezaban distintas ceremonias y rituales de gran relevancia, y llamaban al orden tras las fiestas. Con una situación similar se dio Margaret Mead en su estudio sobre las tribus de Nueva Guinea, donde los ancianos bien posicionados gozaban de altas cuotas de poder, y donde la educación doméstica que brindan las abuelas resultaba inestimable para sus nietas. Lo mismo se repite en innumerables casos: los fangs, originarios del interior del área continental de Guinea Ecuatorial, ponían a sus viejos a conducir la política mientras los jóvenes se encargaban de la guerra. También los arandas desarrollaron una gerontocracia, al igual que los tivs y los kikuyus, y los masáis y los nandis de África Oriental. Similarmente, entre los lugbaras de Uganda, los jefes de cada linaje eran usualmente los de mayor edad. Los ancianos khoikhois, por su parte, eran constantemente consultados sobre temas relevantes y dirigían importantes ritos de la comunidad. Entre los ojibwas del Norte, los viejos transmitían a los jóvenes sus conocimientos sobre hierbas medicinales, ejercían el sacerdocio y ordenaban la logística laboral. Algo similar se daba entre los navajos, cuyos viejos «cantores» tenían el poder de traer la lluvia y la buena salud, y compartían poco a poco sus secretos con los jóvenes. Los ancianos koryakes que poseían rebaños, a su vez, tenían una función matrimonial indispensable, consistente en distribuir sus bienes a sus hijos y yernos. Los viejos yaganes, asimismo, gozaban de los mejores lugares de las chozas y se dedicaban a aplicar la ley no escrita, que dependía tanto de su memoria como de su interpretación. Para los mendes, la memoria del viejo es imprescindible, pues solo ella puede decir a qué clase pertenece cada uno y, por eso, toda la estructura social depende de ella. Los viejos lelés podían excluir del culto a los insubordinados, y hasta monopolizaban los oficios que ejercían. Entre los aleutianos, cuyos viejos se encargaban del calendario y de la educación, se decía que quien tratara bien a los ancianos tendría fortuna en la pesca. Los indios del Gran Chaco desarrollaban incluso temor hacia sus viejos, puesto que estos detentaban peligrosos poderes mágicos y, tras la muerte, sus fantasmas podían acechar al mundo de los vivos. Cosa similar se creía entre los jíbaros, cuyos viejos poseían el conocimiento sobre los animales y las plantas, los narcóticos y el mismísimo futuro, pero si se los atacaba, podían reencarnarse en peligrosos animales que buscarían venganza. En cuanto a los nyoros del África Oriental, consideraban que los más ancianos estaban imbuidos de una gran cantidad de *mahano*, una especie de poder mágico, similar a la idea de maná.[4]

Más allá de los primitivos, la antigüedad también concede, en muchos casos, un lugar importante a los ancianos. Incluso una sociedad guerrera como la espartana coloca a sus viejos en el poder. El culto a la fuerza y la destreza, la lucha y la conquista, no impide que esto sea así. La vejez es, con todo, fuente de valor. Que

---

4. Ejemplos tomados de Bronislaw Malinowski, *Los argonautas del Pacífico occidental I* (Barcelona: Planeta-De Agostini, 1986), pp. 58, 63, 457. Margaret Mead, *Educación y cultura en Nueva Guinea: estudio comparativo de la educación entre los pueblos primitivos* (Barcelona: Paidós, 1999), p. 199 de la edición en inglés (ver nuestra Bibliografía, p. 299). John Beattie, *Otras culturas* (México D. F.: FCE, 1986), pp. 193, 197, 280. Hay muchos otros ejemplos similares que se pueden consultar en Simone de Beauvoir, *La vejez* (Bogotá: Debolsillo, 2013).

los infantes defectuosos deban ser aniquilados por inútiles según los cánones de una *polis* guerrera, pero que los ancianos tengan una institución propia de gobierno se explica sobre todo por el lugar de la tradición, cuya transmisión depende fundamentalmente de los segundos. Esa institución era la *gerousía*, compuesta por veintiocho gerontes que no podían ser menores de sesenta años, y convivía con una doble monarquía. Los veintiocho ancianos eran elegidos por un sistema de aclamación popular, lo que da cuenta del carácter público de los viejos espartanos en general.[5]

El poeta Tirteo cantó unos versos que celebraban esta constitución, en la que el cuerpo de los ancianos reviste la mayor importancia:

> Oyeron con su oído, y nos trajeron
> este oráculo y versos infalibles,
> que predijera la Pitia Febo:
> «Tengan el mando los sagrados reyes,
> que son tutores de la amable Esparta,
> y los graves ancianos, luego el pueblo,
> y se confirmarán las rectas leyes».[6]

La Atenas anterior a la democracia también revestía de poder a sus ancianos. El Areópago, al que le competían asuntos de materia política y judicial, estaba compuesto de viejos arcontes. Y aun en tiempos democráticos, la vejez tendrá defensores de la talla de Platón y Aristóteles, cada uno a su manera.

En la *República*, el Sócrates de Platón dice que «el buen juez no debe ser joven sino anciano: alguien que haya aprendido después de mucho tiempo cómo es la injusticia».[7] Aquí el conocimiento no se confunde con la experiencia: conocer lo injusto no equivale a haberlo practicado, sino estudiado. El buen juez es anciano porque ha tenido el tiempo suficiente —que al joven le falta— para aprender a distinguir lo justo de lo injusto. Más aún, la *República* delinea una gerontocracia: «los más ancianos deben gobernar

5. *Cf.* Vicente Gonzalo Massot, *Esparta. Un ensayo sobre el totalitarismo antiguo* (Buenos Aires: Grupo Editor Latinoamericano, 1990), pp. 76-77.
6. Plutarco, *Licurgo*, VI. Citado en Massot, *Esparta*, p. 77.
7. Platón, *República*, 409b.

y los más jóvenes ser gobernados»,[8] y de entre los primeros, los mejores. Los jóvenes oficiarán de «guardias» y serán «auxiliares» de la autoridad de los gobernantes, pues la fuerza física les corresponde.

Este esquema es deudor del lugar que tiene el conocimiento en la política de Platón. Su *polis* ideal está gobernada por un filósofo rey. Pero para pensar hay que demorarse. Es una actividad que toma tiempo. En una célebre alegoría, Platón describe un grupo de hombres que están encerrados y encadenados en una caverna en la que hay una enorme fogata. La luz del fuego proyecta sombras en las paredes, que corresponden a objetos que se encuentran fuera de la caverna. Los hombres de la caverna piensan que las sombras son la realidad, pero están engañados. El conocimiento se muestra entonces como emancipación de las cadenas que retienen al hombre en la oscuridad. Quien logra salir de la caverna queda encandilado con la luz que hace patente la verdad de las cosas. De esta forma, Platón quiere gobernantes que hayan visto la luz, que hayan cultivado el conocimiento, que, en una palabra, sean filósofos. Pero salir de la caverna toma tiempo. Los jóvenes deben ser sacados de la ignorancia de a poco, aunque no todos lograrán hacerlo. Recién después de los cincuenta años, se sabrá quiénes son aptos para gobernar:

> Y una vez llegados a los cincuenta de edad, hay que conducir hasta el final a los que hayan salido airosos de las pruebas y se hayan acreditado como los mejores en todo sentido, tanto en los hechos como en las disciplinas científicas, y se les debe forzar a elevar el ojo del alma para mirar hacia lo que proporciona luz a todas las cosas; y, tras ver el Bien en sí, sirviéndose de éste como paradigma, organizar durante el resto de sus vidas, cada uno a su turno, el Estado, los particulares y a sí mismos, pasando la mayor parte del tiempo con la filosofía pero, cuando el turno llega a cada uno, afrontando el peso de los asuntos políticos y gobernando por el bien del Estado.[9]

Aristóteles, por su parte, no imagina una *polis* necesariamente gobernada por filósofos ancianos, pero mantiene gran estima por

---

8. Platón, *República*, 412c.
9. Ibíd., 540a-b.

los adultos mayores: a ellos se les debe «el honor que les corresponde según edad».[10] Y, más todavía, el Estagirita deja fuera de la política a los más jóvenes. En su sistema de filosofía práctica, la ética está antes que la política. Por ello, al joven hay que enseñarle primero la ética, que le servirá para moderar sus pasiones. Así, su *Ética nicomáquea* fue escrita para Nicómaco, su hijo. En ella, Aristóteles es claro al sostener que «cuando se trata de la política, el joven no es un discípulo apropiado, ya que no tiene experiencia de las acciones de la vida». Además, el joven es «dócil a sus pasiones».[11] Su inexperiencia lo incapacita para la política, que precisa de experiencia y prudencia. Los fines de la política son demasiado importantes como para quedar en las manos de la juventud: «el bien supremo es el fin de la Política y ésta pone el máximo empeño en hacer a los ciudadanos de una cierta cualidad y buenos e inclinados a practicar el bien».[12]

Pero al joven le resulta ajena la prudencia. Dado que la prudencia consiste en la disposición habitual para la determinación de medios apropiados para la realización de fines vinculados al proyecto de una vida buena, no basta con aprenderla teóricamente. La prudencia requiere mucho tiempo; precisa volverse *hábito*. Así, «los jóvenes pueden ser geómetras y matemáticos, y sabios, en tales campos, pero, en cambio, no parecen poder ser prudentes».[13] Aristóteles no especifica cuánto tiempo se requiere, como sí lo había sugerido Platón a la hora de delinear su sistema educacional y político. No obstante, la configuración de una jerarquía etaria en la que la edad es fuente de experiencia y sabiduría práctica resulta patente. Los jóvenes aprenden de sus mayores, y no al revés. El tiempo es el gran aliado del intelecto práctico. En un pasaje, Aristóteles dice con claridad que «uno debe hacer caso de las aseveraciones y opiniones de los experimentados, ancianos y prudentes no menos que de las demostraciones, pues ellos ven rectamente porque poseen la visión de la experiencia».[14]

---

10. Aristóteles, *Ética nicomáquea*, 1165a-25.
11. Ibíd., 1095a-5.
12. Ibíd., 1099b.
13. Ibíd., 1142a-10.
14. Ibíd., 1143b-10.

La antigüedad romana, a su vez, al menos hasta el siglo II a. C. concederá gran parte del poder político a sus ancianos. El Senado es una institución aristocrática de personas entradas en edad. Los jóvenes llaman a los senadores «padres», y los acompañan amorosamente a la casa del Senado y los regresan a sus hogares.[15] Desde esa institución se exigen responsabilidades a los cónsules, se ratifican o rectifican los acuerdos que emanan de las asambleas populares y se resuelve el vacío de poder que deja la muerte de un cónsul. También en la familia, el poder de la edad era algo evidente: la figura del *pater familias* supone un poder doméstico absoluto, y el joven que desea casarse debe contar con el consentimiento no solo de su padre, sino también de su abuelo.

La etapa imperial de Roma, hacia el año 27 a. C., modera el poder de la edad. Los jóvenes guerreros reivindican su fuerza. Dadas las condiciones imperiales en esta nueva fase histórica, ellos gozan del protagonismo político. El poder del Senado disminuye. Lo mismo ocurre con el *pater familias*. En este contexto escribe precisamente el senador Cicerón *El arte de envejecer*, a sus 63 años, casi como una autodefensa. El texto presenta un diálogo entre Catón el Viejo y dos jóvenes, Lelio y Escipión. Cicerón hablará a través del primero, y se esforzará por mostrar que la vejez es una etapa digna de la vida, que tiene mucho para dar tanto al individuo como a la comunidad:

> Los que dicen que los viejos somos inútiles no saben de qué hablan. Son como esas personas que creen que el capitán de un barco no hace nada porque se pasa el día a popa, timón en mano, mientras los demás trepan por los mástiles, se afanan por las cubiertas y limpian la sentina. No realiza las labores de los jóvenes porque tiene las suyas propias, más relevantes e imprescindibles.[16]

La fuerza puede corresponder a los jóvenes, pero la sabiduría corresponde a quienes han vivido lo suficiente como para

---

15. *Cf.* Pier Paolo Vergerio, *The Character and Studies Befitting a Free-Born Youth*, en Craig W. Kallendorf (Ed.), *Humanist Educational Treatises* (Londres: Harvard University Press, 2002), p. 25.
16. Cicerón, *El arte de envejecer* (Badalona: Koan, 2020), p. 17.

cultivarla: «la imprudencia es propia de la edad florida y la sabiduría de la marchita».[17] Por eso Cicerón vuelve a la típica metáfora platónica del barco y los marineros, y son los ancianos los responsables de capitanear la nave. La división del trabajo responde a un criterio etario. Por eso los jóvenes han de escuchar a los ancianos, como Lelio y Escipión escuchan y aprenden de Catón. Y, sobre todo, han de respetar la autoridad que brindan los años y la experiencia: «El respeto que otorga la edad al ser humano, sobre todo al que ha desempeñado cargos públicos, satisface mucho más que los placeres de la juventud».[18]

En efecto, la vejez libera al hombre de las pasiones de otras edades. Esto supone una liberación del tiempo, que puede utilizarse mejor en cosas de mayor valor: «Los banquetes, los juegos y los burdeles no valen nada comparados con estos placeres [los del intelecto]. Las personas cultivadas a medida que cumplen años se apasionan cada vez más por el aprendizaje». Y remata: «Os aseguro que el placer intelectual es el mayor de los placeres».[19] De esta forma, el terror que suscita la disminución de la libido y los apetitos de las más diversas índoles que trae la vejez es puesto del revés por Cicerón, que celebra esa pérdida. A fin de cuentas, si, según la filosofía estoica que él sigue, lo natural es bueno, entonces la vejez, que es enteramente natural, no puede ser algo malo.

Un siglo más tarde, Séneca, preceptor del emperador Nerón, intentaría usar su influencia para devolver poder al Senado. En sus *Epístolas morales a Lucilio*, Séneca hablará en un momento dado sobre la vejez que le toca vivir. Sus argumentos son muy parecidos a los de Cicerón, y dan cuenta de su estoicismo:

> Es gratísima la edad que ya declina, pero aún no se desploma, y pienso que aquella que se mantiene aferrada a la última teja tiene también su encanto; o mejor dicho, esto mismo es lo que ocupa el lugar de los placeres: no tener necesidad de ninguno.[20]

17. Cicerón, *El arte de envejecer*, p. 20.
18. Ibíd., p. 56.
19. Ibíd., p. 46.
20. Séneca, *Epístolas morales a Lucilio I* (Madrid: Gredos, 1986), p. 138.

También en la Biblia se pueden encontrar bellos pasajes sobre la vejez. En el Antiguo Testamento, por ejemplo, se ilustra con claridad la importancia de la transmisión de la tradición que está en manos de los ancianos: «Acuérdate de los tiempos antiguos, considera los años de muchas generaciones; pregunta a tu padre, y él te declarará; a tus ancianos, y ellos te dirán».[21] En otra parte, leemos que «en los ancianos está la ciencia, y en la larga edad la inteligencia».[22] Un salmo, a su vez, nos dice que en la vejez no hay muerte, sino vida para los justos: «Aun en la vejez fructificarán; estarán vigorosos y lozanos».[23] En el Nuevo Testamento, se hallan numerosas referencias de cuidado y respeto al anciano, y de la autoridad que le corresponde, en contraposición a un neófito,[24] esto es, a un recién llegado. Así, por ejemplo, los obispos deben ser cristianos probados en el tiempo que se han desarrollado tanto en carácter como en conocimiento, que gozan de buena reputación personal y familiar, y que han demostrado ser mayordomos eficientes de los asuntos de la iglesia.[25] Justamente, la palabra griega para «anciano» es *presbyteros*, que habla de un hombre maduro y con mucha experiencia.

No es extraño encontrar en la pluma de los más destacados filósofos de la era cristiana referencias de este tenor sobre la vejez, desde san Agustín a santo Tomás. El primero divide las edades del mundo en seis etapas, que identifica con las edades de la vida: de Adán a Noé (infancia), de Noé a Abraham (*pueritia*), de Abraham a David (adolescencia), de David al cautiverio en Babilonia (juventud), de este último al nacimiento de Cristo (madurez), de Cristo a la eternidad del fin de los tiempos (ancianidad).[26] Así, la última etapa de la vida se relee teológicamente como un tiempo de gracia. En sus *Confesiones*, Agustín anota: «Cosas que tienen su aurora y su ocaso; que al nacer tienden al ser, crecen para perfeccionarse y cuando son perfectas, envejecen y mueren».[27] Por su

---

21. Deuteronomio 32.7.
22. Job 12.12.
23. Salmos 92.14.
24. 1 Timoteo 3.6.
25. 1 Timoteo 3.1-7.
26. *Cf.* Jérôme Baschet, *La civilización feudal. Europa del año mil a la colonización de América* (México D. F.: FCE, 2009), pp. 339-340.
27. San Agustín, *Confesiones*, Libro IV, Capítulo X.

parte, Tomás recomendará el estudio de la metafísica para una edad bastante avanzada. Ella se orienta al conocimiento de Dios y las verdades divinas, y por tanto es un punto de llegada. Su nivel de abstracción es inapropiado para quienes no tienen la madurez suficiente. Según la clasificación de las edades, para sumergirse en la metafísica el hombre debe tener por lo menos cincuenta años, lo que en la Edad Media lo hacía a uno anciano.[28]

Gobernadores, magos, sacerdotes, filósofos: bajo ciertas circunstancias políticas y culturales, las sociedades premodernas muy a menudo han concedido al anciano lugares de importancia. La ancianidad supone una suerte de *estatus*, que le otorga al hombre una serie de derechos, obligaciones y funciones sociales propias de un *agente*. El anciano puede ser admirado, temido, respetado, obedecido e incluso adorado; o bien todas estas cosas al mismo tiempo. El viejo detenta el conocimiento propio de la experiencia, la comunión con los antepasados, los secretos mejor guardados, la correcta interpretación de la tradición; o bien todos estos privilegios al mismo tiempo.

Pero todo esto es un valor solo allí donde la vida transcurre sin conmociones, donde el cambio social es prácticamente imperceptible y donde la estabilidad comunitaria vuelve *eterna* la práctica social. Lo antiquísimo precisa de personas antiquísimas que marquen el rumbo de la vida en común y que conjuren sus peligros.

Los tiempos modernos, que tienen otro ritmo, y para los que los estatutos significan nada, pintarán un cuadro muy distinto.

II- Adultos

En el siglo XVIII, Kant definirá la Ilustración como «la salida del hombre de la minoría de edad, de la cual él mismo es culpable». Sin embargo, salir de esa condición no tiene nada que ver con la consumación de un desarrollo físico, sino moral: «La

---

28. *Cf.* Tomás de Aquino, *In III Sent.*, d. 29, q. I, a. 8, a. 1. Ver especialmente el estudio Dietrich Lorenz, «Sobre el concepto de juventud en el siglo XII y el orden en que se debe estudiar la filosofía», *Miscelánea Comillas*, vol. 64 (2006), núm. 125, pp. 633-651.

minoría de edad estriba en la incapacidad de servirse del propio entendimiento, sin la dirección de otro».[29] Estamos ya en tiempos modernos, y el ideal de autonomía se esgrime por doquier.

El movimiento ilustrado promete de esta manera una *emancipación* colectiva. Así como el joven se emancipa de sus padres al cumplir determinada edad, el hombre necesita ahora emanciparse de un conjunto de tutores que le impiden vivir como adulto. La infancia se define por la incapacidad de conducir la propia vida. Lo que define a la adultez es la adquisición de esta capacidad. Por eso, un mundo no ilustrado se le muestra a Kant como un mundo de niños con cuerpos de adultos, condenados a una minoría de edad moral que les impide pensar por sí mismos y actuar de acuerdo con la propia razón.

A su propia manera, Rousseau, en el mismo siglo que Kant, tratará de educar para la «mayoría de edad» a un niño ficticio, al que llamará Emilio. Lo hará como si el mundo fuera un inmenso laboratorio, en el que el niño debe ser sustraído de las instituciones sociales vigentes que lo embrutecen y confiado a un *método natural*. Rousseau también advierte el problema de la «minoría de edad» generalizada: «Nosotros fuimos hechos para ser hombres, pero las leyes y la sociedad nos han sumergido en la infancia».[30] Por eso, el objetivo de la educación para Emilio se plantea claro desde el inicio, y remite al ideal del gobierno de sí como característica definitoria del hombre adulto:

> He tomado la determinación de escoger a un alumno imaginario y a suponer que poseo la edad, la salud, los conocimientos y todo el talento que conviene para preparar su educación, conduciéndolo desde el instante de su nacimiento hasta el punto en que, ya hombre formado, se gobierne por sí mismo.[31]

Los tiempos modernos advienen como una rebelión contra la tradición. Hay que revisar con cuidado toda herencia, e incluso descartarla desde el inicio; es lo que Descartes había hecho poco antes, desarrollando su filosofía moderna sin ninguna referencia

---

29. Immanuel Kant, *¿Qué es la Ilustración?* (Buenos Aires: Prometeo, 2010), p. 21.
30. Jean-Jacques Rousseau, *Emilio o la educación* (Barcelona: Gredos, 2015), p. 67.
31. Ibíd., p. 26.

a los grandes hombres que le precedieron. *Tabula rasa*. El hombre reclama para sí el mundo y se coloca a sí mismo en el centro. Las creencias deben ser revisadas, las costumbres deben ser cuestionadas, los prejuicios deben ser abandonados. Por doquier se reclama un *hombre nuevo*, desentendido de *lo viejo*. Pero aquel es todo menos un niño. No rejuvenece, sino que renace siendo adulto.

El hombre moderno no vuelve: avanza. Tiene una concepción *teleológica* de la historia. Esto significa que confiere un orden al desarrollo histórico, una serie de pasos más o menos estructurados, que conducen a un fin (*telos*), a través de una sucesión lógica que denomina «progreso». Ese fin ha sido imaginado de diferentes maneras: como ilustración de la humanidad a través de la razón, como liberación a través de la técnica y la ciencia, como advenimiento de la sociedad sin clases a través de la revolución, etcétera.

El desarrollo de las sociedades se ha interpretado como el paso por distintas etapas de la edad de un individuo. Las sociedades, como entidades colectivas, también pasan de la minoría a la mayoría de edad, por continuar con la idea de Kant. Así, la moderna antropología empírica del siglo XIX abundó en este tipo de referencias. A menudo se señala como ejemplo de esto a los antropólogos decimonónicos Edward B. Tylor y George Frazer. Este último, por caso, describiría la magia de los pueblos primitivos de una manera que, para algunos, recuerda al funcionamiento de la mentalidad de un niño.[32] Otro antropólogo, contemporáneo de aquellos dos, escribiría por entonces sobre los esquimales: «Estos grandes niños no superaron el período de la animalidad, y todavía tienen que aprender que no pueden hacer sus necesidades en público».[33] También Lewis Morgan ordenaba en fases la evolución de la humanidad: salvajismo, barbarie, civilización, se deslizaban a través de la lógica del *progreso*. Al inicio de todo, nos encontramos con el «período de la infancia de la existencia del hombre», donde hay incluso menos que niños:

---

32. *Cf.* Scavino, *Las fuentes de la juventud*, p. 59.
33. Élie Reclus, *Les primitifs. Études d'ethnologie comparée* (París: Chamerot, 1885), p. 37. Citado en Scavino, *Las fuentes de la juventud*, p. 59.

En una condición tan absolutamente primigenia, el hombre aparece, no solo como un niño en la escala de la humanidad, sino también poseedor de un cerebro en el que ni un solo destello o concepto traducido por esta instituciones, invenciones y descubrimientos, ha penetrado; en una palabra, se halla al pie de la escala, pero, potencialmente, es todo lo que ha llegado a ser después.[34]

Algo muy parecido ocurría, mientras tanto, en la naciente sociología. Auguste Comte, por ejemplo, dividió el desarrollo del conocimiento de una sociedad en tres etapas: teológico, metafísico y físico (científico). El paso de una etapa a otra se presentaba como una maduración que tenía por fin un desarrollo pleno de las capacidades:

> ¿No se acuerda cada uno de nosotros, contemplando su propia historia, que ha sido sucesivamente, en cuanto a sus nociones más importantes, *teólogo* en su infancia, *metafísico* en su juventud y *físico* en su virilidad?[35]

Comte había sido influido por Henri de Saint-Simon, quien ya había expresado la misma idea general: «Las opiniones científicas formuladas por los filósofos deben estar investidas de tal forma que se vuelvan sagradas, para que puedan ser enseñadas a niños de todas las clases, así como a analfabetos, cualquiera sea su edad».[36] La filosofía no puede penetrar en el niño, porque este último carece de la capacidad necesaria para entenderla. Por eso, aquella debe mutar su forma, en lo que Saint-Simon —al igual que Comte— entiende que es un tipo de discurso de menor nivel. Los distintos tipos de conocimiento están gradados, igual que las edades de la vida, y cada cual corresponde a una etapa distinta, no solo del individuo, sino también de la sociedad en su conjunto.

34. Lewis Morgan, *La sociedad primitiva* (Madrid: Endymión, 1987), p. 105.
35. Augusto Comte, *Principios de filosofía positiva* (Santiago: Imprenta de la Librería del Mercurio, 1875), p. 75.
36. Henri de Saint-Simon, *Social Organization: The Science of Man and Other Writings* (Nueva York: Harper & Row, 1964), p. 20.

Pero tanto a Saint-Simon como a Comte los caracteriza el optimismo moderno. Las sociedades se desplazan en sus edades rumbo a un porvenir de realización humana. Saint-Simon vuelve a dividir las edades en tres etapas, y a cada una le asigna una relación con el ansiado futuro; hay que notar que solo los adultos mantienen con este una relación efectiva, prácticamente mesiánica:

> Los Años Dorados de la raza humana no están detrás de nosotros, sino frente a nosotros; descansan en la perfección del orden social. Nuestros ancestros nunca lo vieron; nuestros niños algún día llegarán a ello; depende de nosotros despejar el camino.[37]

Desde la psicología, a su vez, algunos utilizaron la misma idea de la correspondencia entre la edad del individuo y la del grupo social, pero al revés. Plantearon, pues, que el individuo vive, a lo largo de sus etapas de desarrollo, lo que las sociedades han vivido en su desarrollo histórico. Este es el caso de Granville Stanley Hall, padre de los estudios psicológicos de la adolescencia. Su teoría de la recapitulación sostenía que la infancia del individuo (0 a 4 años) está en correspondencia con la etapa animal del hombre, la niñez (4 a 8 años) con la etapa de la caza y la pesca, la preadolescencia (8 a 12 años) con la «vida monótona del salvajismo», y la adolescencia (12 años hasta la adultez) con primitivas épocas de turbulencia y transición.[38] ¿Transición a dónde? En el caso del adolescente, hacia su realización como adulto, que supone el abandono de semejantes correspondencias con pasados tan remotos de la especie humana.

Hay que advertir en todo esto que ni la figura del niño ni la del viejo se ajustan al ideal moderno. El hombre, que ha sido puesto en el centro del mundo, no es ni uno ni otro, sino un adulto. Allí donde el niño necesita tutores, el hombre moderno reivindica su

---

37. Saint-Simon, *Social Organization*, p. 68.
38. *Cf.* Granville Stanley Hall, *Adolescence* (Nueva York: Appleton, 1916). Además, véase Rolf E. Muuss, *Teorías de la adolescencia* (Buenos Aires: Paidós, 1966), capítulo 1.

autonomía.[39] Allí donde el anciano representa el pasado, el hombre moderno se quiere constructor del futuro.

Los tiempos modernos no solo se jactan de haber superado la magia (que aún en el Renacimiento seguía teniendo importancia), sino también la religión. Ya lo hemos mencionado respecto de Comte. También en el siglo XIX, Nietzsche declarará la «muerte de Dios». De esta forma, el orden moral ha quedado sin el fundamento teológico (más aún: metafísico)[40] que, de manera absoluta, lo estabilizaba y lo hacía inteligible y autoevidente para todos. Perder a Dios equivale a perder la fuente misma de lo bueno y lo malo, y de una vigilancia perpetua que custodia los caminos del hombre. Por eso *hemos quedado a oscuras*, «viene continuamente la noche y más noche» y «se torna indispensable encender linternas en pleno día».[41] Ese es el precio de haber «matado» a Dios, lo que, en concreto, quiere decir: haberlo quitado del centro de la vida, haberlo reducido a un viejo relato sin el poder necesario para articular nuestro orden humano. Ese precio es el de la *desorientación radical* que acompaña al *nihilismo* en virtud del cual se despliega la historia occidental. El precio es *quedarse a oscuras*.

Los viejos pueden ser, en virtud de su edad, magos o sacerdotes, transmisores de tradiciones o intérpretes de los más encriptados elementos comunitarios, bajo la condición de que el grupo social precise para su orden y su práctica social de referencias religiosas y tradicionales. Pero cuando ellas caen en desuso, ya no se puede ver la edad avanzada como poseedora de estos secretos

---

39. El «mayor de edad» de Kant es lisa y llanamente un adulto. Así, en otro texto, escribe: «Mucha gente mira a los años de su juventud como los mejores y los más agradables de su vida; esto no es cierto: son los más fastidiosos, porque se está tan sujeto a la disciplina, que es raro tener un amigo verdadero, y más raro aún tener libertad» (Immanuel Kant, *Pedagogía*. Madrid: Akal, 2003, p. 76).

40. En su interpretación sobre aquella célebre frase de Nietzsche, Heidegger apunta que entenderíamos mal el asunto si lo pensáramos simplemente como una creciente falta de fe. El hecho decisivo es metafísico: nos quedamos sin un «mundo suprasensible» al cual vincular nuestro mundo sensible: «Si Dios, como fundamento suprasensible y meta de todo lo efectivamente real, ha muerto, si el mundo suprasensible de las ideas ha perdido toda fuerza vinculante y sobre todo toda fuerza capaz de despertar y de construir, entonces ya no queda nada a lo que el hombre pueda atenerse y por lo que pueda guiarse» («La frase de Nietzsche "Dios ha muerto"», en *Caminos de bosque*, p. 197).

41. Friedrich Nietzsche, *La gaya ciencia*, sección 125. En *Obras completas*, vol. III (Madrid: Tecnos, 2014), pp. 802-803.

y habilidades. Queda así privada de sus relevantes funciones de otros tiempos. Sin Dios, y vueltos contra toda tradición, los tiempos modernos no son los tiempos del anciano.[42] La industria moderna del rejuvenecimiento buscará en adelante disimular este vacío.

También el crecimiento demográfico cumple aquí un rol importante. Los tiempos modernos traen consigo avances en materia de higiene pública, además de revoluciones tecnológicas y económicas que incrementan sustantivamente la esperanza de vida de la población. En 1800, Europa tenía una población de 187 millones. Cincuenta años después, la población aumenta a 266 millones, y hacia 1870 llega a 300 millones. Llegar a viejo ya no resulta una rareza. Ya no remite a ningún mérito, ninguna bendición ni privilegio individual. La vejez ya no se puede interpretar como un triunfo del individuo sobre los peligros de la vida, sino como el conjuro progresivo de estos peligros por parte de la sociedad. El viejo se *despersonaliza*, y su edad lo va dejando sin nada que ofrecer; ha dejado, finalmente, de ser *sujeto*.

La niñez tampoco puede dar nada significativo en su estado *actual*. Los niños no cambian el mundo ni lo construyen. Todo lo que cabe hacer con ellos es formarlos para la adultez, para que puedan ser «mayores de edad» no solo en cuanto al cuerpo, sino también en cuanto al espíritu. Por eso, son sobre todo *adultos en potencia*. La pedagogía moderna, desde Comenio en adelante, buscará desesperadamente el método idóneo para lograr este resultado de la mejor manera. Dice este padre de la didáctica moderna: «Para que el hombre pudiera formarse para la Humanidad le otorgó Dios los años de la juventud, en los que, inhábil para otras cosas, fuera tan solo apto para su formación».[43] La juventud es mera preparación; no tiene otra habilidad más que prepararse para lo que vendrá, puesto que es la adultez la que sirve a la

---

42. Nietzsche anota, ya en su tiempo, que «no se soportaría ya a un hombre sabio del viejo estilo». En efecto, apoyados en el silencio, estos se demoraban en el arte de pensar. En cambio, nosotros «pensamos demasiado de prisa y de camino, mientras andamos y en medio de ocupaciones de todo tipo, incluso cuando pensamos en las cosas más serias; necesitamos poca preparación, y hasta poco silencio» (*La gaya ciencia*, sección 6. En *Obras completas*, vol. III, p. 744).
43. Juan Amós Comenio, *Didáctica Magna* (Madrid: Reus, 1971), p. 69.

humanidad. El autor español del siglo XVII Baltasar Gracián decía en *El discreto*:

> En la mayor edad son ya mayores y más levantados los pensamientos, reálzase el gusto, purifícase el ingenio, sazónase el juicio, defécase la voluntad; y al fin, hombre hecho, varón en su punto, es agradable y aun apetecible al comercio de los entendidos. Conforta con sus consejos, calienta con su eficacia, deleita con su discurso, y todo él huele a una muy viril generosidad.[44]

De hecho, la niñez, como una etapa *significativamente distinta en términos sociales* de la adultez, es deudora en gran medida de los tiempos modernos. La misma expansión demográfica y la extensión de la esperanza de vida que *desencantaron* la vejez *tornaron visible* la niñez y le dieron sus contornos propios. Las difíciles condiciones que hacían la vida muy corta implicaban una niñez fugaz y efímera. Pero con la paulatina superación de esas condiciones, la vida en general se alarga, y la niñez en particular emerge. Esto no significa, naturalmente, que el niño no haya existido antes como un conjunto de características fisiológicas específicas. Lo que se quiere decir es que es propio de la modernidad configurar a la niñez en sus características sociales como una etapa de la vida profundamente diferenciada —en su expresión, en su estética, en sus roles, permisos y prohibiciones— de la adulta. La modernidad *diferencia* al niño y, con ello, le otorga contornos más claros al adulto.

Todo esto ha sido visto con gran claridad a través de las investigaciones de Phillipe Ariès, que prestan especial importancia al arte. Hasta el siglo XII, el arte medieval no representó niños. Ariès encuentra por fin en ese siglo, sin embargo, algunas obras religiosas que representan al niño Jesús a sus ocho años. Lo curioso es que nunca se trata más que de *un adulto a escala reducida*: nada diferencia en el arte al niño del adulto, con la excepción de su tamaño. Lo mismo se registra en el siglo XIII, como es el caso de la Biblia de San Luis o de un Evangelio de la Santa Capilla de

---

44. Baltasar Gracián, *El discreto y Oráculo manual y arte de prudencia* (Barcelona: Penguin Random House, 2016), realce XVII.

París.[45] En general, la infancia no se representa más que en el niño Jesús hasta el siglo XIV, en el que se extiende a la niñez de determinados santos. Con todo, las escenas no colocan al niño en un mundo de actividades y roles diferenciados de los adultos. En el siglo XV empezarán poco a poco a pintarse retratos de niños reales en momentos concretos de sus vidas, y la práctica se extenderá en el XVI y XVII. Será en este último siglo cuando los retratos de niños los considerarán en actividades propias de su edad: lecciones de lectura, lecciones de música, dibujando, etcétera. Con anterioridad a esta etapa, el niño parece ser un adulto a escala reducida, sumergido en ambientes indiferenciados.

Lo mismo puede decirse de la vestimenta, las diversiones y las costumbres en general. En la Edad Media, la forma de vestir no distinguía edades, sino jerarquías estamentales. El niño vestía lo mismo que el adulto, pero en pequeño. Habrá que esperar al siglo XVII para que se difunda una manera propia de vestir de la niñez, diferenciada del estilo adulto. La separación de las etapas de la vida por su ropa habla a las claras de la necesidad de *tornar visible* la diferencia. La creciente concurrencia a colegios difundirá y estabilizará el uso de uniformes para los niños. De hecho, las escuelas empezarán a dividir sus grados por edad y se convertirán en instituciones para niños, allí donde antes no existían estas separaciones. En cuanto a los juegos y las diversiones, hasta entrado el siglo XVII no existía una división clara entre lo que correspondía al mundo de los niños y lo que pertenecía al del adulto.[46] Por un lado, los muñecos no eran exclusivos de la niñez: eran también piezas de colección del adulto, e incluso constituían poderosos instrumentos para la magia y la hechicería. Por otro lado, los juegos de azar, como cartas y dados, no eran exclusivos del mundo adulto: los niños también participaban en ellos, e incluso aún en el siglo XVIII, había colegios —como el *Collège Oratorien* de Troyes— que permitían apuestas en juegos de azar.[47] Pero la diferenciación tendrá lugar con fuerza a partir del siglo

45. *Cf.* Phillipe Ariès, *Centuries of Childhood. A Social History of Family Life* (Nueva York: Vintage Books, 1962), p. 33.
46. *Cf.* Ibíd., p. 67.
47. *Cf.* Ibíd., p. 84.

XVII, e irá dejando ciertas diversiones para la niñez, compartidas con las clases bajas.

Poco a poco se va delineando la idea de la niñez como una etapa de inocencia que requiere protección y supervisión del adulto. La inocencia *separa* ambos mundos. La inmersión del niño en el mundo del trabajo, tan propia de las duras condiciones de vida, va dejando paso a una inmersión en el mundo de la escuela, que prepara para la vida adulta. Al mismo tiempo, la relación del niño con el mundo de la sexualidad va siendo disciplinada por los pedagogos modernos, que promueven la separación de los sexos en las instituciones educativas, que restringen determinadas lecturas para la niñez, que proscriben ciertas palabras y que censuran determinadas bromas que no mucho tiempo atrás eran frecuentemente oídas y repetidas por los niños. De esta forma, estos verán, leerán y escucharán cosas distintas de las que el adulto ve, lee y escucha.[48] El niño vivirá en el marco de su propia esfera simbólica. En efecto, la inocencia inherente a su mundo debe ser preservada en el proceso de formación que lo convertirá a la postre en adulto.

Los tiempos modernos necesitan adultos. Por eso Kant requería «mayores de edad». Por eso Rousseau forma a su Emilio casi en laboratorio para que se gobierne a sí mismo. Por eso los pedagogos modernos buscan la didáctica perfecta y una disciplina rigurosa. Con la progresiva retirada de Dios, el hombre coloca sobre sus hombros demasiado que hacer. Más bien, debe *rehacer* el mundo *a su medida*. Tal es el *ethos* del mundo moderno. La *teología* ha perdido su puesto, pero distintas *teleologías* se disputan el vacío. Sin embargo, todas tienen en común algo: el *progreso* de la historia que conduce a un *fin* de libertad y realización humana es responsabilidad exclusiva del mundo adulto.

---

48.   La literatura infantil, por ejemplo, no llega sino hasta 1744, cuando John Newbery publicó en Londres la historia para niños de «Jack Matagigantes». *Cf.* Neil Postman, *La desaparición de la niñez* (Barcelona: Círculo de Lectores, 1988), p. 43 de la edición en inglés (ver nuestra Bibliografía, p. 300).

III- Adolescentes

14 de diciembre de 2018. Se cierra la cumbre del clima de la ONU, que se había inaugurado doce días antes. La última intervención queda a cargo de Greta Thunberg, una adolescente sueca de 15 años. Se dirige así a líderes de doscientos países: «Ustedes no son lo suficientemente maduros como para decir las cosas como son. Incluso esa carga nos la dejan a nosotros: los niños». A continuación, agrega que el mundo adulto está «robando el futuro» de los niños. Los adultos, señalados por el dedo acusador de la adolescente, no tienen mejor idea que irrumpir en un estruendoso aplauso.

De inmediato, la viralidad. La adolescente fue encumbrada en un abrir y cerrar de ojos como un ícono mundial por todos los medios de comunicación. Un año después fue coronada por la revista *Time* como «personaje del año». Importantes políticos, generalmente de izquierdas, se encargaron a su vez de difundir el caso de esta niña, tan «valiente» como «pura», que se enfrentaba al corrompido mundo de los adultos. Así, por ejemplo, Alexandria Ocasio-Cortez subía a sus redes un fragmento de la intervención de Thunberg: «¡Tienes que verlo!».[49] Lo mismo hacía Bernie Sanders: «Esta activista de 15 años acaba de criticar a los líderes globales por su inacción global sobre el cambio climático».[50] Y desde España, Íñigo Errejón, uno de los fundadores del partido Podemos, decía: «Greta tiene 15 años. Nos hace reflexionar sobre la urgencia de frenar el cambio climático y proteger el planeta en el que vivimos».[51]

A fines de septiembre de 2019, otra vez: Greta reapareció en la Cumbre de Acción Climática de la ONU. Los adultos le preguntan, frente a las cámaras, como si estuvieran frente a un auténtico genio: «¿Cuál es tu mensaje para los líderes mundiales hoy?». La adolescente responde: «Mi mensaje es que los estaremos vigilando. […] Esto está todo mal. Yo no debería estar aquí. Debería estar en la escuela, al otro lado del océano. […] Me han robado

49. https://twitter.com/AOC/status/1074129664388538369.
50. https://twitter.com/SenSanders/status/1073701026660843520.
51. https://twitter.com/ierrejon/status/1074284316455288832.

mis sueños y mi infancia con sus palabras vacías».[52] De nuevo, los mismos adultos acusados aplauden, difunden, tuitean, postean y se hacen eco a lo largo y ancho del mundo a través de la prensa global.

Terminando noviembre del mismo año, la misma púber dirá en medios de comunicación que «niños y jóvenes de todo el mundo han hecho huelgas por el clima» que han conmovido al mundo adulto: «Nos están invitando a hablar en los corredores del poder. En las Naciones Unidas, hablamos ante una sala llena de líderes mundiales. En el Foro Económico Mundial de Davos, conocimos a primeros ministros, presidentes y hasta al papa». El mundo adulto quiere escuchar a los púberes por fin. A pocos se les ocurre pensar que, en rigor, los utilizan. Así pues, continúa Greta: «La crisis climática no tiene que ver solo con el medio ambiente», sino que «los sistemas coloniales, racistas y patriarcales de opresión la han creado y alimentado. Necesitamos desmantelarlos a todos».[53] Ecologistas, racialistas, indigenistas y feministas se articulan en una misma ecuación, en la que los socialistas coagulan la operación hegemónica. Previsible. Basta de Marcuse. La Nueva Izquierda ha adoptado a una quinceañera como su más importante referente en el siglo XXI. La agenda colonialista global de Naciones Unidas no podría estar más encantada.

El 14 de julio de 2021, Olivia Rodrigo, una cantante pop de 18 años, es invitada a la Casa Blanca por Joe Biden y el doctor Anthony Fauci. El propósito consiste en animar a las personas a vacunarse contra el COVID-19. El cálculo es evidente: las personas estarán más dispuestas a seguir los consejos de una adolescente famosa que a escuchar a gobernantes y científicos. «Es importante tener conversaciones con amigos y familiares para animar a todas las comunidades a vacunarse», aleccionó Olivia frente a las autoridades del país más poderoso de Occidente. Seguidamente, tomó los *selfis* de rigor, y posó junto al presidente de Estados Unidos,

---

52. «Greta Thunberg: el desafiante discurso de la adolescente sueca ante los líderes mundiales en la cumbre del clima de la ONU», *BBC*, 23 septiembre 2019, https://www.bbc.com/mundo/noticias-internacional-49804774.
53. Greta Thunberg, «Por qué volvemos a hacer huelga», *Project Syndicate*, 29 noviembre 2019, https://www.project-syndicate.org/commentary/climate-strikes-un-conference-madrid-by-greta-thunberg-et-al-2019-11/spanish.

un hombre de 79 años que se esfuerza por hacer gestos juveniles colocándose lentes oscuros de una manera pretendidamente graciosa. Biden postea la sesión fotográfica en su Instagram, y también sube un video en el que la adolescente dialoga con Fauci, y le explica cosas tan relevantes como qué es el *Man Crush Monday*.[54]

Estos ejemplos, tomados entre tantos otros que podrían citarse, son una radiografía de nuestros tiempos posmodernos.[55] La adolescencia domina la forma y el contenido de nuestra cultura; la nuestra es una *sociedad adolescente*. La transición entre la niñez y la adultez que supone la adolescencia se congela en un estado permanente que todo lo engloba. Atrapados en una transición que no transita, que está detenida, vemos desaparecer paulatinamente las fronteras que dividían los universos diferenciados del adulto y del niño.

Una parte de este fenómeno la vio venir en la década de 1980 el sociólogo norteamericano Neil Postman. Mientras escribe su *La desaparición de la niñez*, niñas de doce y trece años se encuentran entre las supermodelos mejor pagadas de Estados Unidos; los crímenes cometidos por menores de edad aumentan exponencialmente;[56] la industria de ropa infantil adopta las modas de los adultos y las adecúa en escala; los niños que aparecen en televisión se asemejan a adultos en miniatura, como en las pinturas medievales; la sexualización de la niñez se extiende sin cesar;[57]

---

54. Publicar los lunes en redes sociales una fotografía de un amor platónico.

55. En las últimas décadas, sociólogos y filósofos han adjetivado nuestra fase histórica de un sinfín de maneras distintas (modernidad líquida, hipermodernidad, tardomodernidad, turbomodernidad, sobremodernidad, segunda modernidad, etc.). Elijo adjetivarla aquí como «posmoderna», y con ello no deseo implicar de forma directa y necesaria a todos los llamados filósofos «posmodernos». Lo que procuro, más bien, es designar un estado particular del espíritu moderno, que se vuelve contra elementos que teníamos por centrales de la misma modernidad. Lo «posmoderno», en este contexto, apunta más que nada al *ethos* hoy dominante, y así debe entenderse en este libro.

56. La tasa de delitos graves cometidos por niños se incrementó un 11.000 % entre 1950 y 1979 en Estados Unidos. La tasa de crímenes «no serios» (como robo de autos) cometidos por niños se incrementó un 8.300 % en el mismo período. *Cf.* Postman, *La desaparición de la niñez*, p. 134 de la edición en inglés (ver nuestra Bibliografía, p. 300).

57. En 1975, el 19 % de las mujeres norteamericanas que dan a luz son adolescentes. Entre 1956 y 1979, la gonorrea se triplicó entre personas de 10 a 14 años. *Cf.* Postman, *La desaparición de la niñez*, p. 137 de la edición en inglés (ver nuestra Bibliografía, p. 300).

alcohol, drogas y tabaco abundan cada vez más entre niños y adolescentes; la farándula empieza a componerse de niños famosos
que despiertan fanatismos entre las masas; la política desarrolla
la idea de «derechos del niño» como un rechazo al control del
adulto; las diversiones y el humor se van indiferenciando progresivamente; los lenguajes, las actitudes y los comportamientos se
mezclan por doquier.

Lo que mantenía separado el mundo adulto del de los niños
era fundamentalmente la posesión de determinados conocimientos sobre la vida, sus secretos y misterios. De una manera bastante
general, los grupos sociales se pueden definir a partir de la información que sus miembros comparten de forma exclusiva.[58] Según
la teoría de Postman, la imprenta ayudó a separar el mundo de la
niñez del de la adultez, puesto que el acceso a los secretos estaba
bloqueado por la adquisición de las habilidades lectoras, que el
colegio se esforzaba por enseñar. Los adultos tenían asegurado,
por así decirlo, el monopolio de ese universo simbólico. Convertirse en adulto era el resultado de la adquisición —mayormente a
través de la lectura— de ciertos conocimientos sobre la vida y las
responsabilidades que ellos entrañan.

Pero esto ha dejado de ser así. Los mundos vuelven a mezclar-
se gracias a las tecnologías electrónicas de comunicación; fundamentalmente, gracias a la televisión. Su efecto consiste en diluir la
diferencia entre ambos universos simbólicos. Cualquiera accede
a la televisión: no se necesita ninguna habilidad para ello. Las capacidades analíticas y reflexivas se estropean. El tipo de discurso
que ella maneja penetra lo mismo en adultos que en niños. A estos
últimos, además, les revela los secretos de la vida adulta: violencia,
sexo, adicciones, tragedias. Otros tantos misterios también son
derribados por la pantalla. Ya no queda información reservada
al mundo adulto, y por eso, concluye Postman, las fronteras que
lo separan del mundo de la niñez se desmoronan. Sobrevienen

---

58. Si todos conocieran lo que conoce un abogado, no existirían los abogados como
grupo social; si los estudiantes conocieran lo mismo que sus profesores, no habría
profesores ni estudiantes; si los niños de 10 años conocieran lo mismo que los de 6,
no tendría sentido separarlos en cursos distintos. Y así, con muchos otros ejemplos.
Cf. Postman, *La desaparición de la niñez*, pp. 84-85 de la edición en inglés (ver
nuestra Bibliografía, p. 300).

tiempos de uniformidad, de homogeneización, de igualitarismo. Pero, al final de su libro, Postman expresa su confianza en las novedosas tecnologías de la computación:

> La única tecnología que tiene la capacidad [de preservar la niñez] es la computadora. Para programar una computadora, uno necesita, en esencia, aprender un lenguaje. Esto significa que uno debe tener control sobre habilidades analíticas complejas similares a las requeridas para una persona completamente alfabetizada, para lo cual se necesita un entrenamiento especial.[59]

Este es el gran desacierto de Postman. Se le escapa la posibilidad de las interfaces gráficas, que harán innecesaria la posesión de conocimientos de lenguajes informáticos. La computadora será muy pronto una especie de televisión interactiva, que orienta al usuario mediante imágenes. Más importante todavía: con la llegada de Internet, el quiebre de la diferencia entre emisor y receptor hará de los niños y adolescentes productores de contenido, y ya no meros espectadores. Esa computadora que para Postman representaría la conservación de la niñez, cuando se conecta a la red de redes da paso a la comunicación de masas como un ida y vuelta, y la cacofonía digital termina de mezclar e indiferenciar el mundo adulto del mundo de la niñez.

La televisión permitió la *recepción* indiferenciada de información. Internet permitirá, a su turno, la *emisión* indiferenciada. Aquella, a pesar de lo que cree Postman, mantiene todavía un privilegio para el mundo adulto: la producción de contenido. Los niños pueden mirar televisión e incluso aparecer en ella, pero no diseñan la programación, no establecen el guion, no digitan ninguna estrategia comunicacional. En cambio, en el mundo digital, emisión y recepción se confunden. Los niños ingresan al mundo de la comunicación de masas muchas veces como productores de contenido.

Lo que queda tras la consumación de este proceso es la síntesis: el adolescente. Etapa de transición entre la niñez y la adultez; ni

---

59. *Cf.* Postman, *La desaparición de la niñez*, p. 149 de la edición en inglés (ver nuestra Bibliografía, p. 300).

una cosa ni la otra; desarrollo inconcluso; a veces más parecido al niño, a veces más al adulto: el adolescente contiene en sí a su tesis y a su antítesis, en un equilibrio ahora petrificado, que desde hace ya algún tiempo no va a ningún lado. Así, fue un error pensar que los niños se parecían cada vez más a los adultos: a lo que se parecen cada vez más es a los adolescentes. De la misma manera, también fue un error pensar que los adultos habían sido sustraídos por un proceso de infantilización: a lo que aspiran, en lo que de todas maneras constituye un claro proceso de regresión, es a la adolescencia. En algunos países han empezado a denominar esto último «juvenismo».[60]

Lo adolescente es lo indiferenciado; lo que todavía no ha llegado a ser aquello a lo que tiende, pero que ya ha abandonado el lugar en el que se encontraba. La inestabilidad se expresa en la voz, en los cambios corporales todavía a mitad de camino, en las recurrentes crisis de sentido y de personalidad, en el vello aún desprolijo y discontinuo, en los tambaleos del andar y el escaso control sobre sí. La autonomía, si bien se reclama, aún no coagula: le falta la responsabilidad que viene aparejada al autogobierno. Lo adolescente *adolece*: sufre la carencia de esa llegada que estabiliza lo que se es. Es en este sentido en el que niños y adultos ingresan en la lógica adolescente, *adoleciendo* de maneras distintas del lugar que la ya vieja modernidad les había asignado, e incorporándose al reino de la indiferenciación, la inestabilidad y la discontinuidad. Los procesos de masificación, que todo lo uniformizan, llegan ahora al extremo de hacer estallar incluso las diferencias entre las etapas de la vida, hundiéndonos aún más en el «infierno de lo igual».[61]

Nuestra sociedad digital es una sociedad *adolescéntrica*. El *adultocentrismo*, tan propio de la modernidad industrial, ha quedado atrás en la historia. Quien fija la forma y el contenido de la cultura hoy es el adolescente, porque domina los dispositivos que la determinan. Los medios digitales han sido cruciales para lograr

---

60. *Cf.* Sylvie Octobre, *¿Quién teme a las culturas juveniles? Las culturas juveniles en la era digital* (Ciudad de México: Océano, 2019), p. 49.
61. Este concepto pertenece a Byung-Chul Han. *Cf. La expulsión de lo distinto* (Buenos Aires: Herder, 2020).

este efecto: encuentran en el adolescente su mejor usuario. Las características psíquicas y culturales de estos últimos se articulan bien con los requerimientos del mundo digital: pasión por lo nuevo, adaptabilidad tecnológica prácticamente automática, compulsión publicitaria de la propia vida, deseo irrefrenable de ser visto, inestabilidad entre la necesidad de pertenencia y la de una individualidad auténtica, crisis identitarias recurrentes, valores y gustos efímeros. No es casualidad que quienes en mayor medida utilicen las redes sociales y mejor se desenvuelvan en el mundo *online* sean los adolescentes. Por empezar, fueron ellos sus mentores: Mark Zuckerberg tenía 19 años cuando ideó Facebook. Tampoco es casualidad que, cuando una red social pasa a ser utilizada mayormente por adultos, pierde de inmediato popularidad, como ocurrió con el mismo Facebook.[62]

En los últimos tiempos, a los adolescentes se los ha empezado a designar como «nativos digitales». Los números son elocuentes. El 40 % de los adolescentes argentinos de entre 13 y 17 años pasa las 24 horas del día conectado a Internet; el 50 % permanece conectado hasta la hora de dormir y solamente 1 de cada 10 navega menos de 3 horas diarias. El 98 % de los adolescentes en Argentina tiene al menos un perfil en alguna red social.[63] En Estados Unidos, ya en 2018 el 95 % de los adolescentes poseía un teléfono inteligente.[64] Además, el 80 % duerme con ellos, el 50 % no desconecta sus dispositivos jamás, y usa cuatro pantallas al mismo tiempo. En promedio, los adolescentes norteamericanos envían 500 mensajes diarios a través de los sistemas digitales.[65] En la Unión Europea, a su vez, el 94 % de los jóvenes usa diariamente Internet, frente al 77 % de la población general. Asimismo, la brecha en el uso de las redes sociales, para el año 2019, fue del 30 % en favor de los jóvenes

---

62. Hasta hace pocos años, Facebook era la red social dominante, mientras que hoy, en Estados Unidos, solo el 51 % utiliza esta plataforma. *Cf.* «Teens, Social Media and Technology 2018», *Pew Research Center*, 31 mayo 2018, https://www .pewresearch.org/internet/2018/05/31/teens-social-media-technology-2018/.
63. Estos datos surgen de la investigación de Roxana Morduchowicz, *Adolescentes, participación y ciudadanía digital* (Buenos Aires: FCE, 2021).
64. *Cf.* «Teens, Social Media and Technology 2018», *Pew Research Center*.
65. *Cf.* Sherry Turkle, *En defensa de la conversación. El poder de la conversación en la era digital* (Barcelona: Ático de los Libros: 2019).

frente a los adultos.[66] Este tipo de datos lleva a una socióloga a afirmar que «Internet es la actividad más importante en la vida de los adolescentes».[67] Visto desde otro ángulo, que los adolescentes sean «nativos digitales» solo puede significar que los adultos son *extranjeros digitales* en un mundo regido por Internet.

Un neurocientífico francés se escandalizaba en el año 2019 tras haber estudiado distintos números en torno al tiempo que los jóvenes occidentales le dedican al uso de las pantallas:

> A partir de los dos años de edad, los niños de los países occidentales se pasan casi tres horas diarias de media delante de las pantallas. Entre los ocho y los doce años, esa cifra asciende hasta alcanzar prácticamente las cuatro horas y cuarenta y cinco minutos. Entre los trece y los dieciocho años, el consumo roza ya las seis horas y cuarenta y cinco minutos.[68]

La informática resulta en general mucho más fácil de dominar para la juventud que para los adultos. Son los jóvenes los que suelen configurar los dispositivos de sus padres, instalar aplicaciones y enseñarles a usarlas. La asignatura «informática» en la escuela carece hoy de utilidad real; los alumnos superan a los maestros antes del comienzo mismo de las clases. Así, la brecha etaria en asuntos informáticos es más que significativa. En la Unión Europea, por ejemplo, el 81 % de los jóvenes de entre 16 y 29 años informaron que alguna vez habían realizado tareas informáticas básicas, como copiar o mover un archivo o una carpeta. Los adultos estuvieron 20 puntos por debajo de aquel porcentaje. Además, los jóvenes duplicaron porcentualmente a los adultos en lo que concierne al conocimiento y uso de lenguajes de programación, por no abundar en otras actividades como comprar y vender productos en línea.[69]

---

66. «Being young in Europe today - digital world», *Eurostat*, julio 2020, https://ec .europa.eu/eurostat/statistics-explained/index.php?title=Being_young_in_Europe _today_-_digital_world.

67. Morduchowicz, *Adolescentes, participación y ciudadanía digital*, p. 11.

68. Michel Desmurget, *La fábrica de cretinos digitales. Los peligros de las pantallas para nuestros hijos* (Barcelona: Península, 2022), p. 11.

69. «Being young in Europe today - digital world», *Eurostat*.

En nuestro mundo posindustrial basado en la economía digital,[70] Internet trasciende el mero campo de la diversión y el ocio: Internet se convierte en el fundamento mismo del sistema social. Penetra la economía, la política y la cultura: trabajamos, compramos, vendemos, producimos, invertimos, comunicamos, asistimos a eventos artísticos, musicales y teatrales, leemos libros, diarios y revistas, hacemos campañas políticas y trámites estatales desde el mundo *online*. Estas dimensiones —económica, política y cultural— ya no pueden ser consideradas al margen de las tecnologías digitales, y esa es la prueba más clara de la índole *estructural* de Internet para nuestro mundo. Pero en las redes sociales en particular, y en Internet en general, lo que sobresale es la vida adolescente. Ellos dominan la red. La cultura —y con ella la política y la economía— absorben sus representaciones, sus lenguajes y sus prácticas. Si el mundo *online* determina en una medida más que significativa hoy la cultura, el adolescente, más que nadie, determina hoy el contenido del mundo *online*.

En un mundo con centro en los adultos, cuya cultura era más o menos lineal y continua, eran estos los poseedores de los secretos y los misterios que se iban develando poco a poco a los niños en su proceso de maduración. Todo lo opuesto ocurre en nuestro mundo, tan discontinuo y rupturista, en el que los adultos no enseñan, sino que imitan, y buscan desesperadamente desentrañar los secretos de los más jóvenes. Adviene entonces una *ideología adolescéntrica*, que hace creer que los jóvenes crean mundo *de la nada*, que sus vidas y sus conocimientos no tienen conexión alguna con el largo camino de la civilización. Desde que la cultura ya no implica ninguna acumulación, ninguna tradición, ningún atesoramiento, ninguna herencia de algo que se recibe para conservarse en alguna medida y transformarse en otra, los secretos ya no remiten a lo que está atrás, sino a lo que está adelante. Esta es una curiosa forma de evitar una suerte de *envejecimiento* colectivo.[71] La cultura ya no tiene base en largos procesos

---

70. He tratado en detalle este asunto en Agustín Laje, *La batalla cultural. Reflexiones críticas para una Nueva Derecha* (México: HarperCollins, 2022), Capítulo 4.

71. «La cultura en sentido clásico, basada en palabras, tiene el doble inconveniente de envejecer a los individuos, dotándoles de una memoria que supera la de su propia biografía, y de aislarles, condenándoles a decir "Yo", es decir, a existir como personas

temporales que se van agregando y ajustando lentamente al cambio social, sino que se resuelve en el instante del clic: cultura sin raíces, cultura *fast food*. De esta forma, la cultura ya no *crece*, sino que *aparece* de repente con los golpes de creatividad individual que modifican el entorno material y simbólico de la sociedad, hasta que este resulte modificado, a su vez, por el próximo golpe de creatividad, y así sucesivamente. En consecuencia, desaparece la cultura como punto de encuentro de las generaciones, desaparece la cultura intergeneracional común y surge la cultura como un punto de referencia más o menos ininteligible y conflictual en caótico movimiento.

En la sociedad adolescente, también parece cada vez más lejana la noción ilustrada de cultura, que la concebía como *cultivo* de las facultades del espíritu.[72] Esto solo podría lograrse con el tiempo suficiente y con una formación cuidadosa y bien ejecutada:[73] Rousseau logrará que Emilio sea un *hombre culto* terminada por fin su adolescencia. El *hombre culto* de Kant es el hombre ilustrado, o sea, el «mayor de edad», que se ha atrevido a pensar por sí mismo. Pero hoy ya no se sabe siquiera qué significa «ser culto»: este tipo de lenguaje ha sido exorcizado, paradójicamente, de la cultura. En el preciso momento en que todo ha pasado a ser «cultura», nada puede seguir siéndolo en un sentido realmente significativo. Nuestra cultura del instante y el *carpe diem* no tiene tiempo para ningún cultivo, puesto que la duración se asemeja no al progreso, sino a la desactualización, de manera tal que todo lo que lleve tiempo genera rechazo. La cultura ha de consumirse, no cultivarse; la cultura como trabajo sobre uno mismo se desvanece: el divertimento, y no la adquisición de ninguna autonomía, se convierte en el norte de lo cultural. Por lo mismo, ha caído la vieja división de alta cultura y baja cultura: hoy cualquier obra de pacotilla tiene la misma estatura cultural que una obra maestra del genio humano. La sola idea de una gradación cultural despierta malestar en la mentalidad relativista e

---

diferenciadas» (Alain Finkielkraut, *La derrota del pensamiento*. Barcelona: Anagrama, 1994, p. 134).

72. *Cf.* Laje, *La batalla cultural*, Capítulo 1.
73. «Se consiguen las plantas con el cultivo, y los hombres con la educación» (Rousseau, *Emilio o la educación*, p. 10).

igualitarista dominante. Las jerarquías culturales han sido derrocadas por el gusto adolescente, que ya no es exclusivo de este grupo, sino que domina todo el gusto social. *Lo nuevo es lo bueno*; *lo viejo es lo malo*.[74] Esta parece ser la única regla de lo que hoy llamamos cultura.

Por donde se mire, los mundos etarios resultan difíciles de distinguir. Con pocas excepciones, los elementos de la cultura se indiferencian y, con ello, se vuelven adolescentes. Así ocurre por ejemplo con el cine, que en los últimos años no ha podido ofrecer nada más que superhéroes al por mayor y películas animadas. El gusto por este tipo de películas afecta a todos por igual: no se sabe si son para niños o para adultos; configuran, por lo tanto, un gusto adolescente. Lo mismo ocurre con la música, que ya no es capaz de distinguir edades. Los géneros musicales, también mezclados entre ellos en productos cada vez más uniformizados, no se vinculan a ninguna edad en particular, como hace no tanto tiempo podíamos decir que ocurría, por ejemplo, con el *rock* y su estrecho vínculo con la juventud. La televisión, por su parte, ya no muestra ningún interés por lo que antes se llamaba «horario de protección al menor»: sus mismas publicidades presentan contenidos que hace algunos años solo se podrían haber emitido a partir de determinada hora de la noche. Incluso los canales para niños deciden hablar a su audiencia de temas como la transexualidad, la homosexualidad, el feminismo y otros tópicos de esta índole.

También nuestra cultura material se ha indiferenciado. Las vestimentas ya resultan indistinguibles, puesto que niños y adultos se visten como adolescentes. Silicon Valley y sus gurúes ilustran como nada este estilo que reniega de los trajes y las corbatas. Asimismo, el acceso a determinados objetos tecnológicos, que hasta hace no mucho estaba reservado al mundo adulto, hoy también corresponde a cualquier edad. Celulares, tabletas, computadoras, *laptops*: estos «juguetes de adultos» hoy son también —contra lo que suponía Postman— juguetes para los niños,

---

74. Opera hoy en la cultura el exacto reverso de lo que ya escribía Nietzsche en el siglo XIX: «Pero lo nuevo es en todas las circunstancias lo *malo*, en cuanto es lo que quiere conquistar, derribar los mojones fronterizos y las antiguas veneraciones; ¡y sólo lo viejo es lo bueno!» (*La gaya ciencia*, sección 4. En *Obras completas*, vol. III, p. 743).

que aprovechan en ellos distintas aplicaciones interactivas, el uso de redes sociales y juegos varios. Al mismo tiempo, los videojuegos, asociados al mundo de los jóvenes hasta hace no mucho, hoy trascienden esos marcos etarios y se convierten en una actividad laboral no solo para sus productores, sino también para sus usuarios: tal es el caso de los juegos NTF, en los que «trabajan» —jugando— cientos de miles de adultos.[75] *Rollers,* tablas de *surf,* tablas de *skate, wakeboards* y *snowboards*… ha dejado de ser raro, hace algunos años ya, ver a adultos deslizándose en estos artefactos del deporte extremo otrora exclusivo de los jóvenes. Es como si casi lo único que realmente separara estos mundos fuera la posesión de medios económicos de la que habitualmente gozan los adultos para acceder a estos «juguetes».

Si en el mundo *adultocéntrico* había que esforzarse para superar las carencias que lo detenían a uno en la «minoría de edad», en el mundo *adolescéntrico*, al contrario, el adulto representa carencias por doquier: carencia de flexibilidad, carencia de creatividad, carencia de originalidad, carencia de adaptabilidad, carencia de habilidades tecnológicas, carencia de *onda*, carencia de tiempo, carencia de energía, carencia de vitalidad. El ingreso a la adultez es cada vez menos visto como plenitud (de las capacidades, de la inteligencia, de la responsabilidad) y cada vez más como pérdida. Lo único que tiene a favor, cuando existe, es un mayor nivel de ingreso económico. Pero ahí están las grandes *celebrities* e *influencers* adolescentes, para mostrar al mundo que es posible ser muy joven y demasiado rico. Es así como, allí donde el mundo adulto posicionaba al menor como metáfora de la carencia, el mundo adolescente coloca hoy al adulto por regla general en ese indecoroso lugar. Si alguna vez el niño fue concebido como un adulto incompleto, hoy el adulto es visto como un adolescente incompleto, pues le falta frescura y espontaneidad. (Ni qué decir de la vejez: si la adultez es carencia, la vejez es discapacidad y obsolescencia consumada). La «mayoría de edad» ya no es un valor; no hay que

---

75. *Cf.* Franco Della Vecchia, «Los mejores juegos NFT para ganar dinero este 2022», *Forbes*, 5 enero 2022, https://www.forbesargentina.com/money/los-mejores-juegos-nft-ganar-dinero-2022-n11534.

esforzarse por madurar, sino por detener el paso del tiempo, o, preferentemente, por lograr su marcha atrás.

Lo adolescente ha sido liberado de la edad, ha trascendido los marcos fisiológicos que lo definían; de esta manera, se convierte en la metáfora más apropiada de nuestra sociedad y su cultura.

CAPÍTULO II

LA SOCIEDAD ADOLESCENTE
A LA DERIVA

SI FUERZO UN poco la memoria, y trato de pensar en mi relación con la política, debo retrotraerme a los 8 o 9 años. Quien por entonces era mi mejor amigo resultó ser hijo de una pareja de intelectuales comunistas. Alrededor de una vez por semana, yo visitaba a mi amigo y con gran frecuencia me quedaba a dormir en su casa. Puedo recordar con bastante nitidez las cenas con su familia: se hablaba de obreros, de burgueses, de partidos, de revoluciones y de historia. El dominio de la política se me hacía todavía muy extraño, muy propio de un mundo que aún no era el mío.

Si deseo encontrar entre mis recuerdos la primera vez que la política se abrió ante mí como algo que impactaba mi vida, debo dar un salto a mi adolescencia. Yo tenía entre 14 y 15 años, y concurría a un colegio con una orientación izquierdista manifiesta. Había elegido ir allí porque mis amigos estudiaban en ese lugar, y no por su ideología oficial. Pero ello no era excusa para no encontrarme, un poco de repente, con cuestiones políticas por doquier, en todo tipo de clases.

La política se convirtió rápidamente en una inquietud. Como desde los 13 años me había dado cuenta de que disfrutaba escribiendo, canalicé mi relación con la política a través de la pluma. Muchos canalizan esta relación con la militancia, sumándose a algún partido político, pero al hacerlo yo a través de la escritura, estaba condenado a tener que *formarme* políticamente para tener algo interesante que decir. Creo que esa fue una gran ventaja que me salvó de la *masificación* que describió Ortega y Gasset, a la que me remitiré más abajo.

Leer y escribir sobre política y ciencias sociales se convirtieron para mí primero en un *hobby*. Pero muy pronto todos estos asuntos fueron configurando un *sentido* especial; de ellos empezaba a emanar lo que hoy advierto como un sentido de la vida. Inicialmente, quise negar semejante relevancia estudiando ingeniería de sistemas. De otra manera, ¿de qué iba a vivir? La política y las ciencias sociales son muy lindas, pero ¿quién paga la cuenta? La informática, en cambio, era el futuro, y no me iba nada mal con la computadora y los lenguajes de programación. De hecho, desde los 15 años ya trabajaba diseñando y programando sitios web.

Así, pasé tres años estudiando ingeniería. Mientras tanto, di rienda suelta a mi *afición* escribiendo un libro sobre la década de los setenta en Argentina. Quien me impulsó a ello fue mi gran amigo y maestro Nicolás Márquez, a quien le estaré agradecido de por vida, precisamente por haber abierto esa puerta. Ese libro —*Los mitos setentistas*— fue publicado gracias a un sistema de preventa que organizamos con Nicolás. El interés que despertó en tanta gente puso de manifiesto para mí que esto de escribir iba dejando de ser un *hobby*...

El sentido de la política en mi vida se terminó imponiendo a través de los libros. Todo esto se transformó en una fuerza tan cargada de sentido que me resultó incontrolable. Me vi entonces obligado a asumir que, si realmente iba a seguir en esto, necesitaba comprometerme con una formación sistemática. Nicolás una vez me planteó si yo quería ser un «militante» o un «intelectual». Esa pregunta caló hondo en mí. Realmente, yo quería ser algo así como un «intelectual comprometido». Tenía que arriesgarme, tenía entonces que dar el paso: dejé Ingeniería, empecé Ciencia Política. La decisión estuvo plagada de inseguridades y de dificultades económicas. Desechar una carrera en la que se lleva ya tres años no es una cosa sencilla.

Mirando hoy hacia atrás, me fascina pensar en aquella decisión. De no haberla tomado, hoy no estaría escribiendo esto.

I- Idiotismo

En la *República* de Platón puede leerse lo siguiente:

Y cuando el hijo sale a la calle oye otras cosas por el estilo, y ve que los que en el Estado se ocupan de sus propios asuntos son llamados «tontos» y tenidos en poca estima, mientras que los que se ocupan de los asuntos de los otros son reverenciados y elogiados.[76]

La palabra griega que usa Platón para decir «tontos» es, en realidad, *anoetos* (ἀνόητος), que a menudo se traduce también como «necios». Quienes solo saben ocuparse de lo suyo son «tontos» o «necios» porque no participan en la *polis*, porque *no se enteran de lo que pasa. Anoetos* significa, precisamente, no comprender, no percibir: *a* es un sufijo privativo, *noeo* es percibir o comprender. El que no percibe o no comprende lo que pasa en el mundo que va más allá de su ombligo es un «tonto».

Existe una relación evidente entre esta palabra griega y el término *idiotes* (ιδιωτης). La raíz *idio* significa lo que es «propio», mientras que el sufijo *-tes* indica al agente. Por eso, *idiotoi* son aquellos que viven su vida privada sin mayor contacto con la realidad externa al estrecho espacio que habitan. Al carecer de los recursos intelectuales que le permitirían participar en el *ágora* y discutir de política con sus semejantes, el idiota griego queda condenado a mirarse el ombligo.[77] De esta forma, los *idiotes* y los *anoetos* son prácticamente los mismos.

La filósofa Hanna Arendt ha hecho patente esta relación. Ella encuentra que, para los griegos, «la vida pasada en retraimiento con "uno mismo" (*idion*), al margen del mundo, es "necia" por definición».[78] Si bien no traduce la palabra «necio» de su idioma original, vale recordar que la palabra griega correspondiente no es otra que *anoetos*. Así, la necedad y el idiotismo llevan consigo

---

76. Platón, *República*, 550a.
77. El idiota está curvado sobre sí mismo y por eso no goza de educación. No ha salido de sí. La palabra «educar», del latín *educere*, significa precisamente guiar fuera de uno mismo (*ex*: fuera de, *ducere*: guiar).
78. Hanna Arendt, *La condición humana* (Buenos Aires: Paidós, 2009), p. 49.

enormes costos. En primer lugar, la participación política era fuente de libertad para el griego.[79] Dado que en la *polis* se gestionan los asuntos comunes, no participar en ella equivale a quedar al margen de las decisiones que condicionarán la propia vida en una medida más que importante. Pero el idiota, ensimismado como está, es incapaz de advertir semejante cosa. No se le ocurre que el desarrollo de sus facultades y la participación política preservan su libertad. Y en segundo lugar, la «libertad es la condición esencial de lo que los griegos llamaban felicidad, *eudaimonia*»,[80] recuerda Arendt. De esta manera, la libertad y la felicidad quedan fuera del ámbito de vida de los *idiotes* y los *anoetos*.

Del mundo antiguo a nuestro mundo ha pasado mucho tiempo, pero la figura del idiota se ha mantenido en pie. Ortega y Gasset, el gran filósofo de la sociedad de masas, describe al *hombre-masa* como un verdadero *idiota*: hombre de «cabeza tosca», hombre «hecho de prisa», «hombre hermético», hombre que «va a la deriva», hombre «mimado» y «poco inteligente».[81] En una palabra: hombre-idiota. Pero, a diferencia del idiota de antaño, el hombre masificado del siglo XX es un *idiota afortunado*. En efecto, desde el siglo XIX ha experimentado una mejora inédita en sus condiciones materiales de vida. La revolución científica, la revolución democrática y la revolución industrial le han brindado un mundo muy distinto al que habitaba el hombre vulgar de las sociedades premodernas, condenado a llevar una vida difícil. Nuevos bienes y servicios se ponen ahora, por doquier, a disposición del hombre-masa; las exigencias físicas y las penurias del cuerpo y de la salud decrecen cada vez más; los sistemas políticos colocan su eje en el valor «igualdad», lo que supone que las opiniones del hombre-masa tienen realmente valor.

---

79. «Lo que dieron por sentado todos los filósofos griegos, fuera cual fuera su oposición a la vida de la *polis*, es que la libertad se localiza exclusivamente en la esfera política, que la necesidad es de manera fundamental un fenómeno prepolítico, característico de la organización doméstica privada y que la fuerza y la violencia se justifican en esta esfera porque son los únicos medios para dominar la necesidad —por ejemplo, gobernando a los esclavos— y llegar a ser libre» (Arendt, *La condición humana*, p. 44).
80. Ibíd.
81. José Ortega y Gasset, *La rebelión de las masas* (Barcelona: Ediciones Orbis, 1983), pp. 17, 27, 68, 75.

El idiota que Ortega y Gasset llama «hombre-masa» sufrirá, por tanto, una mutación sustantiva: allí donde el idiota griego llevaba una vida ensimismada, carente de conocimientos y, por tanto, de participación pública, el idiota masificado llevará la misma vida reducida a su propio ombligo, pero su voz, sus gustos y sus normas (o su falta de ellas) se impondrán en la esfera pública. Así, el idiota griego era un idiota porque no tenía la voluntad ni las facultades para participar en lo que corresponde a los asuntos comunes; el idiota masificado es un idiota que no tiene las facultades para hacerlo, pero sí la voluntad. «El hombre vulgar, antes dirigido, ha resuelto gobernar el mundo», anota Ortega.[82]

La participación no cura el idiotismo. En este caso, lo agrava: se convierte en un peligro para los demás. El hombre-masa reduce las exigencias públicas a sus caprichos privados. No tiene ni le interesa tener los conocimientos mínimos para la vida pública y política. Le ha sido atornillada en la cabeza la idea de que su opinión —desinformada, improvisada, superficial y previsible— tiene valor real, porque toda opinión valdría por igual. Lo invade una sensación de completitud, de perfección, que hace que sus opiniones infundadas (han aparecido en su mente «de la nada»; no han sido conducidas por ninguna investigación ni estudio en absoluto, sino más bien acríticamente absorbidas del medio y formateadas por sus sentimientos) sean cosa cerrada y no sujeta a revisión. De ahí que pueda decirse sobre él, también, que está *ensimismado*: «El hermetismo nato de su alma le impide lo que sería condición previa para descubrir su insuficiencia: compararse con otros seres. Compararse sería salir un rato de sí mismo y trasladarse al prójimo».[83]

En la etapa final del siglo XX, Gilles Deleuze y Félix Guattari, dos pensadores de la izquierda posmoderna, traerán de nuevo al idiota a primer plano, pero para reivindicarlo. Ven en su ensimismamiento una fuente de *creatividad*. Al no mirar otra cosa más que su ombligo, el idiota supuestamente se pondría al margen de todo lo establecido y sería libre para pensar. No obstante, lo particular de este «pensar» que está más allá de toda norma de pensamiento,

---

82. Ortega y Gasset, *La rebelión de las masas*, p. 103.
83. Ibíd., p. 83.

es que demanda no la verdad, sino el *absurdo*. El pensar-idiota se encapricha y busca reducir el mundo a su idiotez: «El idiota [pos] moderno no pretende llegar a ninguna evidencia, jamás se resignará a que 3 + 2 = 5, quiere lo absurdo». («¡Seamos realistas, pidamos lo imposible!» fue una de las declaraciones más altisonantes del mayo francés de 1968, del cual no en vano son deudores estos dos pensadores). Deleuze y Guattari entienden, pues, que en los idiotas de tiempos pasados existía todavía un respeto por la idea de verdad, «pero el idiota [pos]moderno quiere convertir lo absurdo en la fuerza más poderosa del pensamiento, es decir crear».[84] Por eso, el idiota posmoderno vive en un mundo posverdadero, en el que ni las evidencias ni los hechos ni la lógica importan, y en el que decir que 2 + 2 = 4 lo vuelve a uno *cincofóbico*.[85]

El idiota del siglo XXI, además, se ha digitalizado.[86] Vive sobre todo en un mundo digital. Este le demanda una constante *representación de sí*. Hace de su vida un *reality show*. Nuestras tecnologías digitales solicitan la constante *digitalización del mundo y de la vida*. Estas tecnologías *hackean* la realidad y la vuelven absurda. A través de ellas edito la realidad, la mejoro, agrego cosas que en verdad no estaban o no están allí, cambio los hechos, altero mi ubicación, suprimo los defectos, agrego virtudes. Las tecnologías digitales ilusionan al idiota, encantándole no con su realidad, sino con una *hiperrealidad* realmente absurda. El idiota posmoderno se siente por ello más poderoso que nunca. Tiene el mundo entero al alcance del dedo; es un pequeño «tirano»[87] cuyas órdenes se cumplen al instante y todo parece dispuesto a su entero servicio. A diferencia del masificado del siglo XX, diluido en la masa anónima, el idiota digitalizado «es *alguien con un perfil*»,[88] que cuenta con las tecnologías necesarias para enseñarnos su ombligo las veinticuatro horas del día.

---

84. Gilles Deleuze y Félix Guattari, *¿Qué es la filosofía?* (Barcelona, Anagrama: 1997), p. 64.
85. Hay que remarcar, por si hiciera falta, que la cita de Deleuze y Guattari es literal. Por eso, esto no es una humorada mía. Es real, y por eso tan gracioso como patético.
86. Trato este asunto con mayor profundidad más adelante en este libro.
87. *Cf.* Éric Sadin, *La era del individuo tirano. El fin de un mundo común* (Buenos Aires: Caja Negra, 2022).
88. Byung-Chul Han, *Infocracia. La digitalización y la crisis de la democracia* (Buenos Aires: Taurus, 2022), p. 22.

El idiota antiguo, al carecer de la preparación para hacerlo, no participaba en la *polis* y limitaba su vida a su existencia privada. El idiota masificado de la modernidad que estudia Ortega participa en la vida pública sin ninguna preparación, imponiendo sus meras opiniones en sus conversaciones cotidianas limitadas a un entorno muy reducido. El idiota digitalizado de nuestra posmodernidad también participa sin ninguna preparación, pero impone ya no siquiera sus opiniones, sino sus absurdos, sus sensaciones y sus simplonas percepciones. Para ello, dispone además de nuevas tecnologías que lo convierten en *emisor* de un contexto infinitamente más extenso que su entorno inmediato real. Así, inscribe su existencia en un régimen de comunicación *pornocrático* que publicita su intimidad. Se siente empoderado por sus burbujas digitales, que constantemente le hacen *sentir* que tiene razón. El mundo entero lo mima: en el año 2006, *Time Magazine* eligió como «Person of the Year» a «YOU». Por todo esto, el idiota de estos tiempos es el más limitado (y, por tanto, el más peligroso) de todos, porque ya no reconoce sus propios límites y ni siquiera los límites de los hechos, las evidencias y la lógica. Su ombligo se ha convertido por fin en el ombligo del mundo. El idiota posmoderno se cree por encima de todo y de todos.

Para empezar, uno de sus blancos favoritos es el pasado. Con una irrefrenable propensión al anacronismo y a juzgar extemporáneamente la historia, el idiota posmoderno se sube en un pedestal moral para condenar todo lo que ha ocurrido cuando él no estaba en el mundo. *Lo nuevo es bueno, lo viejo es malo.* De ahí que últimamente se regocije en destruir estatuas de próceres y personajes históricos importantes para muchas naciones de nuestra civilización, tales como Churchill o el mismo Colón. Porque, hay que decirlo, jamás se mete con lo que no corresponda a la propia civilización en la que vive: jamás aplica su condenatoria vara moral a la historia y la cultura musulmana, a las distintas naciones asiáticas o incluso a los pueblos indígenas americanos, pues eso sería «etnocentrismo», «xenofobia», «racismo», etcétera. De esta forma protege, curiosamente, a sociedades y pueblos decididamente etnocéntricos que no han sido asaltados por el mandato occidental de la permanente autoagresión.

Este tipo de idiota rechaza su civilización, pero la juzga desde sus propios parámetros. Condena su civilización, pero se basa en ella para elaborar la condena. No advierte que las herramientas conceptuales y críticas que pone en juego son, precisamente, una construcción o un descubrimiento de la misma civilización que desprecia hasta la médula. Lo paradójico es que tras esas mismas herramientas se esconde muy bien su sentimiento de superioridad, que debe acallar a como dé lugar. Pero de todas maneras este personaje asume, sin consultar, que quienes habitan su sociedad y su cultura desean verlas desfallecer, y él se considera el sedicioso encargado de esta falsa eutanasia. A las demás civilizaciones y sociedades las absuelve sin dudarlo (el etnocentrismo en estos casos ha de respetarse e incluso celebrarse), porque lo suyo es puro masoquismo de manual. Quizás lo más asombroso sea que no pretenda nada parecido con otras civilizaciones o culturas; que no pretenda que, en su interior, surgiera el mismo tipo de crítica que él efectúa para con la suya. Porque si lo hiciera, lo suyo implicaría un «universalismo» paradójicamente «occidental» que negaría de entrada sus pretensiones contrarias a ese «etnocentrismo» de su propia gente que a toda costa procura castigar. Si esto ocurriera, su oculto sentimiento de superioridad saldría por fin a la luz. Si su mismo arsenal crítico quedara en manos del «Otro», ya no sería un «Otro», sino lo «Mismo». Sus particularidades ya no serían irreductibles ni absolutas.

Esta condena automática del pasado se lleva bien con la cultura del instante analizada en el capítulo anterior. Conocer la historia lleva tiempo y esfuerzo: no se trata de celebrar automáticamente el pasado, pero tampoco de condenarlo sin más. Ambas actitudes son absurdas. Resulta sintomático que solo advirtamos la significación de un acontecimiento o de una persona cuando estos dejan de ser presentes y pasan a formar parte del pasado. Sin pasado, más aún, no hay significado posible; toda conversación necesariamente involucra un pasado. Qué ininteligible le resulta al idiota un Maquiavelo, que en su exilio aún procuraba, después de un día de trabajo, quitarse «la ropa cotidiana, llena de fango y de mugre» y ponerse «paños reales y curiales» para entrar «en las antiguas cortes de los antiguos hombres donde, recibido por ellos amorosamente, me nutro de ese alimento que sólo es el mío»;[89] es decir, para dedicarse a la lectura de las obras pasadas, dialogar con ellas y aprender. Así, el pasado está integrado en el presente, pues el presente no es nunca más que la suma de lo que fue y de los proyectos de lo que se quiere ser. Un *querer ser* que prescinda de un *fue* es imposible, porque la definición de un *querer ser* siempre depende de un *fue*. Incluso como negación absoluta del pasado —que es lo que llamamos *revolución*— el proyecto revolucionario precisa de *ese* pasado para negarlo. Pero el idiota posmoderno no es revolucionario, porque carece de todo proyecto: su negación del pasado no está al servicio de ningún futuro, sino de su regocijo presente. La deconstrucción no está al servicio de nada más allá de sí misma. Su regocijo es siempre un *carpe diem*, un verdadero epicureísmo de juguete.

El idiota masificado que analiza Ortega es un ignorante del pasado. En esto, insulta a la condición humana misma. Me permito citar al filósofo español, a este respecto, *in extenso*:

> Köhler y otros han mostrado cómo el chimpancé y el orangután no se diferencian del hombre por lo que hablando rigurosamente llamamos inteligencia, sino porque tienen mucha menos memoria que nosotros. Las pobres bestias se encuentran cada mañana con que han olvidado casi todo lo que han vivido el día anterior, y su intelecto tiene que trabajar sobre un mínimo material de experiencias. Parejamente el tigre de hoy es idéntico al de hace seis mil años, porque cada tigre tiene que empezar de nuevo a ser tigre, como si no hubiese habido antes ninguno. El hombre, en cambio, merced a su poder de recordar, acumula su propio pasado, lo posee, lo aprovecha. El hombre no es nunca un primer hombre; comienza desde luego a existir sobre cierta altitud de pretérito amontonado. Este es el tesoro único del hombre, su privilegio y su señal. Y la riqueza menor de ese tesoro consiste en lo que de él parezca acertado y digno de conservarse: lo importante es la memoria de los errores, que nos permite no cometer los mismos siempre.[90]

---

89. Carta de Maquiavelo a Francisco Vettori, 10 de diciembre de 1513.
90. Ortega y Gasset, *La rebelión de las masas*, p. 32.

También el *desarraigado* de Simone Weil es un idiota. Al mismo tiempo que Ortega arremete desde España contra el hombre-masa, Weil apunta desde Francia contra el carente de raíces. Quien no *echa raíces* anda a la deriva, le resulta ajena toda continuidad: «Un ser humano tiene una raíz en virtud de su participación real, activa y natural en la existencia de una colectividad que conserva vivos ciertos tesoros del pasado y ciertos presentimientos de futuro».[91] Weil es muy dura en su descripción del hombre desarraigado, a quien no solo caracteriza como vulgar, sino también como infantil. «La pérdida del pasado, individual o colectivo, es la gran tragedia humana; nosotros nos hemos desprendido del nuestro como un niño que deshoja una rosa».[92] La pérdida del pasado, que desarraiga, equivale a una pérdida de madurez, una renuncia a la experiencia acumulada por las generaciones. Ensimismado como está, a este desarraigado-infantilizado le resulta imposible ver que «de todas las necesidades del alma humana, ninguna más vital que el pasado».[93]

El idiota moderno es tan afortunado como ingrato, porque vive condiciones materiales de vida inigualables, pero elige desconocer los fundamentos históricos y culturales en los que semejantes condiciones han sido posibles. Mirándose el ombligo, y nada más que él, no puede mirar hacia *atrás* y descubrir los tesoros del pasado.[94] Por lo mismo, su mirada hacia adelante no alcanza a avizorar más que el cortísimo plazo. Así, goza de un presente cuyo origen se le escapa: ni siquiera le interesa. Por eso, termina creyendo que el mundo en el que ha nacido ha surgido de la nada, como si fuera parte de la naturaleza (y no de la historia): «Estas masas mimadas son lo bastante poco inteligentes para creer que esa organización material y social, puesta a su disposición como

---

91. Simone Weil, *Echar raíces* (Madrid: Trotta, 2014), p. 49.
92. Ibíd., p. 97.
93. Ibíd., p. 54.
94. En la década de 1980, Allan Bloom advertía con claridad este problema en sus estudiantes: «Este futuro indeterminado o abierto, y la falta de un pasado vinculante, significan que las almas de los jóvenes se encuentran en un estado semejante al de los primeros hombres en estado natural: espiritualmente desnudos, desconectados, aislados, sin relaciones heredadas o incondicionales con nada ni con nadie. Pueden ser lo que quieran ser, pero no tienen ninguna razón particular para querer ser nada en especial» (*El cierre de la mente moderna*. Barcelona: Plaza y Janés Editores, 1989, p. 89).

el aire, es de su mismo origen, ya que tampoco falla, al parecer, y es casi tan perfecta como la natural».[95]

Es interesante advertir que Ortega no solo compara esta indiferencia hacia el pasado con el orangután, sino también con los niños al describir la psicología del hombre-masa a través de dos rasgos fundamentales: «la libre expansión de sus deseos vitales, por tanto, de su persona, y la radical ingratitud hacia cuanto ha hecho posible la facilidad de su existencia. Uno y otro rasgo componen la conocida psicología del niño mimado».[96] Ahora bien, hay que notar que este tipo de idiota se parece a un niño porque ni siquiera se cuestiona el problema del pasado: esa dimensión, sencillamente, no existe; no hay ninguna memoria significativa en la que abrevar. En cambio, para el idiota posmoderno de Deleuze y Guattari, el pasado existe como fuente de todos los males, y se vuelve objeto de negación: el pasado nos condena, nos sujeta, impide nuestra «creatividad», y por eso hay que borrarlo, literalmente destruirlo. En esto, el idiota de nuestros tiempos es más un adolescente que un niño: sabe que tiene un pasado, pero lo advierte como una amenaza, como aquello que está demorando su desarrollo y plenitud. El adolescente, como el idiota posmoderno, entiende que no puede avanzar si no se despega de todo lo anterior: necesita renacer, precisa *rehacerse*.

Por otra parte, el idiota posmoderno tampoco presenta ningún proyecto, no tiene ninguna visión concreta de futuro que vaya más allá de declaraciones de sentimientos o, en el mejor de los casos, superficiales enunciaciones de fines. Su visión hacia adelante se reduce a expresiones de deseo, y por eso mismo no es una visión hacia adelante, sino un presentismo absoluto: *yo deseo ahora esto, yo siento ahora esto otro*. Pero los proyectos no se conforman con la mera definición de fines, sino también de medios: no solo los *qué*, sino también los *cómo*. Son los medios los que terminan de imprimir en el proyecto su mirada hacia adelante: *habrá que hacer esto si queremos lograr esto otro*. El *cómo* pone en marcha el proceso que conduce hacia el futuro. Lo contrario es *carpe diem* disfrazado de filantropía y «justicia social».

---

95. Ortega y Gasset, *La rebelión de las masas*, p. 74.
96. Ibíd., p. 58.

Pero a este idiota le han sustraído la capacidad de conectar fines con medios. El absurdo en el que se mueve y en el que desea «crear» (según Deleuze y Guattari) lo lleva a la postre a escoger medios absurdos para tratar de lograr sus fines. Por eso siempre se termina dando contra la pared. Valga el ejemplo del llamado «lenguaje inclusivo»: al idiota le ha sido atornillada en la cabeza la idea de que urge llevar adelante una «revolución del género» en la que la diferencia entre lo masculino y lo femenino, deudora de una «historia patriarcal y heteronormativa», sea expulsada para siempre de nuestro mundo. Ese es su fin. Pero a la hora de elegir los medios para lograr ese mundo «tolerante e inclusivo» con el que alecciona por doquier, no se le ocurre mejor idea que encontrar en nuestro lenguaje una de las mayores fuentes de las opresiones que nos aplastan. Dos letras, puntualmente, estarían estropeando nuestra igualdad: las malditas «a» y «o», con las cuales nos referimos, habitualmente, a lo femenino y lo masculino. Su brillante idea consiste, entonces, en reemplazarlas por la «e», que hace las veces de «comodín inclusivo». De esta manera, el idiota posmoderno, casi como el viejo chamán que hace conjuros con su lengua especial para ver caer gotas del cielo, ya no dice «todos», ni siquiera «todos y todas», sino «todes», para conjurar al «patriarcado» y «verlo caer». Así como el chamán piensa que está ayudando a su tribu y reafirma su estatus dentro de su mundo social, el idiota del «lenguaje inclusivo» cree que está realmente incluyendo a los demás y reafirma su estatus de «*persone cool*». Nunca fue tan fácil ser, al mismo tiempo, revolucionario y *cool*, desde que ambas cosas se lograban comprando la camiseta del Che Guevara (lo que, al menos, involucraba un desembolso dinerario).

En los últimos años hemos visto emerger *emojis* «inclusivos». Allí donde antes se tenían de color amarillo, y funcionaban por su significación universal, hoy los *emojis* se inscriben en la lógica de lo particular hasta extremos absurdos. Su función, consistente en comunicar un estado de ánimo, hoy se mezcla con la función de «reconocer» la «diversidad», para mimar a las «minorías». De esta forma, se alega, las «minorías» vivirán un mundo más «justo» e «inclusivo», al ver su color de piel o su género debidamente reconocidos en estas pequeñas imágenes. Así, presentan seis tonalidades de piel: blancos, bronceados, trigueños, marrones, negros, amarillos. Pelos de todos los colores. Hombres en silla de ruedas. Mujeres en silla de ruedas. Algunas se empujan con las manos, otras son eléctricas. Hombres ciegos con bastón. Mujeres ciegas con bastón. (¿Cómo elegirán su *emoji* correspondiente? ¿Es que acaso tendrán una traducción al braille, o se trata solo de una pose para que las personas videntes adviertan semejante gesto de «inclusión»?). Mujeres con barba. Hombres embarazados. Pareja de lesbianas. Pareja gay. Madre y madre con hijos. Padre y padre con hijos. Padre con hijos. Madre con hijos. Con uno, o con dos. Al lado de las figuras homosexuales, mujeres con burka, hombres con turbante. Nadie debe quedar fuera del *emoji*. Una ensalada *hipercultural* en la que todos deben *sentirse* incluidos. Constantemente se deben agregar nuevos *emojis* porque la diversidad humana es tal que siempre existirán categorías no representadas. Esto, que quiso ser una solución a la «falta de inclusión», en realidad es un problema generado por la misma «solución». En efecto, en el anterior esquema de *emojis* abstractos, amarillos, sin sexo, ni edad, ni raza, ni religión, ni discapacidad ni orientación sexual, cualquiera podía representar sin mayor inconveniente el estado de ánimo que quería comunicar.

También puede pensarse en un ejemplo cuyo fin sea realmente serio: pongamos por caso la lacra de las violaciones. Nadie con un mínimo de moral negaría que urge combatir este tipo de violencia que, sin contar lo que ocurre en las cárceles, sufren principalmente las mujeres. La discusión que debería darse, por lo tanto, atañe a los medios. Pero es aquí donde el idiotismo aflora por doquier. En el año 2019, por ejemplo, se lanzó la canción «Un violador en tu camino» —también conocido como «himno feminista»— del grupo de mujeres feministas Las Tesis, y se convirtió en un furor internacional. En todas partes se llevaron a cabo verdaderos *happenings* en los que grupos de mujeres con los ojos vendados con una cita negra, y con el reglamentario pañuelo verde abortista en el cuello o el brazo, representaban una coreografía de movimientos y señales más parecidas a una marcha militar orwelliana que a una *performance* progresista. Mientras tanto, iban entonando los versos de la canción, acusando de violadores a los policías, a los jueces, al presidente y al mismísimo Estado, redefinido como «macho violador».

Por doquier, estos eventos fueron presentados mediáticamente como una forma de combatir el flagelo de la violación que sufren las mujeres en el mundo. Se tomó tan en serio el asunto que incluso un equipo de fútbol de chicos menores de 17 años fue investigado y sancionado en México por haber replicado la coreografía en un video casero de manera burlona.[97] Lo que a prácticamente nadie se le ocurrió fue decir que estas coreografías no guardaban ningún vínculo real con el fin que decían perseguir: en una palabra, que no servían para nada. Sostener que el himno feminista no disuadía a los violadores ni protegía a las mujeres equivalía casi a una herejía. Además, nadie reparaba en la evidente contradicción que supone acusar al Estado de violador y al mismo tiempo pedirle que solucione el problema de la violación y proteja a las mujeres. El feminismo es, en todas partes, una forma de *estatismo*: sus demandas siempre se canalizan en última instancia por vía estatal. ¿Pero cómo se canaliza estatalmente la lacra de la violación si el mismo Estado es un violador? Las contradicciones habitan el absurdo, y el idiotismo posmoderno adora el absurdo. De más está decir que tantas entonaciones y coreografías pseudoguerreras, tantos dedos acusadores apuntando hacia las cámaras de televisión y tantos periodistas comprometidos con la difusión de estos eventos no sirvieron para absolutamente nada: ningún violador resultó conmovido y las mujeres no viven hoy en un lugar más seguro que entonces.

Pero el idiota mira su ombligo, y su ombligo no reporta resultados sobre la sociedad, sino sobre sí mismo. ¿Cuántos midieron los resultados concretos de estas *performances*, y cuántos escrutan la medida en que logran la inclusión cambiando la «a» y la «o» por la «e»? Los resultados del idiota remiten a él mismo, y este es su engaño mayor: su «compromiso con las causas sociales» no suele ser más que una forma de narcisismo. Sus propios resultados los ve reflejados en *likes* y en aceptación social: esa es su medida real en todo esto. Hablar «lenguaje inclusivo» quizás no

---

97. *Cf.* «Escándalo en el América: investigan al equipo sub 17 por burlas a himno feminista "un violador en tu camino"», *Infobae*, 5 diciembre 2019, https://www.infobae.com/america/deportes/2019/12/05/escandalo-en-el-america-investigan-al-equipo-sub-17-por-burlas-a-himno-feminista-un-violador-en-tu-camino/.

sirva para incluir a nadie distinto del que se esfuerza por hablarlo. Estudiar y realizar la coreografía del himno feminista quizás no sirva para salvar a ninguna mujer de ser violada, pero sirve para viralizarse a sí misma en las redes sociales y, si se tiene más suerte aún, salir en televisión.

Un buen ejemplo del narcicismo que motoriza al idiota en sus búsquedas de un «mundo mejor» lo encontramos en el *twerking* o *perreo*. Este consiste en un «baile» que se hace en cuclillas o en cuatro patas, en el que se agita la cadera y el trasero como si se estuviera manteniendo una relación sexual. Su nombre en español remite precisamente a la postura del perro en el coito. Pero ahora resulta que este baile contiene un gran potencial «emancipatorio» y que sirve para combatir la «injusticia racial». Las protestas de Black Lives Matter, por ejemplo, se caracterizan por convertirse a menudo en sesiones colectivas de *twerking*. De esta manera, uno puede conjugar su necesidad de ser visto y apreciado sexualmente con la necesidad de ser considerado una persona comprometida con la vida de los afroamericanos. Ambas cosas pueden lograrse en un solo *reel*.

A principios del 2021, Black Lives Matter publicó en Instagram un homenaje a Martin Luther King con un video en el que una mujer negra *perrea* en distintos lugares históricos de Washington D. C. La mujer está vestida con un *short* con los colores de la bandera norteamericana y un *top*. El video dura 1 minuto y 20 segundos. A lo largo de toda la filmación, llegamos a ver en pantalla el rostro de la mujer menos de 15 segundos; el resto, son primeros planos de su trasero agitándose en cuclillas y en cuatro patas, y eventualmente de su escote. Lo curioso del caso es que al describir su publicación Black Lives Matter asegura que se trata de «Una declaración de libertad y sanación. Abogar por la descolonización de la sobresexualización de los cuerpos de las mujeres negras para recuperar antiguas danzas sagradas de liberación y bienestar». ¿Pero en qué sentido un video que no hace más que mostrar el trasero de una mujer moverse de arriba abajo en primer plano sirve para combatir la «sobresexualización» de las mujeres negras? Además, habría que preguntarse cuál es la relación entre el pastor bautista Luther King, con sus valores ascéticos y su ética protestante, y una danza como la descrita. Al momento de dar cuenta de qué tiene que ver el *twerking* con la lucha de los afroamericanos, Black Lives Matter ofrece esta escueta explicación: «La vergüenza de las prácticas africanas tradicionales no es nuestra. El trauma se mantiene en el cuerpo, sacúdelo».[98] Pero si el asunto consistía en reivindicar prácticas africanas tradicionales, podríamos preguntar también por qué no deformarse el labio con enormes discos tal como hace la mujer mursi, en lugar del *twerking*. Aquello sí que serviría para «deconstruir» los estereotipos sexualizados. O si de danzas se trata, por qué no el tradicional *agbadza*, conocido también como «el baile del pollo» por los movimientos similares al ave de corral que se ejecutan con los brazos, en lugar del *perreo*. La respuesta es obvia: porque en el fondo es un asunto narcisista, en el que la hipersexualización del idiota y su irrefrenable deseo de ser visto y celebrado se maquilla con causas sociales canonizadas por los medios de comunicación.

El idiotismo contemporáneo es tan narcisista y está tan ensimismado, pero al mismo tiempo pretende dominar lo social en tal medida, que otorga a sus emociones un valor de verdad absoluta. Sus emociones rigen al mundo y a los demás. Todo lo que contraríe sus emociones debe ser negado, marginado, patologizado e incluso criminalizado. Pero ocurre que las emociones no se miden en términos de verdad o mentira: las emociones *se sienten o no*. Por ello, son incapaces de determinar una verdad más allá de sí mismas. Si yo siento que soy un perro, es evidente que *es verdad que siento que soy un perro*, pero de ello no se sigue que *efectivamente lo sea*. Si yo siento que hoy seré secuestrado por extraterrestres, es verdad que siento que seré secuestrado esta noche por estas entidades, pero del mero presentir no se sigue que tal cosa ocurrirá realmente.

Sin embargo, el idiota posmoderno pretende que todo lo que él siente determina la realidad. El juez último no solo de su propia vida, sino también de lo que los demás deben hacer con respecto a él, son sus emociones y sentires. En esto, el idiota también adquiere los rasgos adolescentes: es un «caprichoso», como lo llamaba Ortega y Gasset, que no soporta que los demás no se hinquen ante sus emociones. De esta forma, todo lo que pueda contrariar

---

98. https://www.instagram.com/tv/CKMbRgQhbG8/.

el contenido de sus emociones será visto como «opresión». Esto va de la sociedad y la cultura a la misma biología. No hay límite alguno. Si uno no se reconoce en su propio cuerpo, no son los sentires de uno los que tienen algún problema, sino la sociedad y la cultura altamente opresivas que han «creado» una «sexualidad binaria» en la que los cuerpos masculinos son de hombres y los cuerpos femeninos son de mujeres. Habrá entonces que «deconstruir» no la propia emoción, sino la cultura que lo tensiona. Pero como la «deconstrucción» de la cultura no basta, y pronto se hace evidente que para conformar las propias emociones y sentires se necesitan hormonas, cirugías plásticas y otras prácticas médicas y quirúrgicas, también hay que sentar a la biología en el banquillo de los acusados. Sostener que la biología tiene que decir algo sobre la identidad de las personas se convierte en un «biologicismo» inaceptable, puesto que la biología no nos dice nada sobre las emociones de las personas, que para el idiota de nuestra posmodernidad son soberanas últimas de la realidad. De todas maneras, continuará demandando sus hormonas subsidiadas como un «derecho», sin advertir la flagrante contradicción.

Deleuze y Guattari admiran al idiota por negar que 3 + 2 = 5. Encuentran en esta renuncia una falta de sujeción a las normas propias de un «creador» de mundos. Pero este apego adolescente a las emociones no crea realmente nada. Los mundos son siempre *mundos compartidos*. Lo contrario son ombligos, que es precisamente donde mejor se encuentra el idiota. Desesperado como está por que los demás afirmen con él que la suma de tres y dos no da cinco (desesperado por que los demás aprueben su ombligo), termina «creando» un mundo en el que las personas deben renunciar a la verdad, e incluso renunciar a la orientación de las propias percepciones, para ajustarse a lo que los idiotas dominantes de turno y sus emociones establecen.

Un ejemplo interesante de esto último se ha visto hace algunos años, en España y en otros países de Hispanoamérica, con un autobús que despertó una polémica inusitada. El vehículo, diseñado por la asociación HazteOír, tenía una inscripción que decía: «Los niños tienen pene, las niñas tienen vulva, que no te engañen». Semejante «biologicismo» despertó la ira del idiota por doquier. ¿Cómo se podía afirmar semejante cosa, habiendo

personas que tienen *otros sentimientos*? Lo más interesante es
que los ataques contra el autobús no podían más que señalar, a
su vez, emociones y sentimientos: lo llamaron «el autobús trans-
fóbico», y acusaron en él un «discurso de odio» contra la comunidad trans. Fobias, odios: el idiota no atinaba a nada más que
atribuir a sus contrincantes *sentimientos negativos*. El autobús
fue apedreado y destruido por donde pasó, por parte de quienes
tienen *sentimientos positivos*. Y como los sentimientos y las emociones lo resuelven todo, el Juzgado de Instrucción Número 42 de
Madrid prohibió circular al autobús al interpretar que sostener
públicamente que los hombres tienen pene y las mujeres vagina
es una «humillación» para quienes *sienten* lo contrario.[99] *Mutatis
mutandis*, decir que 3 + 2 = 5 podría ser humillante para quienes
sostienen que es 4.

El idiota posmoderno, a diferencia del antiguo, impone su
ombligo a los demás. Quienes no acepten su ombligo (sus percepciones, sus gustos, sus emociones, sus sentimientos y sus meras opiniones basadas en ellos) serán acusados de tener *malos
sentimientos*. Fobias, discursos de odio y otras atribuciones por
el estilo se sintetizan en una acusación genérica que le encanta
al idiotismo contemporáneo y que repiten los jóvenes en todas
partes: «falta de empatía». Nada más condenable hoy que ser
señalado como alguien que padece semejante falta. Nuestra sociedad adolescente todo lo mide a través de la «empatía», que ya
nada tiene que ver con lo que Adam Smith, el gran filósofo de la
simpatía, quería decir con ella.[100] La capacidad de *ponerse en el
lugar del otro* (eso sería la empatía) no implica la obligación de
hacer del sentimiento y la emoción ajenos una fuerza de mayor
importancia que la verdad. Los sentimientos y emociones ajenos
que impactan sobre nosotros pueden y deben aún ser evaluados por nuestras percepciones y nuestra razón: ¿se adecúan a su

---

99. «Un juez prohíbe circular al autobús contra los transexuales de Hazte Oír», *El
    País*, 3 marzo 2017, https://elpais.com/politica/2017/03/02/actualidad/1488
    444432_091924.html.
100. La «simpatía» según Smith sirve para «denotar nuestra compañía en el senti-
    miento ante cualquier pasión» de otra persona. En *Teoría de los sentimientos morales*
    (Madrid: Alianza, 1997), p. 52.

objeto?, ¿cuáles son sus causas?, ¿qué acciones implican?[101] Pero la actual *dictadura de la empatía* es un régimen de posverdad[102] que *obliga* a hacerse cómplices del sentir ajeno de forma automática e inexorable. Así, condena la propia percepción, estropea el uso de la razón, porque las somete a un sentimiento heterónomo, que se impone sin resistencia alguna.

De esta manera, tan idiota como el caprichoso es también el sumiso. Tan idiota como quien impone su ombligo es quien lo acoge *sin pensar*. La otra cara del capricho es la sumisión: no hay una sin otra. Por eso, no hay idiota que imponga sin idiota que se deje alegremente imponer. El sumiso será reconocido como el «campeón de la empatía» precisamente por renegar de sus percepciones y olvidar su razón. Se trata de una transacción lamentable: la suspensión de sus propias facultades a cambio de la aprobación social y mediática. Así, el sumiso está siempre dispuesto a contrariar lo que ve, lo que oye, incluso lo que él mismo siente, además de negar lo que pasa por su cabeza, con tal de cumplir las normas de la empatía. Si una mujer le dice que es un hombre, no dudará ni un segundo en incluso llamarlo «persona gestante»; si le dicen que deje de decir «leche materna» porque ofende a las mujeres que se autoperciben como hombres, celebrará la decisión;[103] si un hombre de 52 años le dice que en verdad es una niña de 6, no vacilará ni un momento en conseguirle padres adoptivos;[104] si le dicen que la masculinidad es «tóxica», no dudará en «deconstruir» la

---

101. «En la adecuación o inadecuación, en la proporción o desproporción que el sentimiento guarde con la causa u objeto que lo suscita estriba la corrección o incorrección, el decoro o desgarbo de la conducta consiguiente» (Smith, *Teoría de los sentimientos morales*, p. 65).

102. Tomo la noción de «régimen de verdad» que desarrolla Michel Foucault sobre todo en *Del gobierno de los vivos* (Buenos Aires: Fondo de Cultura Económica, 2014).

103. Fue el caso de los hospitales londinenses, que obligan hoy a hablar de «personas gestantes» y prohibieron el término «leche materna». *Cf.* «Prohibido hablar de leche materna en los hospitales de Londres», *ABC*, 12 febrero 2021, https://www.abc.es/sociedad/abci-prohibido-hablar-leche-materna-hospitales-londres-202102112122_noticia.html.

104. Es el caso de Stefonknee Wolscht, un canadiense de esa edad que, al percibirse como niña, fue adoptado por una pareja. *Cf.* «Un hombre de 52 años se transforma en una niña de 6», *El Español*, 11 diciembre 2015, https://cronicaglobal.elespanol.com/cronica-directo/curiosidades/hombre-52-anos-transforma-nina-seis_29521_102.html.

suya tomando cursos y talleres a esos efectos;[105] si le dicen que su piel blanca implica privilegios que debe repudiar, se pondrá muy feliz al enterarse de que Coca-Cola está promoviendo cursos para aprender a «ser menos blanco».[106]

Desprecio para con el pasado, dificultad para establecer un proyecto para el futuro, incapacidad para vincular medios con fines, ensimismamiento y narcisismo, sujeción acrítica al régimen de las emociones: el *idiotismo* es la ideología medular de la sociedad adolescente. El idiota es todo menos un «mayor de edad»; el idiota no acoge el «¡Atrévete a pensar!» kantiano. Pero la ideología *idiotista* no la abrazan solo los jóvenes, sino también los *adultos adolescéntricos*. Esto no significa, naturalmente, que todos los jóvenes y todos los adultos se adhieran a ella. Sabemos con Foucault que «donde hay poder hay resistencia»,[107] y por fortuna son cada vez más los que resisten las oleadas dominantes de idiotez.

II- Sentido

La psicología de Viktor Fankl se espanta ante la falta de sentido. Habiendo sobrevivido a varios campos de concentración, y habiendo perdido a su esposa e hijo en uno de ellos, Frankl encontró en el sufrimiento una posible fuente de sentido. La deshumanización a la que había sido reducido no echó a perder la luz de humanidad que el sentido todavía le reservaba. El sentido fue lo único de humanidad que le quedaba; fue, literalmente, lo que lo mantuvo vivo.

El sentido es fuerza vital; su falta absoluta es neurosis. Frankl inaugura la tercera escuela de psicoterapia vienesa advirtiendo la quiebra del sentido en la sociedad contemporánea:

---

105. En la Universidad Iberoamericana de Puebla, por ejemplo, se han promovido estos cursos con éxito. *Cf.* «Clases contra la masculinidad tóxica en aulas sin alumnas», *El País*, 9 marzo 2020, https://elpais.com/sociedad/2020-03-09/clases-de-masculinidad-toxica-en-aulas-sin-alumnas.html.

106. *Cf.* «Coca-Cola organiza un curso para que sus empleados aprendan a "ser menos blancos"», *RT*, 20 febrero 2021, https://actualidad.rt.com/actualidad/384159-coca-cola-curso-empleados-ser-menos-blanco.

107. Michel Foucault, *Historia de la sexualidad. La voluntad de saber* (Buenos Aires: Siglo Veintiuno, 2019), p. 91.

Cada época tiene sus neurosis y cada tiempo necesita su psicoterapia. En realidad, hoy no nos enfrentamos ya, como en los tiempos de Freud, con una frustración sexual, sino con una frustración existencial. El paciente típico de nuestros días no sufre tanto, como en los tiempos de Adler, bajo un complejo de inferioridad, sino bajo un abismal complejo de sentido, acompañado de un sentimiento de vacío, razón por la que me inclino a hablar de un vacío existencial.[108]

La dictadura emocional no se corresponde con un afianzamiento del sentido. Los sentimientos y las emociones pululan por doquier (la política, la publicidad, la farándula, los medios, apelan sin descanso a ellos), pero no puede decirse lo mismo del sentido. Los sentimientos y las emociones no resultan suficientes para cubrir el vacío existencial. La emoción que hoy se siente puede desaparecer mañana; por eso, la emoción no *arraiga* una vida en una narrativa coherente, porque no es capaz de hacer de hilo conductor entre un origen, un derrotero y un destino cargado de sentido.[109]

A diferencia de las meras emociones, el sentido se inscribe en la conciencia a través de procesos intelectuales, herencias culturales, experiencias reflexivas. Uno halla sentido cuando conecta distintas experiencias (tanto individuales como sociales) e ideas en una estructura narrativa coherente que estabiliza el devenir de la vida, que da lugar a pautas de acción más o menos coherentes y que da brillo a una moral capaz de distinguir con nitidez suficiente lo bueno de lo malo. Por esto, el sentido no es impulsivo, sino *reflexivo*; no es efímero, sino *duradero*; no es sensual, sino *narrativo*: el sujeto *piensa sobre sí*, se detiene en la búsqueda de las relaciones que existen en sus acciones, sus objetivos, sus deseos, su existencia tanto individual como social. El sentido es una narración, y «la narración es la capacidad del *espíritu* para superar la

---

108. Viktor Frankl, *Ante el vacío existencial. Hacia una humanización de la psicoterapia* (Barcelona: Herder, 2019), p. 9.

109. «Una vida privada de causa y destino es inevitable que acabe pudriéndose, enmarañándose de angustia, entregándose al vacío existencial, flotando en el marasmo del tedio o de la búsqueda desnortada de analgésicos que mitiguen su pudrición, su angustia, su vacío, su tedio» (Juan Manuel de Prada, *Una enmienda a la totalidad*. Madrid: Homo Legens, 2021, p. 61).

contingencia del cuerpo».[110] El sentido se ubica por ello también más allá de la *razón instrumental*; es más que el cálculo *costo-beneficio*, que no es narrativo sino aritmético. A través del sentido se abandona la *mera vida*, la vida puesta *en modo automático*.

Frankl subraya que «no importa lo que esperamos de la vida, sino que importa lo que la vida espera de nosotros».[111] Esto es un claro llamado a la acción. La vida espera algo de nosotros, y ese algo dota de sentido a nuestra vida, y la mueve hacia su fin. El individuo se abre a lo que está fuera de sí mismo: deja de ser *idiota* cuando encuentra sentido, puesto que supera una vida meramente material y ensimismada. Al revés, cuando se esperan cosas de la vida, uno se vuelve totalmente pasivo, porque *siente* que la vida le debe cosas a uno. De esta forma, uno se hace caprichoso, hombre-masa, «menor de edad».[112] Son «la sociedad» y «el Estado» los que, ocupando el lugar del padre y la madre, le deben a uno su sentido y su felicidad, a través de la gratuidad de las cosas y una vida burocratizada. La *estatolatría* actual y el escape de la responsabilidad individual son síntomas de la profunda falta de sentido que acecha a la sociedad adolescente.

Desde la sociología, Berger y Luckmann trabajaron el asunto del sentido. Ellos entendieron precisamente que «el sentido es conciencia del hecho de que existe una relación entre las varias experiencias».[113] Las varias experiencias pueden generar esquemas de acción, sistemas morales e instituciones. La relación, que es ante todo una actividad intelectual, es la operación fundamental que da lugar al sentido. El sentido es la *narración* de las relaciones de la experiencia. Ahora bien, la acción de corto plazo puede incorporarse a un esquema de largo plazo en la medida en que esas relaciones que dan forma al sentido mantengan cierta continuidad a lo largo del tiempo y del grupo social. El «sentido

---

110. Byung-Chul Han, *La sociedad paliativa* (Buenos Aires: Herder, 2021), p. 40.

111. Viktor Frankl, *El hombre en busca de sentido* (Barcelona: Herder, 2019) p. 106.

112. Es significativo que «obtener» sea la primera operación social que el niño aprende. El bebé obtiene el pecho de su madre gratuitamente; lo requiere para sobrevivir. El «capricho» surge del no saber nada más que obtener. *Mutatis mutandis*, el hombre estatizado se estanca en la obtención de la «teta del Estado», su eterno tutor, y por eso nunca se hace «mayor de edad».

113. Peter Berger y Thomas Luckmann, *Modernidad, pluralismo y crisis de sentido. La orientación del hombre moderno* (Barcelona: Paidós, 1997), p. 32.

de la vida» depende en gran medida de esta cierta continuidad; un «sentido de la vida» que es una cosa hoy y otra mañana resulta absurdo.

Sin embargo, Berger y Luckmann notan que las condiciones de la sociedad moderna atentan contra la estabilidad del sentido. A diferencia de las sociedades premodernas, donde la producción y distribución de sentido estaba reservada a pocas y determinadas manos (por ejemplo, la Iglesia), la sociedad moderna trae consigo numerosas factorías de producción y distribución que ofrecerán distintos sentidos al conjunto social (por ejemplo, los medios de masas). Además, la sociedad premoderna orientaba sus instituciones de acuerdo con grandes sistemas de sentido supraordinal: política, economía y cultura estaban sujetas a una unidad de sentido y un sistema de valores único, y se debían a él.[114] La sociedad moderna, en cambio, diferencia sus estructuras institucionales orientando cada una de ellas de acuerdo con una racionalidad respecto a fines. Esto último libera a las grandes instituciones sociales (políticas, administrativas, económicas) de un sentido compartido que vaya más allá de determinados fines racionales.

El cuadro que pinta la sociedad moderna es el del pluralismo moderno, en el que coexisten numerosos sentidos, que pueden ser enteramente distintos e incluso incompatibles entre sí, dentro de una misma sociedad. La incompatibilidad no representa *a priori* un problema, porque el sentido ha sido privatizado, y la única condición para la coexistencia se llama *tolerancia*, transformándose esta en el *único* valor supraordinal compartido en pie. ¿Pero resulta suficiente la tolerancia para dotar de sentido a una vida? Berger y Luckmann ofrecen una respuesta negativa:

> Dichos valores [de tolerancia] le dicen al individuo cómo comportarse frente a otras personas y otros grupos que tienen distintas visiones de la vida. Sin embargo, no nos dicen cómo deberíamos conducir nuestra vida cuando comienza a temblar el carácter incuestionado del orden tradicional.[115]

---

114. Este tema se aborda en el capítulo 2 de *La batalla cultural*.
115. Berger y Luckmann, *Modernidad, pluralismo y crisis de sentido*, p. 62.

La modernidad libera al individuo de los sentidos fuertes de la tradición y la religión. Estas narrativas ampliamente compartidas establecían creencias, normas, valores, roles y expectativas sociales que asignaban a los individuos papeles nítidos en el conjunto social. Los «guiones», por así decirlo, venían dados. Pero el fin de la sociedad tradicional borra en gran medida esos guiones. La vida queda abierta a la indeterminación del sentido: cada uno debe *construir* su sentido, escribir su propio guion, «buscar la felicidad», como dirán los padres fundadores de los Estados Unidos en la Declaración de Independencia. Comienza así una denodada búsqueda del sentido, más allá de la tolerancia, allí donde antes el sentido venía en gran parte dado de antemano.

Con todo, los tiempos modernos encontrarán en las ideologías un sustituto para la religión. Las ideologías han conferido dosis fuertes de sentido al individuo moderno. Sus narrativas *teleológicas* procuraron establecer incluso un orden para el desarrollo histórico. La historia va hacia algún lugar en concreto, imaginado, dependiendo el caso, como liberación del hombre gracias al desarrollo de las luces, como fin de todas las dominaciones de clase gracias a la revolución proletaria engendrada por el capital, o como realización material y superación de la pobreza gracias a la expansión de la sociedad mercantil. La historia tiene un sentido: no está a la deriva. El individuo podía concebirse como sujeto de esta narrativa: el sentido de su vida podía inscribirse en esa historia de progreso. En muchos casos se intentó recrear el paraíso en la tierra, las Sagradas Escrituras y las encíclicas papales fueron reemplazadas por los manifiestos y los panfletos de los ideólogos, hubo mártires y santos laicos por doquier.[116]

Los tiempos modernos tocan a su fin en eso que se ha empezado a llamar «posmodernidad» al menos desde la década de 1970. Las grandes ideologías modernas, que Jean-François Lyotard denomina «grandes relatos», han experimentado también una crisis fulminante. Para Lyotard, nuestros tiempos posmodernos deben definirse precisamente como aquellos en los que dominan los «pequeños relatos». La liberación de la mayoría de la humanidad

---

116. *Cf.* Raymond Aron, *El opio de los intelectuales* (Buenos Aires: Ediciones Siglo Veinte, 1967).

que componía la clase trabajadora ha sido reemplazada por la liberación del travesti; la liberación del hombre a través de las luces ha sido aplastada por el dominio del algoritmo, los procesadores informáticos y la inteligencia artificial; el desarrollo del capitalismo de libre mercado ha sido sacudido por los capitalismos estatizados y autoritarios; y la ética protestante que lo acompañaba (y le otorgaba un sentido trascendental) hace tiempo que fue reemplazada por una estética del consumo (inmanente).

Nuestros tiempos son los de los «pequeños relatos»: las narrativas de liberación universal se hacen añicos y son reemplazadas por una multiplicidad de causas particulares. Lyotard advierte que las diminutas narrativas de los tiempos actuales han perdido el peso específico de antaño:

> La función narrativa pierde sus functores, el gran héroe, los grandes peligros, los grandes periplos y el gran propósito. Se dispersa en nubes de elementos lingüísticos narrativos, etc., cada uno de ellos vehiculando consigo valencias pragmáticas *sui generis*. Cada uno de nosotros vive en la encrucijada de muchas de ellas. No formamos combinaciones lingüísticas necesariamente estables, y las propiedades de las que formamos no son necesariamente comunicables.[117]

En el fondo de la escena, el nihilismo y el hedonismo se extienden sin cesar. El individuo posmoderno se inserta en un mundo que, en un nivel social, *carece de sentido*. Era de la *posmoralidad*: el único acuerdo que existe sobre la ética consiste en decir que cada uno tiene la suya propia.[118] Era de la *posverdad*: sobreviene una indiferencia abrumadora respecto de la importancia de la verdad, encubierta bajo la idea, mal interpretada, de que «no existen hechos, solo interpretaciones».[119] Era *posfáctica*: surge «una *apatía hacia la realidad*, e incluso una *anestesia para*

---

117. Jean-François Lyotard, *La condición postmoderna* (Madrid: Cátedra, 2019), p. 10.
118. *Cf.* Gilles Lipovetsky, *El crepúsculo del deber. La ética indolora de los nuevos tiempos democráticos* (Barcelona: Anagrama, 1996).
119. *Cf.* Maurizio Ferraris, *Posverdad y otros enigmas* (Madrid: Alianza Editorial, 2019).

la realidad»;[120] la realidad incluso sucumbe al simulacro.[121] Era de las identidades *posnacionales* y *posclasistas*: ni la patria ni el trabajo, que se disputaron la lealtad de los grupos sociales a lo largo del siglo XX, creando encendidas narrativas para ellos, otorgan hoy un sentido identitario fuerte a la mayoría de los individuos.[122] Era del *poshumanismo*: nuestros tiempos dudan incluso de que el hombre tenga algo de especial y, al revés de lo que hicieron los cultores del proyecto moderno, quitan al hombre del centro del mundo.[123]

Hallar el sentido de la propia vida, en una era como esta, no es tarea sencilla. No simplemente porque el pluralismo moderno privatice el sentido y lo diversifique dentro del propio conjunto social, sino porque el nihilismo posmoderno barre las referencias trascendentales a las que el sentido aún buscaba sujetarse para volverse *sentido compartido*: el Bien, la Verdad, la Belleza, la Historia, la Patria, el Hombre, el Trabajo. Estas categorías van siendo desalojadas de nuestro mundo. ¿Qué queda del Bien allí donde infinidad de subgrupos exhiben concepciones morales totalmente distintas dentro de una misma sociedad? ¿Qué queda de la Verdad allí donde la sobreinformación, la chatarra mediática y la cacofonía digital generan un ruido ensordecedor en el que es casi imposible discriminar lo verdadero de lo falso? ¿Qué queda de la Belleza allí donde gran parte del arte contemporáneo apuesta por la fealdad, vendiendo desde «mierda de artista enlatada» hasta camas destendidas con botellas de alcohol y condones usados encima de ellas?[124] ¿Qué queda de la Historia allí donde apocalipsis nucleares, climáticos y pandémicos aterrorizan las perspectivas de futuro de la sociedad, y la confianza en el progreso desaparece?

---

120. Han, *La sociedad paliativa*, p. 52.
121. *Cf.* Jean Baudrillard, *Cultura y simulacro* (Barcelona: Editorial Kairós, 2016).
122. *Cf.* Ernesto Laclau y Chantal Mouffe, *Hegemonía y estrategia socialista* (Buenos Aires: FCE, 2011).
123. *Cf.* Éric Sandin, *La siliconización del mundo. La irresistible expansión del liberalismo digital* (Buenos Aires: Caja Negra, 2018).
124. Me refiero, respectivamente, a la ¿obra? «mierda de artista» (literalmente, era una lata que decía contener excrementos de su autor) de Piero Manzoni, y a «My Bed» de Tracy Emin. La primera se vendió por 275.000 euros, y la segunda por 3.77 millones de dólares. *Cf.* «This Dirty Bed Just Sold for $3.77 Million», *Time*, 1 julio 2014, https://time.com/2933839/tracey-emin-my-bed-auctioned/.

¿Qué queda de la Patria allí donde las fronteras se vuelven totalmente permeables, la migración descontrolada amenaza con cambios culturales e idiosincráticos radicales y los Estados ceden cada vez más su soberanía a las organizaciones internacionales? ¿Qué queda del Hombre en una sociedad manejada por robots y por inteligencia artificial? ¿Qué queda del Trabajo en un contexto en el que las vocaciones ya no son estables, los trabajos no se sostienen en el tiempo, la automatización «inteligente» avanza sin cesar y la noción de «carrera» va desapareciendo?

La anorexia del sentido puede pensarse en su relación con la entrega de la propia vida. Hoy es difícil pensar que las personas estén dispuestas a dar su vida por algún valor, alguna creencia, alguna forma de vida en concreto. Según Schopenhauer, «la razón del *envejecer y del morir* no es física, sino metafísica».[125] Sin una razón metafísica, el envejecimiento y la muerte quedan vaciados de todo sentido. No traen ni dejan nada consigo, más que una espantosa degradación de la materia. Si la vida no tiene sentido, se trata solamente de retrasar el reloj, de demorar la degradación. Rousseau, en su tiempo, ya arremetía contra los apegados a la *mera vida*:

La medicina está de moda entre nosotros, y tiene que ser así. Es el entretenimiento de las gentes ociosas y desocupadas, que, no sabiendo cómo emplear el tiempo, lo emplean en conservarse. Si hubieran tenido la desgracia de nacer inmortales, serían los más miserables de los seres: una vida que no tuvieran jamás miedo de perderla, tampoco tendría para ellos valor alguno. Esta gente necesita médicos que los amenacen para halagarles y que les den cada día el único placer que son capaces de apreciar: el de no estar muertos.[126]

Tal vez sea una paradoja que el grado de miedo a la muerte sea directamente proporcional a la falta de sentido de la vida.[127] La

---

125. Arthur Schopenhauer, *El arte de envejecer* (Madrid: Alianza, 2019), p. 105.

126. Jean-Jacques Rousseau, *Emilio o la educación* (Barcelona: Gredos, 2015), pp. 30-31.

127. Numerosos estudios muestran esta relación. Ya en un estudio de 1972 de la Universidad de Vanderbilt, encontramos que «se halló una correlación negativa significativa entre el propósito en la vida y el miedo a la muerte» (Joseph A. Durlak,

sujeción a la *mera vida* es lo propio del esclavo, según Hegel. En la célebre dialéctica del amo y del esclavo que el filósofo alemán compone, dos hombres se enfrentan en una lucha a muerte, pero uno de ellos termina reducido a la esclavitud porque escoge ser un *esclavo vivo* antes que un *hombre libre muerto*. Su instinto de supervivencia, podría decirse, es más fuerte que su sentido de la *libertad*. En esta relectura podríamos agregar además que su sentido de la vida es en general muy pobre, y por eso escoge aferrarse a una vida vaciada de sentido, reducida a vida animal, tal como ocurre con la esclavitud, antes que aceptar su final.

También Hobbes encontrará en el miedo a morir el fundamento de sumisión absoluta que impone el Estado moderno. Tanto la «soberanía por adquisición» como la «soberanía por institución» se ponen en relación con el miedo a morir.[128] (Locke, que atenuará este poder absoluto, no perderá sin embargo de vista que el hombre en estado natural y libre está acechado por «miedos y peligros constantes»,[129] y que por eso mismo desea unirse en sociedad). Ese monstruo que es el Leviatán se hace con la mera vida de los individuos a cambio de seguridad; el miedo a las terribles muertes de la «guerra de todos contra todos» constituye la sociedad política hobbesiana, que en muchos sentidos continúa siendo todavía hoy la nuestra. Y es exactamente ese mismo miedo el que continúa exigiendo, sea en forma de «guerra de todos contra todos» o bien de «contagio de todos contra todos», una sumisión y un sometimiento cada vez más absoluto al Leviatán. Hasta los organismos internacionales hoy reclaman más poder global recurriendo al miedo. No es ya la virtud ni el bien común, sino el miedo, el que está en el corazón de la política moderna y contemporánea. Y los enemigos de Occidente, que basan su existencia política en otras narrativas muy distintas, tienen plena consciencia de ello. Digámoslo de una vez: lo que más nos impacta del terrorismo islámico no es tanto que quiten la vida a una innumerable cantidad

---

«Relationship between Individual Attitudes toward Life and Death», *Journal of Consulting and Clinical Psychology*, 38, 1972, p. 463).

128. *Cf.* Thomas Hobbes, *Leviatán. La materia, forma y poder de una república eclesiástica y civil* (Ciudad de México: FCE, 2017), pp. 159-168.

129. John Locke, *Segundo tratado sobre el gobierno civil* (Madrid: Tecnos, 2006), p. 124.

de seres humanos, sino que estén dispuestos a quitarse la vida a
sí mismos. Impacta su voluntad de *entregar la vida*, porque nuestra gente hace rato que no tiene nada que valga más que la *mera vida*. No se trata de quitar la vida, sino de entregarla. Nuestras potencias, armadas con drones a control remoto, también quitan la vida a una innumerable cantidad de seres humanos, pero lo hacen desde la seguridad de una computadora.

En el marco de la Guerra del Golfo, Philippe Muray ilustró bien la destrucción del sentido contemporáneo en Occidente, interrogándonos con un sarcasmo doloroso:

> Pudimos ver muy bien, el mes de febrero pasado, en el desierto de Kuwait, a los soldados iraquíes que se rendían con la bandera blanca en una mano y el Corán en la otra.
>
> ¿Con qué se hubiera rendido un soldado occidental? ¿Su número de la seguridad social? ¿Un DVD? ¿Su carta astral? ¿Una hamburguesa con queso? ¿Todas esas cosas juntas?[130]

No solo en la caída de las grandes ideologías modernas y en la crisis de los trascendentales hallamos ejemplos de la crisis posmoderna del sentido. También encontramos un síntoma claro en lo que Byung-Chul Han ha llamado «la desaparición de los rituales». Nuestra sociedad carece hoy de rituales. Los símbolos cargados de sentidos fuertes también escasean. Incluso imaginar la rendición del desierto de Kuwait resulta difícil; más aún pensar con qué objeto simbolizaríamos tal rendición. Es que los rituales y los símbolos son prácticas y elementos sociales cargados de sentido comunitario. Allí donde no hay sentido compartido, el ritual y el símbolo pierden toda eficacia. Esto resulta especialmente importante para el tema de este libro, porque las etapas de la vida de los individuos han sido siempre separadas por rituales. El servicio militar en los jóvenes, el matrimonio en las mujeres, el bautismo de los infantes, etcétera. Alain Badiou remarca que «"joven" significaba "el que no fue iniciado"».[131] Así, es esperable que la sociedad adolescente pierda progresivamente sus rituales:

---

130. Philippe Muray, *El imperio del bien* (Granada: Nuevo Inicio, 2012), p. 62.
131. Alain Badiou, *La verdadera vida. Un mensaje a los jóvenes* (Buenos Aires: Interzona, 2017), p. 25.

al estar *desdiferenciando* las etapas de la vida, no tiene necesidad de rituales. No hay nada que iniciar, nada que separar, nada que simbolizar y nada necesita recibir sentido de la comunidad (pues ella misma ya lo ha perdido).

En los rituales, el *input* coincide con el *output*: el sentido compartido por la comunidad es la condición de posibilidad del ritual, pero también es su resultado. El ritual expande el sentido, lo renueva y agudiza. Es un círculo virtuoso. Pero allí donde ya no existe este sentido compartido, el ritual no puede empezar, y el ciclo se detiene por completo. Estudiando la desaparición de los rituales, Han llega incluso a entrever el problema de la edad:

> Los rituales configuran las transiciones esenciales en la vida. Son formas de cierre. Sin ellos, *nos deslizaríamos de una fase a otra sin solución de continuidad.* Así es como hoy envejecemos sin llegar a hacernos *mayores.* O nos quedamos en consumidores infantilizados que no madurarán jamás.[132]

Perder el sentido equivale a deshacerse de las narraciones, de las jerarquías y de los trascendentales que ordenan las cosas de la vida. Todo sentido recibido hoy se percibe como opresión. En un mundo narcisista y subyugado por el *idiotismo*, recibir algo del pasado equivale a *inautenticidad* (aunque en realidad baste darse una vuelta por TikTok para conocer la verdadera falta de autenticidad mezclada con un narcisismo enfermizo). De esta manera, hoy se empuja al individuo a encontrar su propio sentido, pero se lo priva de la materia prima necesaria: para empezar, de una historia compartida y del acervo común de sus antepasados. No recibe nada *significativo* ni de Dios ni de la historia. El individuo tiene que crear un sentido *ex nihilo*, de la nada, y esto hace que uno vaya a los tumbos, sin direcciones claras, chocando con las propias experiencias que no llegan a formar narrativas consistentes. El imperativo actual de «probarlo todo» refleja bien esta carencia. La vida no encuentra otro sentido más allá de vivenciar todo lo que pueda en el poco tiempo de que dispone. Los criterios

---

132. Byung-Chul Han, *La desaparición de los rituales* (Buenos Aires: Herder, 2021), pp. 50-51.

de lo que se debe vivenciar son siempre los mismos: jamás se ha celebrado tanto la «diversidad», pero jamás la gente había sido tan igual en todas partes. Todo lo que hoy nos atrevemos a llamar «diversidad» son en verdad meras exterioridades, tales como colores de cabellos, tatuajes o estilos de indumentaria, dado que las interioridades jamás habían sido tan uniformizadas en el más desesperante vacío. No existe un orden, no existen metas consistentes, no existe un proyecto: todo lo que hay son vivencias acumuladas sin relaciones estables entre sí, sin una narrativa coherente, sin etapas ni fases. No es casualidad que hoy los libros de autoayuda caigan a menudo en el lugar común de instar a sus lectores a «acumular vivencias» o «experiencias», en un sentido realmente pasivo (*entregarse a la vivencia*), sustraído de toda *investigación*.[133] La sociedad adolescente es una sociedad del tanteo.

Por este tipo de cosas es por lo que a menudo se dice que «la vida se ha acelerado». La desesperación por acumular vivencias se interpreta como una aceleración de la vida. Una vida feliz y exitosa se lograría amontonando vivencias, dado que «solo se vive una vez». El tiempo se convierte en la peor amenaza para un individuo que vive su vida como una cuenta regresiva. No obstante, esta desesperación por sentirse vivo a través de las cosas que se experimentan no significa tanto una aceleración como una falta de sentido. La acumulación de vivencias es una operación cuantitativa; la narración es una operación cualitativa. Byung-Chul Han ha señalado, con razón, que la aceleración supone una dirección, que es precisamente de lo que carece la sociedad adolescente:

> El tiempo se precipita como una avalancha porque ya no cuenta con ningún *sostén* en su interior. Cada punto del presente, entre

---

133. Siguiendo a Jacob Grimm, Koselleck enfatiza el hecho de que el concepto «experiencia» era cercano a la voz griega *historein*, en la que se incluía la noción de «investigar». Así, «tener experiencia significa "investigar"», dice Koselleck. No obstante, en la modernidad se produce un desplazamiento en el que el concepto se vuelve pasivo: la experiencia es una mera «recepción», una mera percepción a la que no precede, y en la que no procede necesariamente, ninguna investigación. *Cf.* Reinhart Koselleck, *Los estratos del tiempo* (Barcelona, Paidós: 2001), p. 44. Siguiendo esta idea general, vemos hoy cómo ese llamado caótico a «vivir experiencias» no genera nada más —con suerte— que meras huellas inconexas en la memoria. Prefiero por eso hablar más bien de «vivencias», y así evitar la confusión que podría surgir con aquella otra acepción de «experiencia».

los cuales ya no existe ninguna fuerza de atracción temporal, hace que el tiempo se desboque, que los procesos se aceleren sin dirección alguna, y precisamente *por no tener dirección alguna* no se puede hablar de aceleración.[134]

La noción de que el tiempo se acelera es inexacta. Lo que ocurre es que ha perdido sentido: «En realidad no se trata de una verdadera aceleración de la vida. Simplemente, en la vida hay más inquietud, confusión y desorientación».[135] En el pasado, el tiempo se sostenía en los planes de Dios, y luego en el proyecto del Hombre. Ambos sostenes generaban narrativas compartidas cargadas de sentido, que disipaban la inquietud, la confusión y la desorientación. Hoy, el individuo ha quedado liberado tanto de un Creador como de una historia. También se ha liberado de su sexo, de su patria, de su cultura e incluso de su familia. Ya no tiene certeza ni siquiera de si es un hombre o una mujer; y si la tiene, no cuenta con ninguna orientación sobre cuáles son sus roles masculinos o femeninos. En la era de la *liberación*, casi cualquier aspecto de la vida que no resulta de una elección directa se interpreta como *opresión*. Así, incluso *nos han liberado del sentido*, pues es imposible crearlo por completo desde cero y sin referencia al entorno social.[136] Lo único que no está sujeto a elección, sin que casi nadie proteste, es el pago de impuestos y la pleitesía al Estado. De esta manera, el individuo se ha quedado solo con un nudo de emociones y deseos que deben satisfacerse en la acumulación de vivencias. Y lo que es peor, se ha quedado solo en una relación inmediata con el Estado o con el mercado, en un mundo cada día más gobernado y, a la vez, competitivo, desprovisto de cuerpos intermedios.

Volviendo a Frankl, la falta de sentido puede representar para el individuo un problema serio. Puede comprometer incluso su salud mental. Por eso, su *logoterapia* apunta a encontrar el sentido de la vida en un mundo en el que existen condiciones estructurales que dificultan esta búsqueda. Resulta significativo al respecto

---

134. Byung-Chul Han, *El aroma del tiempo* (Barcelona, Herder: 2019), pp. 18-19.
135. Han, *El aroma del tiempo*, p. 26.
136. La lengua, verdadera materia prima del sentido, no es una creación individual sino un fruto evolutivo, de larguísima maduración, de la sociedad.

el enorme incremento de la depresión y ansiedad de la que es testigo nuestra época. En Estados Unidos, por ejemplo, entre el año 2005 y el 2015, la depresión pasó de afectar a un 6,6 % de la población al 7,3 %. El aumento fue más rápido entre las personas de 12 a 17 años, saltando del 8,7 % en 2005 al 12,7 % en 2015. La tasa de pensamientos y conductas relacionados con el suicidio aumentó en un 47 % entre 2008 y 2017 entre los adultos jóvenes. Actualmente, los trastornos de ansiedad afectan a 40 millones de adultos en Estados Unidos, lo que representa más del 18 % de su población. El número total estimado de personas que viven con depresión en todo el mundo aumentó un 18,4 % entre 2005 y 2015. En el año 2020, durante la pandemia, las tasas de depresión aumentaron un 28 % y las de trastornos de ansiedad un 26 %.[137]

También en el abuso de drogas y el constante incremento de uso y abuso de psicofármacos se encuentran indicadores significativos. El 11,7 % de los estadounidenses mayores de 12 años consumen drogas ilegales. El 47 % de los jóvenes consume alguna droga ilegal al momento de graduarse de la escuela secundaria. El consumo de drogas es más alto entre las personas de 18 a 25 años, con un 39 %, en comparación con las personas de 26 a 29 años, con un 34 %. El 19,4 % de las personas mayores de 12 años (53 millones) han consumido drogas ilegales o abusado de medicamentos recetados en el último año. De los 139,8 millones de estadounidenses mayores de 12 años que beben alcohol, el 10,6 % de ellos (14,8 millones) tienen un trastorno por abuso de consumo. La sobredosis accidental de drogas es una de las principales causas de muerte entre personas menores de 45 años. En Estados Unidos se producen más de 70.000 muertes por sobredosis

---

137. «Depression», *World Health Organization*, 13 septiembre 2021, https://www .who.int/news-room/fact-sheets/detail/depression. Jean M. Twenge *et al.*, «Age, Period, and Cohort Trends in Mood Disorder Indicators and SuicideRelated Outcomes in a Nationally Representative Dataset, 2005–2017», *Journal of Abnormal Psychology*, 2019, vol. 128, núm. 3, 185–199, https://www.apa.org/pubs/journals /releases/abn-abn0000410.pdf. «Depression on the Rise Worldwide, says WHO», *Families for Depression Awareness*, https://www.familyaware.org/who-2017 -depression-report/. Theresa Gaffney, «Rates of depression and anxiety climbed across the globe in 2020, analysis finds», *STAT*, 8 octubre 2021, https://www .statnews.com/2021/10/08/mental-health-covid19-pandemic-global/. «Is Mental Illness on The Rise?», Banyan Mental Health, https://www.banyanmentalhealth .com/2021/07/01/rise-in-mental-illness/.

de drogas todos los años. El número de muertes por sobredosis aumenta a una tasa anual del 4 %. Entre 2012 y 2018, la tasa de muertes por sobredosis relacionadas con la cocaína aumentó del 1,4 % al 4,5 %. De 2012 a 2015, se experimentó un aumento del 264 % en las muertes por opioides sintéticos.[138]

Las drogas, tal como hoy se utilizan, son una vía de escape ante la falta del sentido. Esto se ha plasmado en innumerables estudios empíricos.[139] Se trata de gestionar químicamente el reino de las emociones, ya sea intensificando los sentidos o adormeciéndolos. Estos efectos se procuran con independencia de cualquier narración con sentido que vaya más allá del mero efecto logrado. En cualquier caso, la gestión artificial del sentir es lo único que queda por hacer cuando el sentido ha desaparecido de la vida. La narrativa del sentido ya no tiene fuerza para hacer sentir la vida, y por eso se la reemplaza por químicos que la releven en esta función.

El suicidio también se convierte hoy en un indicador relevante. El suicidio moderno, desprovisto de cualquier sentido, apunta justamente al desfallecimiento de todo sentido. Sostener la *mera vida* vaciada de sentido, cuando ciertas circunstancias anímicas y sociales concurren para deteriorar aún más su calidad, se presenta como un sinsentido absoluto. Alrededor de 800.000 personas se suicidan anualmente en el mundo. Esto significa que cada 40 segundos alguien se quita la vida. Se trata de la decimoquinta causa de muerte a nivel global según la OMS. Si tomamos a la población adolescente que tiene entre 15 y 19 años, el suicidio se convierte en la cuarta causa de muerte a nivel global. En la mayoría de los países, la tasa de suicidio es de 10 a 20 veces mayor que la de homicidios. La tasa de suicidios en hombres es el doble que

---

138. «Drug Abuse Statistics», *National Center for Drug Abuse Statistics*, https://drugabusestatistics.org/.

139. Tan temprano como 1972, Linn, Krippner y otros, en una investigación basada en entrevistas a 700 estudiantes de la Universidad de Wisconsin, hallaron que el 100 % de los consumidores de estupefacientes respondió afirmativamente a la pregunta sobre si alguna vez les había parecido que la vida carecía de sentido. Viktor Frankl, *El hombre en busca del sentido último* (Ciudad de México: Paidós, 2012), pp. 130-131. En el 2017, otro estudio que usó los mismos indicadores encontró la misma correlación. *Cf.* Csabonyi, Matthew & Lisa J. Phillips, «Meaning in Life and Substance Use», *Journal of Humanistic Psychology*, 60, núm. 1, enero 2020, pp. 3–19.

la de mujeres a nivel mundial, y en algunos casos esa diferencia es aún mayor. La tasa total de suicidios ajustada por edad en Estados Unidos aumentó un 36 %: de 10,4 por cada 100.000 habitantes en el año 2000 pasó a 14,2 por cada 100.000 en 2018. El aumento en la tasa fue del 1 % anual desde el 2000 al 2006, y un 2 % anual de 2006 a 2016, es decir, la tendencia se aceleró enormemente.[140]

Esta realidad puede estar empeorando drásticamente a raíz de la pandemia. La OMS así lo ha advertido, puesto que el COVID-19 y las draconianas medidas «sanitarias» —impuestas por la misma OMS— han tenido un impacto negativo sobre la salud mental de las personas. La pérdida del empleo, el aislamiento social y la crisis económica constituyen factores vinculados a la práctica suicida. En el año 2021, la OMS informó que una de cada cien muertes en el mundo se debe al suicidio, y que entre jóvenes de 15 a 29 años este constituye la cuarta causa principal de fallecimiento.[141]

Los números repasados señalan un verdadero problema. De manera más indirecta, se puede también rastrear la presencia del problema en la industria literaria más importante de las últimas décadas. Muy lejos de la psicología de Frankl, las estanterías de las librerías se llenan de títulos de autoayuda, cuyo género a veces se rebautiza como «superación personal» (que tiene la delicadeza de esconder el hecho de que el lector tenga probablemente algún problema personal que requiera ayuda de verdad). Un rápido vistazo a este tipo de literatura anuncia la crisis de sentido generalizada, y trasluce el *ethos* narcisista que, impotente frente a la pérdida del sentido, da manotazos de ahogado intentando sujetarse a... sí mismo. El idiotismo es la fórmula de la autosuperación. Véase esto en algunos ejemplos: «Aprende a pasar tiempo con la persona más importante en tu vida —¡TÚ! Disfruta de ir al cine con la mejor compañía que puedas imaginar: ¡TÚ!»,[142] es lo que

140. Hannah Ritchie, Max Roser y Esteban Ortiz-Ospina, «Suicide», *Our World in Data*, 2015, https://ourworldindata.org/suicide. «Suicide», *National Institute of Mental Health*, https://www.nimh.nih.gov/health/statistics/suicide. Lea Winerman, «By the numbers: An alarming rise in suicide», *American Psychological Association*, enero 2019, vol. 50, núm. 1, https://www.apa.org/monitor/2019/01/numbers.
141. «Una de cada 100 muertes es por suicidio», *OMS*, 17 junio 2021, https://www.who.int/es/news/item/17-06-2021-one-in-100-deaths-is-by-suicide.
142. Marc Reklau, *30 días: cambia de hábitos, cambia de vida* (Amazon: 2014).

se recomienda en el exitoso *30 días: cambia de hábitos, cambia de vida*. Uno casi desearía que una persona así fuera clonada y obligada a pasar el resto de su vida con su copia idéntica. En *Los secretos de la mente millonaria*, otro *best seller* de este género, se le dice al lector que no hay que preocuparse si nadie lo considera a uno valioso, dado que basta con que uno mismo se considere en tal sentido. Pero para aliviar la crisis del lector, el autor decide «ungirlo» él mismo: «Por el poder que se me ha conferido, yo te unjo como "persona muy valiosa"». Y concluye así: «Vale, ya estamos. Ahora puedes levantarte y mantener la cabeza alta porque al fin eres digno y valioso».[143] Cuando uno lee algo así, entiende más fácilmente por qué tantas personas son propensas a terminar enroladas en sectas. En otro éxito de esta industria, *La voz de tu alma*, se le dice al lector: «Confía en tu intuición, es tu brújula interior. Aun cuando parezca una locura, si la voz de tu alma te dice que lo hagas, ¡hazlo!».[144] El lector, reducido al nivel de un animal que no tiene mejor facultad que sus meros instintos y «corazonadas» para orientarse en la vida, es invitado a celebrar la degradación de sí.[145]

El éxito de este tipo de textos bebe de la lógica adolescente. La adolescencia es, por definición, una crisis de sentido. Los cambios del cuerpo, de los roles y de las expectativas sociales ponen al adolescente frente a un nuevo mundo para el que no está listo emocionalmente. Superar la adolescencia consiste no tanto en una maduración física como en una emocional. Hacerse «mayor de edad» consiste en *pensar por sí mismo*, no en dejarse guiar meramente por los instintos. En las melosas referencias narcisistas al «yo» como fuente exclusiva y excluyente del sentido y la felicidad, que reniegan de toda relación, de toda herencia, de toda trascendencia, estos textos nos recuerdan al adolescente desesperado por diferenciarse de sus padres. En la separación del universo de los

---

143. T. Harv Eker, *Los secretos de la mente millonaria* (Málaga: Editorial Sirio, 2006).
144. Laín García Calvo, *La voz de tu alma* (Barcelona: Océano, 2019).
145. Semejante degradación es el precio que pagar a cambio de creer que la vida es fácil, que la vida gira en torno a uno mismo, que uno puede lograr todas sus metas sin mayores dificultades reales, y que todo puede ser resuelto por medio de un «ajuste» de las propias disposiciones. El autoayudismo es un facilismo idiotizante, que tranquiliza efímeramente a quienes es posible calmar y conformar acariciándoles el ego y suministrándoles sobredosis de euforia en forma de frases trilladas.

padres, el adolescente busca instituirse a sí mismo. Para eso, la estrategia narcisista es habitual: los caprichos y las rebeldías de esta etapa obedecen generalmente a esto mismo. Las relaciones, la dinámica social y las transferencias de sentido se le presentan al adolescente como una amenaza a la edificación de *su propio* sentido, ansioso por *autenticidad*. De la misma manera, hoy se les dice a las personas que para tener una vida colmada de sentido deben mirar su propio ombligo las veinticuatro horas del día. Se las trata como a adolescentes. La religión oficial de la sociedad adolescente es el autoayudismo, que tiene sus gurúes, que cuenta con sus textos canónicos y que vive precisamente de la falta de sentido: a menor sentido, mayores ventas.

La falta de sentido también se observa en la multiplicación de prácticas lisa y llanamente *idiotas*. Hay sociólogos que se han esforzado por dar cuenta de los motivos de prácticas que ponen en riesgo la integridad física e incluso la vida *al servicio de la nada*, y encontraron entre ellos la falta de sentido de la vida.[146] Los ejemplos de los últimos años son numerosos, y se han visto sobre todo a través de las redes sociales. Piénsese en «desafíos» como el «Tide Pod Challenge», en el que se ingiere una cápsula de detergente y se filman los efectos en el cuerpo: los químicos suelen generar quemaduras en la boca, el esófago o el tracto respiratorio. O bien considérese el «Benadryl Challenge», popularizado en TikTok, en el que se toma más de una docena de pastillas de este antihistamínico, produciendo alucinaciones a sujetos que luego son filmados y publicados en plenos episodios psicóticos. Otro reto muy popular en adolescentes ha sido el de la «Ballena Azul», que está entre los más nocivos de todos. Aquí se establecen cincuenta «tareas» para realizar en cincuenta días, de peligrosidad creciente. La última es el suicidio. La historia del desafío lleva al último *selfi* de la joven rusa Rina Palenkova, en el que se despide de sus seguidores inmediatamente antes de quitarse la vida. El suicidio puede ser interpretado como el fin de una vida que perdió por completo su sentido.

---

146. *Cf.* David Le Breton, *La edad solitaria. Adolescencia y sufrimiento* (Santiago de Chile: LOM ediciones, 2012).

El sentido siempre implica límites, puesto que la coherencia que reclama la narración del sentido es siempre un límite a su desquicio interno. Una narración con sentido es una *narración ordenada*, cuya función es precisamente evitar el desorden del sentido, que es lo que lo vuelve un *sinsentido*. El sociólogo David Le Breton ha estudiado la difusión de prácticas de riesgo entre los adolescentes y ha concluido que «los comportamientos de riesgo expresan conductas de los jóvenes que no disponen de recursos de sentido para afrontar su desasosiego desde el interior, por lo que deben expulsarlo fuera de sí mismos». Las prácticas de riesgo se pueden leer como un «enfrentamiento cuerpo a cuerpo con el sentido».[147] En cierto modo, cabría agregar, estas prácticas representan el clímax de la acumulación de vivencias: poner en riesgo la continuidad de la vida se transforma en una vivencia que da derecho a seguir viviendo.

Otros «desafíos» no suponen tanto un peligro contra sí mismo como contra los demás. En España, hace no mucho se difundió un reto llamado «La Caza del Pijo», en el que había filmar cómo se golpeaba en la calle al primero que pareciera «pijo» (adinerado). El «Knockout Challenge» es muy similar: se escoge al azar a alguien en la vía pública y se lo golpea hasta dejarlo inconsciente mientras se lo graba con un celular. En Colombia y México nació el desafío «Rompebocas», en el que hay que filmar cómo se derriba a una persona desprevenida por detrás, envolviendo con una bufanda sus piernas y tirando fuerte de ella, de modo que caiga de frente, con la cara justo directo al suelo. Otro «reto» que se ha hecho viral es el «Hot Water Challenge», en el que se arroja agua hirviendo a alguien cualquiera, provocándole en muchos casos serias quemaduras. Algunos han llegado al extremo de envenenar a personas sin hogar que duermen en la calle y filmar cómo agonizan.[148]

¿Son todos estos, acaso, rituales que pujan por nacer en nuestras sociedades posmodernas? De ninguna manera. Los rituales

---

147. Le Breton, *La edad solitaria*, pp. 71-72.
148. «Envenenar y filmar la agonía: el perverso entretenimiento de un atacante de indigentes en California», *Clarín*, 16 junio 2020, https://www.clarin.com /mundo/envenenar-filmar-agonia-perverso-entretenimiento-atacante-indigentes -california_0_AyK2zEuf2.html.

están, por definición, cargados de sentido; mantienen una función simbólica, en la que se comparte el sentido que está en el interior de una comunidad. Las prácticas mencionadas no tienen sentido alguno. Más aún, develan una falta absoluta de sentido. Ponerse en riesgo a sí mismo y a los otros en función de ningún valor, de ninguna norma, de ningún elemento trascendental, es el clímax del vacío. Así, se toca el absurdo: no se está dispuesto a ofrecer la propia vida por ningún valor ni por ninguna creencia, pero se está dispuesto a ponerla en riesgo para obtener *likes* en redes sociales.

¿Pero puede un *like* otorgar sentido a la vida?

III- Identidad

Estrechamente ligada a la cuestión del sentido, se presenta el *problema* de la identidad. La identidad trae consigo la pregunta del *quién*, que para ser respondida echa mano del sentido. La identidad es una instancia del sentido; es una fijación del sentido en el *yo*, que *se narra a sí mismo*. Pero no como mera biografía presentada en forma de cúmulo de anécdotas. *Quién soy yo* demanda una respuesta que guarde algún grado de coherencia y continuidad, que dé por resultado la *mismidad*. Mi identidad estabiliza mi vida, en la medida en que hace que mi *yo* sea *el mismo* ayer, hoy y mañana. Allí donde no se logra coherencia y continuidad en la narración del yo, la identidad queda amenazada seriamente.

La identidad puede ser un remedio a las conmociones del paso del tiempo. En la continuidad del *yo*, el tiempo adquiere sentido, haciéndose narración. Schopenhauer, reparando precisamente en la vejez, sustraía la esencia del hombre del dominio del tiempo. Así, podía regocijarse de ser *el mismo* que había sido en otras etapas de su vida; podía descansar en su mismidad:

> Cuando uno *logra alcanzar una edad avanzada* siente, empero, todavía en su interior que sigue siendo exactamente el mismo que era cuando joven, incluso cuando niño: esto resulta invariable, pues el núcleo de nuestra esencia permanece con frecuencia

el mismo y no envejece con el tiempo, ya que *no está en el tiempo* y resulta, por tanto, indestructible.[149]

La adolescencia es una crisis de identidad. El desafío adolescente consiste en dar una respuesta a la pregunta *quién soy yo*, justo en el momento en que un torbellino de cambios, tanto físicos como de roles, sobrevienen en su vida. La velocidad del cambio complica al adolescente, porque la identidad es siempre una referencia a lo duradero y, más todavía, a lo permanente. La pregunta por el *quién* rehúye lo que cambia a cada rato, porque implicaría dar una respuesta distinta a cada rato. Donde lo único permanente es el cambio, la identidad es imposible. Podría decirse que la solidez de una identidad es una función del grado de permanencia en el tiempo de los atributos que la componen.

Desde la psicología, Erik Erikson planteó el asunto de la identidad. Es interesante advertir que lo relacionó directamente con la etapa de la adolescencia. En concreto, Erikson propuso una lista de cualidades de la persona (de su «yo») que surgen en etapas críticas del desarrollo del individuo y que resultan necesarias para su integración social. Así, por ejemplo, el desarrollo de la confianza en la primera infancia, el sentimiento de autonomía y la iniciativa de la niñez, el gusto por la producción en la pubertad, etcétera. Pero una vez que el individuo llega a la adolescencia, lo que se le plantea es el desarrollo y la estabilización de su identidad:

> La integración que ahora tiene lugar bajo la forma de identidad yoica es, como ya se señaló, más que la suma de las identificaciones infantiles. Es la experiencia acumulada de la capacidad del yo para integrar todas las identificaciones con las vicisitudes de la libido, con las aptitudes desarrolladas a partir de lo congénito y con las oportunidades ofrecidas en los roles sociales. El sentimiento de identidad yoica, entonces, es la confianza acumulada en que la mismidad y la continuidad interiores preparadas en el pasado encuentren su equivalente en la mismidad y la continuidad del significado que uno tiene para los demás.[150]

---

149. Schopenhauer, *El arte de envejecer*, p. 110.
150. Erik H. Erikson, *Infancia y sociedad* (Buenos Aires: Paidós, 1976), p. 235.

La crisis de la adolescencia consiste en elaborar la continuidad en el terremoto de los cambios físicos y sociales. La madurez es lo que surge, según Erikson, tras esta conquista: «La madurez empieza cuando la identidad ha sido establecida y ha surgido un individuo integrado e independiente», empieza «cuando [este] ya no tiene que poner en tela de juicio, en todo momento, la propia identidad».[151] La independencia del individuo es un eco de la «mayoría de edad» de Kant, que solo se logra cuando uno sabe *quién es*, y experimenta por lo tanto la mismidad que surge de la consolidación de la propia identidad.

También en la fenomenología de las edades que traza el filósofo Romano Guardini encontramos una noción similar a la que desde la psicología brinda Erikson. Según Guardini, las crisis de lo que hoy llamamos adolescencia «consisten en su inseguridad interior, en su modo de saber y no-saber, en querer ser uno mismo y no poderlo ser todavía». Esto remite a la falta de estabilización de la mismidad, cara a la realización de una identidad. De esta manera, la falta de establecimiento de la propia identidad se muestra en «la exagerada manera de acentuarse a sí mismos» que advierte Guardini en los adolescentes, en la «que se echa de ver qué inseguro está todavía el Yo». Pero cuando esta crisis se supera, se ha pasado a una fase de madurez. Esta se caracteriza por una asunción de quién se es y las consecuencias de esa asunción: «Se acepta a sí mismo. Responde de sí. Se sitúa en la responsabilidad por sí; tanto ante el orden existente como ante su persona».[152]

La sociedad adolescente se caracteriza por sus problemas de identidad. El grupo social como tal se asemeja a la adolescencia cuando la identidad deja de ser un requerimiento particular de un estadio del desarrollo del individuo, y pasa a convertirse en un problema sociológico que se extiende con independencia de la edad. Esto ocurre cuando la sociedad y la cultura demandan la *construcción* de la propia identidad, pero no ofrecen una materia prima adecuada para el cumplimiento de esta exigencia.

---

151. Ibíd., p. 52.
152. Romano Guardini, *Las edades de la vida* (Buenos Aires: Lumen, 2016), pp. 60, 73-74.

Más todavía, este inconveniente se agudiza cuando la misma necesidad de identidad es *frustrada sistemáticamente* por una cultura y una sociedad que se encargan de fragmentarla y problematizarla sin cesar. La frustración colectiva de identidades que van a los tumbos, sufriendo la discontinuidad y el recurrente extrañamiento de sí mismas, estanca a la sociedad en un estadio adolescente.

La pregunta por el *quién* se vuelve extremadamente difícil de contestar en un mundo donde las grandes referencias de sentido se derrumban por doquier, y donde todo lo no construido por el individuo se desprecia y se califica como *opresivo*. Así, los atributos duraderos se denigran y se olvidan. La desintegración de las adscripciones permanentes a una religión, a una nación, a una familia, a una ideología, a un partido, a un sexo, etcétera, deja al individuo frente a un menú infinito de posibilidades caracterizadas por su volatilidad y obsolescencia prematura. Todo puede ser de otra manera, todo puede cambiarse por otra cosa, no hay ninguna *seguridad ontológica*, todo se vuelve contingente y relativo, todo punto de reconocimiento se desvanece antes de haber podido echar alguna raíz.

Hasta la historia misma deja de funcionar como una referencia para la continuidad del género humano. Parte del desfallecimiento del proyecto moderno se puede leer como la descomposición misma de esta continuidad. No es casualidad que las personas ya no sean capaces de ubicar su existencia históricamente, que no sepan a qué momento pertenecen, de dónde vienen, a dónde van. Es como si sus vidas estuvieran por fuera de todo tiempo histórico. Para saber todo eso, sin embargo, debería presuponerse alguna continuidad, algún hilo conductor intrínseco a la historia. Pero hace ya tiempo que nuestros posmodernos advirtieron la radical falta de unidad de la historia misma y, para salvarnos del «etnocentrismo» propio del despliegue histórico de Occidente, se dedicaron a destrozar toda continuidad, y se abocaron a las «pequeñas historias» en detrimento de los esfuerzos de síntesis y recomposición a través de los cuales nos reconocíamos en una historia mayor. Así, se quejaba ya Finkielkraut en la década de 1980: «Los historiadores ya no desarrollan el hilo del tiempo, lo rompen y nos enseñan a *no* descubrir en nuestros antepasados la imagen o el esbozo de nosotros mismos».[153] Ese *no* descubrimiento impacta en la identidad, desenraizándola del pasado. En efecto, la historia ha sido despedazada en pequeñísimas genealogías dispersas e inconexas, llamadas por Foucault a «fragmentar todo lo que permitía el juego consolador de los reconocimientos». Lo que había que lograr era una historia que «introduzca lo discontinuo en nuestro ser», que «divida nuestros sentimientos», que «multiplique nuestro cuerpo y lo oponga a sí mismo», que tampoco «deje nada sobre sí que tenga la estabilidad tranquilizadora de la naturaleza», que «se ensañe contra su pretendida continuidad».[154] Pero ¿cómo sujetar la continuidad de una identidad a la radical discontinuidad de la historia?

La pregunta por la identidad se vuelve importante en un momento en que las adscripciones automáticas se ponen en tela de juicio. En las sociedades premodernas, el individuo no se pregunta por su identidad, dado que esta viene dada automáticamente. Las referencias de sentido premodernas son demasiado sólidas y estables como para generar crisis permanentes de identidad en la sociedad. Donde domina además una concepción cíclica de la historia, todo vuelve a su punto de inicio y, así, todo se encuentra a sí mismo una y otra vez en un movimiento continuo. Por eso, la pregunta sobre la identidad es una pregunta esencialmente moderna. «El desconcierto respecto de la identidad surge como condición de la vida en el mundo moderno»,[155] subraya Francis Fukuyama. «El proceso identitario está intrínsecamente ligado a la modernidad occidental»,[156] sostiene el sociólogo Jean Claude Kaufmann. En estas sociedades, los atributos ya no operan por fuera de la historia, y por eso traen consigo la pregunta por el *quién* de la identidad.

Si bien es cierto que los tiempos modernos diluyeron el poder de identificación de una serie de atributos tradicionales o

---

153. Alain Finkielkraut, *La derrota del pensamiento* (Barcelona: Anagrama, 1994), p. 62.
154. Michel Foucault, *Nietzsche, la genealogía, la historia* (Valencia: Pre-textos, 2004), p. 46.
155. Francis Fukuyama, *Identidad. La demanda de dignidad y las políticas de resentimiento* (Barcelona: Planeta, 2019), p. 178.
156. Jean Claude Kaufmann, *Identidades: una bomba de relojería* (Barcelona: Ariel, 2015), p. 30.

premodernos (religión, familia, estamentos, castas, lealtades feudales, etcétera), trajeron consigo otros en su reemplazo, y mantuvieron otros tantos en pie. El hombre moderno se pregunta por su identidad, pero todavía puede dar una respuesta; la sociedad moderna le brinda recursos para hacerlo. De hecho, las identidades son tan fuertes en la modernidad que la política girará sin cesar durante una buena cantidad de tiempo en torno a la *nación* y a la *clase*.

La nación y la clase son referencias identitarias modernas. La pregunta sobre el *quién* considera estos atributos como relevantes. De ellos surgen ideologías fuertes, como el nacionalismo o el marxismo. La primera reclama la *identificación* del soberano con los atributos identitarios de la nación. La segunda reclama la *identificación* de una clase social y sus atributos económicos con el devenir de la historia. En sus versiones totalitarias, el fascismo y el leninismo, ambas identificaciones se terminan haciendo con la mediación del aparato del Estado absorbido por el Partido.

Estas referencias modernas, en cualquiera de sus versiones, se tambalean en el mundo actual. Resultan demasiado sólidas para nuestra posmodernidad. Uno no escoge su nación, y esto resulta hostil al sentir posmoderno que demanda una *elección a la carta* permanente. Se impone por doquier la idea de que mi identidad no puede ser nada que yo no haya escogido o, más todavía, construido. De aquí la extendida popularidad de considerarse «ciudadano del mundo», que aprovecha en su Agenda 2030 las Naciones Unidas.[157] Uno tampoco se identifica con su clase allí donde la clase media se ha extendido sin pausa, donde la clase obrera ya no representa la mayoría de la sociedad, y donde el sistema posindustrial directamente la ha barrido hasta grados insospechados.[158]

---

157. En su Objetivo 4, Meta 7, esta agenda solicita educar a los niños para «la ciudadanía mundial». Dado que la ciudadanía está en relación con el goce de derechos políticos, y estos a su vez se hacen efectivos en torno a un Estado nación, aquello de «ciudadanía mundial» podría pensarse como una contradicción en sus términos. A menos, claro, que se piense en estructuras de gobierno mundial que usurpen las soberanías nacionales. *Cf.* https://www.un.org/sustainabledevelopment/es/education/.

158. Entre otras cosas, el sistema posindustrial se caracteriza por la centralidad del sector servicios en detrimento de la producción de bienes industriales. Cuando Daniel Bell empezó a estudiar estas transformaciones en la segunda mitad del siglo XX,

Nuestra posmodernidad no abandona el problema de la identidad, sino que pone en el centro atributos de muy distinta índole y se divierte con ellos. El foco apunta a atributos individuales privados y, dentro de lo posible, electivos. El género representa uno de los ejemplos más claros al respecto. En torno a él ha surgido toda una ideología política, consistente en negar las determinaciones biológicas del sexo, releídas como opresión *patriarcal* y *heteronormativa*. El sexo es un atributo identitario tanto tradicional como moderno: el feminismo nace en la temprana modernidad en torno al problema político de la igualdad sobre el sexo, que es un dato biológico, dado sin mediar ninguna elección. El género, en cambio, que refiere a los roles y las expresiones sociales vinculadas a un sexo, se esfuerza por absorber a este último dentro de su dominio hasta borrar cualquier referencia biológica. Dicho de otra manera, el género, entendido como «construcción cultural», como «artificio», tiene por objetivo terminar de negar la pertinencia del sexo para la identidad del individuo. La «identidad» sería dada por el género, que se puede elegir, y no por el sexo, al que hay que hacer desaparecer. De esta manera, haber nacido hombre o mujer no significa que uno *sea* un hombre o que *sea* una mujer.

La ideología de género es la resultante de esta operación. Lo que ella afirma por doquier es que mi sexo, como biología, no dice nada acerca de mi identidad. Es el género, como conjunto de roles sociales, expresiones culturales y orientaciones del deseo, el que interviene en mi identidad. Pero al quedar el género escindido del sexo, y volverse contra este último, se revela como una entidad ficcional. El género se presenta como un mero conjunto de atributos culturales sin ningún piso natural en el que reposar. De

---

le impactaba ver que, en 1970, el 65 % de la mano de obra estadounidense estuviera ya dedicada al sector servicios: para 2018 el guarismo creció al 80 %. Simultáneamente, el empleo industrial decrecía del 33,2 % al 19 % en ese país. Mirando el panorama desde un nivel mundial hay que decir que en 1991 el 33,67 % de los empleos mundiales ya correspondían al sector servicios, mientras que en 2018 el número creció hasta el 51,71 %. Véase Daniel Bell, *Las contradicciones culturales del capitalismo* (Madrid: Alianza, 1977), p. 190. Datos actuales para Estados Unidos en *The World Factbook*, consultados en https://www.cia.gov/the-world-factbook/. Datos mundiales consultados de las bases de datos del Banco Mundial en https://datos.bancomundial.org/indicador/SL.SRV.EMPL.ZS?view=chart.

ahí que el individuo, que se ha quedado sin suelo, sea invitado por esta ideología a escribir su propia ficción, más allá de cualquier determinación biológica. Como resultado, se dirá por fin que mi «identidad de género» determinará mi género, y que yo mismo escojo mi «identidad de género» a través de mi autopercepción. La categoría género quedará vaciada entonces incluso de cualquier solidez sociocultural de otrora, apuntando nada más que al yo que se autodefine. Este dogma ideológico puede resumirse así:

Pregunta— ¿Está impactada mi identidad por mi sexo?
Respuesta— No, está impactada por el género.
Pregunta— ¿Qué determina entonces mi género?
Respuesta— Lo determina la identidad de género.
Pregunta— ¿Y qué determina mi identidad de género?
Respuesta— La autopercepción de género.
Conclusión: clímax del idiotismo.[159]

Nuestra posmodernidad lleva la ansiedad por la identidad a su grado máximo. Esto es así porque se descartan todas las referencias permanentes o durables, tanto culturales como naturales. El problema de la identidad ya no alude tanto a grandes estructuras sociales (religión, nación, clase) como a asuntos personales altamente variables (género, orientación sexual, edad, peso, dieta, salud mental). Otros, menos variables, como la raza o la etnia, también se colocan en el primer plano de las luchas por el reconocimiento, y fascinan por el carácter minoritario y marginal de sus atributos. De esta forma, las sociedades son fragmentadas en una cantidad siempre creciente de conflictos y nuevos movimientos que se articulan en torno a ellos: militancia feminista, militancia

---

159. Mientras escribo esto, leo una noticia en uno de los medios más importantes de mi país, titulada así: «El calvario de las mujeres trans que buscan escapar de Ucrania: son obligadas a quedarse y combatir». Ucrania ha obligado a todos los hombres de entre 18 y 60 años a permanecer en su país y contribuir en la guerra. El periodismo se sorprende de que esta medida se aplique considerando la identidad biológica de los individuos. Les resulta inadmisible. Sin embargo, de guiarse por la ideología de género, cualquier hombre que quisiera huir del país no tendría más que argumentar que su autopercepción ha cambiado, y que ahora su identidad es la de una mujer. *Cf. TN*, 23 marzo 2022, https://tn.com.ar/internacional/2022/03/23/el-calvario -de-las-mujeres-trans-que-buscan-escapar-de-ucrania-son-obligadas-a-quedarse-y -combatir/.

LGBT, militancia estudiantil, militancia contra la «gordofobia», militancia vegana, militancia «antiespecista», militancia «antipsiquiátrica», militancia racialista, militancia indigenista, etcétera.

Es un error creer que, por el énfasis en asuntos otrora personales en detrimento de los grandes relatos públicos como la clase o la nación, estas pequeñas ideologías identitarias de nuestra posmodernidad no serían colectivistas. Es precisamente al revés: la consigna consiste en politizar lo personal, lo cual equivale a no dejar elemento alguno de la identidad que pueda definirse fuera de las fuerzas sociales en pugna y, en última instancia, fuera del Estado. El «reconocimiento» que demandan los llamados «nuevos movimientos sociales» es de carácter estatal, lo que equivale a decir que es coercitivo. El feminismo quiere leyes de «cuotas de género» tanto en el sector público como en el privado; el movimiento LGBT reclama leyes para que los ciudadanos ajusten incluso sus maneras de hablar a las «autopercepciones» de los militantes trans, que financien hormonas y convaliden cambios curriculares;[160] los militantes veganos se encantan con la idea de disminuir el consumo de carne a través de impuestos y trabas comerciales; los militantes racialistas afroamericanos reclaman subsidios, «reparaciones históricas», becas y otros privilegios otorgados por el Estado a personas de acuerdo con el color de su piel. Con gran orgullo, denominan todo esto «discriminación positiva».

El colectivismo de estos grupos identitarios consiste en el establecimiento de una relación *necesaria* entre un determinado

---

160. Un ejemplo de la utilización obligatoria por ley de los «pronombres de género autopercibidos» lo encontramos en Nueva York. La ley local No. 3 (2002) exige acomodar el vocabulario a un intrincado uso de pronombres: «La mayoría de las personas y muchas personas transgénero usan pronombres y títulos femeninos o masculinos. Algunas personas transgénero, no binarias y de género no conforme utilizan pronombres distintos de *he/him/his* o *she/her/hers*, como *they/them/theirs* o *ze/hir*. *They/them/theirs* se pueden utilizar para identificar o referirse a una sola persona (p. ej., "Joan va a la tienda y quieren saber cuándo irse")». En diciembre de 2015, se establecieron multas de hasta 250.000 dólares para quienes no utilicen estos pronombres según sea el caso. *Cf.* «Gender Identity/Gender Expression: Legal Enforcement Guidance», NYC Human Rights, https://www1.nyc.gov/site/cchr/law/legal-guidances-gender-identity-expression.page. *Cf.* «NYC Commission on Human Rights Announces Strong Protections for City's Transgender and Gender Non-Conforming Communities in Housing, Employment and Public Spaces», NYC Human Rights, https://www1.nyc.gov/office-of-the-mayor/news/961-15/nyc-commission-human-rights-strong-protections-city-s-transgender-gender.

atributo de la identidad y toda una serie de posiciones políticas e ideológicas que se desprenden automáticamente de dicho atributo. Un homosexual no puede no ser progresista, una mujer no puede no apoyar el aborto, un afroamericano no puede siquiera pensar en votar por Donald Trump,[161] un inmigrante en España no puede apoyar a Vox, un indígena no puede no abrazar a los partidos de izquierdas que hablan en su nombre. Lo contrario supone una anormalidad, una falta de «conciencia identitaria», a la que se le pone distintos nombres según el caso: «falta de sororidad», «falta de empatía», «falsa conciencia», «funcionales a la heteronormatividad», «traidores», «ignorantes», «sumisos», etcétera. Así, el color de la piel, el sexo o la orientación sexual, por ejemplo, reclaman por sí solos una adhesión político-ideológica que ejerce una enorme presión sobre las personas. Al homosexual que no respalda la militancia LGBT le falta «conciencia de género», es un *desgenerado*,[162] como el obrero sin conciencia de clase era un *desclasado*. Esta forma de colectivismo es atroz, porque deshace a la persona en un único atributo arbitrario que se postula como el núcleo absoluto de su identidad político-ideológica.

Tan importante se ha vuelto el asunto de la identidad en nuestros tiempos que el término *identity politics* o «políticas de la identidad» se ha hecho muy recurrente desde principios del siglo XXI. La política pasa a gestionar la identidad de los individuos, que se recuestan a su vez en ella para obtener reconocimiento. En una sociedad así, se genera una paradoja interesante: la política no se trata de mirar a la *polis*, sino al ombligo. El individuo selecciona algún rasgo que considere pertinente de su identidad personal, preferentemente alguno tenido por «marginal» o «minoritario», y lo transforma en material político. Construye en torno a él *amigos y enemigos*: ¿Tengo problemas de peso? Mis amigos son los movimientos obesos, y mi enemigo es la industria de la moda que impone «patrones injustos de belleza». ¿Soy una mujer y no

---

161. Un ejemplo muy claro de esto lo protagonizó Joe Biden, en su campaña política del año 2019, cuando le respondió a un periodista afroamericano: «Si dudas entre Trump y yo, entonces no eres negro». *Cf.* «Joe Biden desata la polémica: "Si dudas entre Trump y yo, entonces no eres negro"», *El Mundo*, 23 mayo 2020, https://www.elmundo.es/internacional/2020/05/23/5ec916b2fc6c83f1298b4575.html.
162. El uso de esta expresión se la debo al filósofo Jonathan Ramos.

quiero hacerme cargo del ser humano que está desarrollándose en mi vientre? Mis amigos son los grupos abortistas que insisten en que no hay nada de malo en matar a mi hijo en gestación, y mi enemigo es el hombre que representa el «sistema patriarcal» que anula a la mujer en la maternidad. ¿No me identifico con mi cuerpo biológico? Mis amigos son los movimientos LGBT que repiten que el género autopercibido es suficiente para determinar la sexualidad, y mis enemigos son aquellos que sostienen que la biología tiene algo relevante que decir sobre la condición humana y quiénes somos.

La identidad se politiza cuando se convierte en el principio de una división del tipo amigo/enemigo.[163] Desde la década de 1980, muchos han venido advirtiendo sin descanso sobre el fin de la política. Algunos incluso hablaron del «fin de la historia». Pero esto ya no puede tomarse en serio. Ya no estamos en tiempos «pospolíticos», sino todo lo contrario. La política se ha expandido de tal manera que incursionó en atributos de la identidad que antes se tenían por privados e íntimos. Hoy día, hasta el más mínimo aspecto de la vida puede dar lugar a un relato de opresores y oprimidos, capaz de politizar a un grupo de personas en torno a una nueva causa.[164] De la política de las grandes categorías sociales, como la religión, la nación o la clase, hemos pasado a la política de la identidad basada en atributos menores tales como el género, la orientación sexual, la dieta o la autopercepción. Los antagonismos sociales se trazaron mayormente en torno a gustos, estilos y modos de vida. La multiplicación y el enorme éxito de los llamados «movimientos sociales» responde a esta creciente fragmentación social basada en atributos menores. El «movimiento social» toma un atributo identitario (por ejemplo, «ser mujer»), acusa una injusticia (por ejemplo, la violencia de determinados hombres contra determinadas mujeres), la relee en términos políticos

---

163. Tomo aquí el concepto de lo político de Schmitt, según el cual lo político se estructura en torno a la división del tipo amigo/enemigo. *Cf.* Carl Schmitt, *El concepto de lo político* (Madrid: Alianza Editorial, 2019).

164. En términos de Minogue, esta superpolitización ideológica es una suerte de inversión del significado de política, que genera conflicto en nombre de una liberación abstracta de todo posible conflicto, subsumiendo la política a la ideología. *Cf.* Kenneth Minogue, *Introducción a la política* (Madrid: Acento Editorial, 1998.), pp. 100-102 de la edición en inglés (ver nuestra Bibliografía, p. 299).

(por ejemplo, los hombres en general son enemigos de las mujeres en general) y termina absorbiendo la complejidad del atributo identitario inicial («ser mujer») por una simplificación política del mismo («ser feminista»). De lo cual surge que una «verdadera mujer» debe ser feminista o bien llamarse al silencio. La paradoja de la politización de la identidad es que encierra al individuo en una versión simplista y degradada de sí mismo.

La política siempre involucra procesos de *identificación*. Para identificarse con algo, primero hay que identificarse a sí mismo. La misma división amigo/enemigo en torno a la cual se levanta lo político, según Carl Schmitt, implica una operación de identificación. Por eso, la especificidad del momento actual no tiene que ver con la identificación en sí misma, sino con los atributos en torno a los cuales está teniendo lugar la identificación política. En este punto, hay que distinguir lo que es propio de las izquierdas de lo que es propio de las derechas. Allí donde aquellas se inclinan últimamente por los atributos menores y la politización de lo privado y de lo íntimo, las derechas reivindican la importancia de las grandes referencias de sentido. Las izquierdas («difusas» o «nuevas izquierdas») apuestan a atributos como el género, la orientación sexual, la autopercepción, el peso, la dieta, las razas minoritarias, las etnias minoritarias, etcétera. Las derechas apuestan a la patria, la religión, la civilización occidental, la tradición nacional. Es como si las derechas quisieran salvar la frontera que divide lo privado de lo público, mientras las izquierdas se esfuerzan por hacer volar por los aires esta diferencia politizando cualquier rasgo otrora considerado personal o privado.

Hay que conceder que la voluntad de politizar lo privado se ajusta mejor al *ethos* posmoderno de la *autenticidad*. Las grandes referencias sociales en las que se apoyan las derechas, precisamente por ser tan grandes como tradicionales, no satisfacen muy bien la demanda de autenticidad que recae sobre el individuo. Hoy estamos llamados a ser «auténticos», «originales», «únicos», en un mundo que cambia por entero (tecnológica, política y culturalmente) a cada rato. Cada uno está llamado a «construirse» a sí mismo, y esta construcción de sí se vuelve sospechosa cuando se establece en torno a grandes referencias de sentido heredadas. *Lo nuevo es bueno, lo viejo es malo*: tal es el dogma de nuestros tiempos. Por eso las izquierdas, mientras llevan adelante su desquicio identitario en torno a atributos menores, impulsan la «deconstrucción» de las grandes referencias de sentido que abrazan las derechas. La patria refleja una historia de racismo, barbarie e injusticias históricas varias; occidente equivale a colonialismos, genocidios e imperialismos; la religión es inquisición, dogmatismo y retraso; la tradición es hazmerreír, irracionalidad y sumisión; incluso la biología se convierte en el motor de la opresión, la heteronomía y la arbitrariedad.

Mientras apuestan en nuestro siglo por la politización de los atributos privados e íntimos de la identidad, y mientras ponen en marcha este proceso de estigmatización de los atributos fuertes en los que las derechas buscan apoyarse, las izquierdas llevan adelante una maniobra final: la multiplicación sin límites e incluso paródica de los atributos identitarios que a continuación buscarán politizar. Licúan la identidad, por así decirlo, y se sirven de sus fluidos. Esta es una operación netamente posmoderna, que persigue en último término «deconstruir» la identidad en partículas efímeras y siempre intercambiables.

Apostar por el género, por ejemplo, no es simplemente apostar por la mujer (en este caso se apostaría por el sexo), sino fundamentalmente por la multiplicación hasta el absurdo de un sinfín de «identidades de género» a la carta, que no implican sino la deconstrucción misma de la identidad. Tal multiplicación tiene por efecto ir borrando cualquier determinación sexual biológica y cualquier patrón cultural convencional: derriban así la biología y la cultura como referencias identitarias estables. Judith Butler, una de las más importantes ideólogas del género que tienen las izquierdas, dice en su obra más importante: «La multiplicación paródica [de identidades fluidas] impide a la cultura hegemónica y a su crítica confirmar la existencia de identidades de género esencialistas o naturalizadas».[165] También explica que «lo insólito, lo incoherente, lo que queda "fuera", nos ayuda a entender que el mundo de categorización sexual que presuponemos es construido

---

165. Judith Butler, *El género en disputa. El feminismo y la subversión de la identidad* (Barcelona: Paidós, 2015), p. 269.

y que, de hecho, podría construirse de otra forma».[166] Lo que quiere decir es que, para subvertir la idea de una relación necesaria entre la identidad de género y el sexo biológico del individuo, hay que multiplicar hasta el absurdo las «identidades de género» existentes y volverlas «fluidas».

Esta estrategia se ha derramado por doquier. Hoy Facebook, por ejemplo, ofrece 54 opciones de género a sus usuarios a la hora de abrir un perfil en la red social.[167] El listado parece una broma; se trata de la «multiplicación paródica» de la identidad. Entre otras opciones, uno encuentra: «Poliamoroso», «Poliamorosa», «Poliamorosx», «Puto», «Torta», «Trava», «Mujer heteroflexible», «Varón heteroflexible», «Lesboflexible», «Neutro», «Ninguno». En la red social de citas Tinder, la cantidad de opciones son 27, y los medios tuvieron que sacar notas de prensa explicando qué significaba cada una. Por ejemplo: un «Andrógino» es una «persona cuya identidad está conformada por rasgos tanto masculinos como femeninos», pero un «Androgynous» es una «persona que se siente identificada con la estética andrógina sin que esto le tenga por qué convertir en andrógina» (¿?). Por otra parte, tenemos la opción «Neutrois», que sería aquella persona «cuya identidad no está conformada por ningún rasgo masculino ni femenino». Pero a continuación el listado nos ofrece la identidad «Neither», que se define como aquella identidad que «no se ajusta en su totalidad a la división binaria tradicional hombre/mujer». Para agregar confusión, la siguiente es «No-binario», que sería una «persona transgénero» que «no se siente ni hombre ni mujer» (¿marciano, acaso?). No obstante, más adelante nos topamos con otras opciones que confunden todavía más: la identidad «Dos espíritus» correspondería a «personas que alternan actitudes masculinas y femeninas, tanto a nivel estético como a nivel social o sexual». Es difícil diferenciar esta alternativa de la opción «Bigénero», que alude a la «persona que se identifica con dos géneros pudiendo oscilar su identificación en un mayor grado hacia uno

---

166. Judith Butler, *El género en disputa*, p. 223.
167. «Facebook permite elegir entre 54 opciones de género en el perfil del usuario argentino», *La Nación*, 11 agosto 2014, https://www.lanacion.com.ar/tecnologia /facebook-presento-las-nuevas-opciones-de-genero-en-la-argentina-nid1717718/.

de los dos». Y para empeorar todavía más el asunto, hacia el final se nos ofrece ser «Pangénero», que sería aquel que se «identifica con todas las etiquetas existentes a la vez y sin que ninguna de ellas se imponga sobre el resto». Esto es muy difícil de concebir si observamos que las categorías se excluyen necesariamente entre sí. Por ejemplo, ¿cómo puedo ser «Pangénero» si eso me lleva a ser, al mismo tiempo, «Agénero» («persona que no se identifica con ningún género») y «Bigénero» («persona que se identifica con dos géneros»)?[168]

Toda esta confusión, todo este pastiche absurdo, alevosamente autocontradictorio, ilustra la condición de la identidad en la era posmoderna. La multiplicación paródica imposibilita que la identidad sea estable. El individuo queda mareado frente a una avalancha de opciones que lo desbordan. La persona queda sin saber siquiera *quién es*. ¿Y hay alguien más abierto a la manipulación que aquel que no sabe ni siquiera quién es? Precisa la filósofa Ana Marta González que «el típico problema postmoderno de la identidad se refiere sobre todo a cómo evitarla, cómo mantener siempre todas las opciones abiertas, sin comprometerse con ninguna en particular».[169] Por esto mismo, nuestros tiempos posmodernos son decididamente *adolescentes*. La dificultad para lograr la continuidad de la mismidad a la que se enfrenta el adolescente ya no corresponde a un rango etario particular, sino que acecha a cualquiera. Es nuestra sociedad la que se ha vuelto adolescente; es nuestra sociedad la que ha creado condiciones en las que lograr una identidad sólida y concreta resulta muy difícil para los individuos. Por eso el asunto de la identidad, otrora vinculado sobre todo a la adolescencia, como vimos con Erikson, se convirtió en uno de los tópicos más importantes del siglo XXI.

---

168. «Éstas son las 27 nuevas identidades de género en Tinder explicadas una a una», *El Mundo*, 3 febrero 2017, https://www.elmundo.es/f5/comparte/2017/02/03/586ce2c5ca4741d1778b4674.html.
169. Ana Marta González, *Ficción e identidad. Ensayos de cultura posmoderna* (Madrid: Rialp, 2009), p. 129.

CAPÍTULO III

LA FRIVOLIDAD DEL IDIOTISMO

En el año 2018 se debatió en Argentina la legalización del aborto. La campaña a favor se identificó con un pañuelo de color verde, que rápidamente inundó los medios de comunicación, el sector de la farándula e incluso el mundo de la moda.

A menudo recuerdo el impacto que me produjo caminar uno de esos días por la avenida Corrientes de Buenos Aires, donde se ubican los principales teatros de la ciudad. Haciendo una enorme fila para ingresar a una obra infantil, varias decenas de niñas esperaban ver a sus actrices favoritas. Muchas de ellas ya se habían mostrado en la televisión y en las redes sociales con el pañuelo verde, comprometidas con la causa del aborto legal. También lo habían hecho cantantes, periodistas, cómicos y deportistas. En la fila de niñas, una cantidad más que significativa de ellas exhibían en sus cuellos y en sus muñecas el pañuelo verde. Conociendo el poder de la moda y la farándula, no tendría que haberme impactado semejante paisaje. Pero, quizás a causa de la edad de las niñas, de todas maneras, me perturbaba.

Decidí acercarme a un grupo de ellas y, como quien no sabe del asunto, les pregunté qué significaba ese pañuelo que tantas usaban. A coro, me respondieron que significaba «Aborto Legal». Les pregunté entonces si sabían qué era un aborto. Ya no supieron qué responder, se miraban entre ellas a ver quién se animaba a contestar, pero nadie pudo hacerlo. Ya no había respuesta alguna, pero el pañuelo seguía anudado al cuerpo. No solo por la edad, sino también por la verdadera significación del pañuelo, ninguna problematizó su utilización.

Lo que simbolizaba el pañuelo no era tanto el aborto como el poder de la moda, la farándula y las redes.

1- Moda

Lo nuevo es lo bueno, lo viejo es lo malo: dogma favorito del idiotismo. Nuestro mundo cambia sin cesar, y saber quién se es en semejante torbellino se vuelve un problema. La ansiedad por la identidad en un contexto posmoderno tiene que ver con la contradicción que existe entre la continuidad y la mismidad que toda identidad reclama, por un lado, y la fluidez y cambio acelerado que el contexto impone, por el otro. El individuo está atrapado entre la exigencia de saber *quién es* y la exigencia de actualizarse, redefinirse y reinventarse a cada rato.

La cuestión de la moda adquiere en este marco una importancia primaria. Se trata de un *dispositivo* que cumple una doble función, descrita con precisión por el filósofo Georg Simmel:

> La moda es imitación de un modelo dado, y satisface así la necesidad de apoyarse en la sociedad; conduce al individuo por la vía que todos llevan, y crea un módulo general que reduce la conducta de cada uno a mero ejemplo de una regla. Pero no menos satisface la necesidad de distinguirse, la tendencia a la diferenciación, a cambiar y destacarse.[170]

Imitación y autenticidad se entrecruzan en la *dialéctica* de la moda. Ella satisface parcialmente, y a su propia manera, ambas demandas contradictorias al mismo tiempo: le permite al individuo identificarse con un grupo determinado y, a la vez, gozar de un sentimiento de originalidad e individualidad en sus elecciones. Esta es una lógica enteramente moderna. En sociedades premodernas, donde el cambio es muy lento y los individuos tienen asignados de antemano sus papeles y sus expresiones sociales, la

---

170. Georg Simmel, *Filosofía de la moda* (Madrid: Casimiro, 2019), p. 35.

moda no tiene lugar. Las personas se diferencian al nivel de su apariencia según el grupo social al que pertenecen, pero los elementos que constituyen las apariencias cambian a un ritmo muy lento y difícilmente son intercambiables. En las sociedades modernas, en cambio, donde el individuo tiene la tarea de construir su identidad, y donde la movilidad social resulta altamente dinámica, la moda aparece como un dispositivo que sacia parcialmente, y al unísono, la necesidad de identificarse con otros y la necesidad de ser distinto a los demás.

El ritmo de cambio de la moda es una función de la veneración de *lo nuevo*. Nuestra época vuelve viejas las cosas en un abrir y cerrar de ojos. Muchas están incluso fabricadas para no durar y marchitarse o estropearse antes de tiempo. Otras son desplazadas por el sistema de la publicidad y el *marketing* sin dificultad alguna. Así, las modas pasan sin apenas haber llegado a establecerse. El idiotismo contemporáneo, desarraigado del ayer y poco interesado por el mañana, precisa de *lo nuevo* constantemente, porque es *lo nuevo* lo que le expresa el presente más absoluto. Lo *nuevo* es el *carpe diem*, la fugacidad del momento que se evapora en el recambio desquiciado de la moda.

La moda es lo completamente actual, aun cuando sea algo viejo que se reactualiza como el último grito de la moda (y, por lo tanto, como *nuevo*). La crisis de sentido, que se presenta como una desconexión entre el ayer, el hoy y el mañana, se refleja en la aceleración y la relevancia de la moda, que no tiene ni ayer ni mañana, sino solamente *hoy*. En torno a la moda, el sociólogo Gabriel Tarde ya decía en el siglo XIX que «solo el presente parece que debe inspirar respeto».[171] La moda es presente puro, y el tiempo se le muestra como su peor enemigo: a medida que transcurre, pone en evidencia la falta de originalidad de una determinada apariencia y provoca la mudanza de las identificaciones. El tiempo desgasta como nada los logros de la moda, y es su éxito, paradójicamente, el que la pone al borde de la muerte: la muerte aguarda por ella a la vuelta de la esquina allí donde su difusión

---

171. Gabriel de Tarde, *Les Lois de l'imitation* (Ginebra: Slatkine, 1979), p. 268. Citado en Gilles Lipovetsky, *El imperio de lo efímero. La moda y su destino en las sociedades modernas* (Barcelona: Anagrama, 1990), p. 35.

ha alcanzado tal grado de extensión que ya no puede distinguir a quien la porta. En ese momento, la moda se ve impelida a reconvertirse nuevamente, a renacer como el ave fénix, para ocultar su debilidad más acuciante, a saber, que, dado que la identidad es algo más que la apariencia, *la moda no puede por sí sola brindarle una identidad al individuo.*

Al perder las referencias sólidas del sentido y la identidad, el individuo posmoderno no tiene más remedio que construirse a través de la apariencia.[172] Por eso reinan las identidades de supermercado, la identidad-mercancía, que se compra y se vende al por menor y al por mayor. Una nación, una familia, una religión, una historia, unos principios y convicciones, en cambio, no se compran. Más aún, todo esto se ha vuelto demasiado sólido, demasiado adscriptivo, demasiado perdurable y muy poco vistoso como para resultar atractivo. Además, todas estas referencias apuntan *hacia atrás y hacia adelante*, surgen con el lento andar del tiempo y plantean horizontes temporales futuros demasiado largos (el bien de la Patria, la sucesión de las generaciones familiares, la salvación del alma, la realización de un proyecto político), allí donde solo se quiere el *carpe diem* y el *soltar.*[173]

Las identidades-mercancías, al contrario, son un vistoso producto de la sociedad de consumo que empezó a formarse a mediados del siglo XX. En una sociedad de consumo, *se es lo que se consume.* La habitual invitación a «personalizar» los objetos oculta el hecho de que son los objetos los que personalizan a uno.[174] Así, se busca en los signos de los objetos de consumo las guías

---

172. «Antes, las diferencias de nacimiento, de sangre, de religión, no se intercambiaban: no eran diferencias de moda y tenían que ver con lo esencial. No se las "consumía". Las diferencias actuales (de indumentaria, de ideología, hasta de sexo) se intercambian en el seno de un vasto consorcio de consumo» (Jean Baudrillard, *La sociedad de consumo*. Madrid, Siglo XXI: 2018, p. 139).

173. «Soltar» es una expresión que se ha vuelto moda en las redes sociales, sobre todo entre jóvenes y adolescentes. Con ello pretenden decir que la realización en la vida tiene que ver con el logro de una existencia *liviana*, que «suelta» relaciones, que «suelta» historias, lealtades y compromisos, para poder «fluir» (otro verbo venerado por el idiotismo posmoderno) sin preocupaciones.

174. Decía David Riesman ya a mediados del siglo pasado, justo cuando la sociedad de consumo se estaba formando: «El producto ahora en demanda no es ni un alimento básico ni una máquina; es una personalidad» (*La muchedumbre solitaria*, Barcelona: Paidós, 1981, p. 46 de la edición en inglés (ver nuestra Bibliografía, p. 300).

de la identidad. «La "verdad" del objeto contemporáneo ya no es servir para algo, sino significar; es ser manipulado ya no como instrumento, sino como signo», escribe Baudrillard.[175] Pero el significado del objeto de consumo es, en realidad, muy pobre; su único significado es la diferencia que establece con el resto de los objetos de consumo que pertenecen al mismo sistema de signos. Cualquier otro significado más profundo se pierde. Por ejemplo, una camiseta del Che Guevara es un objeto de consumo que, precisamente por serlo, ha perdido su sentido revolucionario: se puede usar para ir a tomar un café a Starbucks. Un crucifijo se vuelve objeto de consumo cuando pierde su sentido religioso y se utiliza como simple adorno estético: un narco bien puede usarlo mientras se lanza en una balacera contra un cartel rival. Un reloj de pulsera se vuelve objeto de consumo cuando pierde su sentido utilitario (conocer la hora) y se adquiere más que nada por su diferencia inesencial respecto de otros relojes: se convierte en un signo de estatus.

En la sociedad de consumo se busca no tanto la utilidad del objeto de consumo o su trascendencia como su significado diferencial. En el consumo, los objetos «siempre se manipulan como signos que distinguen».[176] Ante el vaciamiento de las referencias identitarias a la patria, la religión, la familia, la política, la historia, la biología, todo lo que queda es el consumo. De ahí que uno *sea* lo que consume.[177] Pero ocurre que el significado de los objetos de consumo es muy pobre, y se vuelven obsoletos muy rápido; su significado es simplemente ser algo distinto del resto de las posibilidades de consumo.[178] Puede hallarse aquí una

---

175. Baudrillard, *La sociedad de consumo*, p. 139.
176. Ibíd., p. 55.
177. Las grandes marcas apuestan habitualmente a asociar sus productos con la identidad misma del individuo. A menudo, estas operaciones se disfrazan de compromiso social y echan mano de los marcos ideológicos de moda. Por ejemplo, la campaña «Sé tú misma» de *Dove*, que promete devolver la autoestima a las mujeres.
178. El objeto de consumo se ha *secularizado*: ya no remite a ningún otro código (utilitario, religioso, tradicional, político, ritual) sino al del propio sistema de consumo. La pobreza del significado se puede advertir con claridad en el ejemplo que ofrece Baudrillard sobre los anillos. Anillo de matrimonio: «Símbolo de la relación matrimonial, este anillo es un objeto único. No se puede cambiar (salvo accidente), ni llevar varios. El objeto simbólico está hecho para que dure y atestigüe con su duración la permanencia de la relación». Muy diferente es la simple sortija: «no simboliza ya

conexión directa con el sistema de la moda, que también ofrece la identificación y la diferencia a través de los signos. Además, la diferencia que la moda promete no descansa en nada más que *ser distinto* de otras posibilidades ya pasadas de moda, o pertenecientes a otras corrientes de moda. De aquí que la moda se extienda y acelere tanto en la sociedad de consumo: es ella su dispositivo favorito.

Las pobres significaciones que se compran y venden como moda en la sociedad de consumo no pueden constituir ninguna identidad. Las identidades-mercancías tienen una fecha de vencimiento muy próxima. En una sociedad de consumo, los objetos de consumo son todo menos permanentes, y son todo menos ricos en significado. La satisfacción del deseo es efímera, puesto que la sociedad de consumo depende de que el deseo nunca sea satisfecho por completo para seguir funcionando. De hecho, las principales estrategias de la sociedad de consumo, según el sociólogo Zygmunt Bauman, consisten en devaluar el significado de los productos una vez que el mercado se encuentra saturado, y estimular los deseos del consumidor mientras se establecen conexiones entre distintos objetos que se van requiriendo unos a otros (un iPhone y sus AirPods, por ejemplo).[179] Ambas estrategias, si se las mira de cerca, se apoyan en el sistema de la moda, que recambia constantemente los significados atribuidos a sus objetos. Pero la identidad se resiente cuando depende para su definición de estas estrategias. Hacer de la identidad un objeto de consumo dictado al calor de la moda es dejarla sin lo que necesita para ser: continuidad en el cambio, mismidad en el desarrollo, permanencia en los accidentes.

La pérdida de las referencias sólidas, que deja a la moda la promesa incumplida de la identidad, genera también su reverso: la antimoda. Al advertir que la moda no realiza la identidad, muchos individuos, en lugar de buscar en las referencias perdidas un

---

una relación. Es un objeto no singular, una gratificación individual, un signo a los ojos de los demás». Este último «es objeto de consumo». Véase Jean Baudrillard, *Crítica de la economía política del signo* (Ciudad de México: Siglo XXI, 2016), p. 57.
179. *Cf.* Zygmunt Bauman, *Vida de consumo* (Ciudad de México: FCE, 2020). «Hoy son pocos los objetos que se ofrecen solos, sin un contexto de objetos que les hablen» (Jean Baudrillard, *La sociedad de consumo*, p. 5).

anclaje eficaz, no encuentran otra salida que construir su identidad como una negación de la moda. Descubren, por así decirlo, que la moda nunca satisface totalmente el imperativo de la autenticidad, y prueban satisfacerlo en la antimoda. Pero esta última es simplemente la versión negativa de aquella; no tiene existencia sino como una mera oposición a la moda y, por tanto, depende inexorablemente de ella. Esto ya lo había visto Simmel a principios del siglo XX:

> Quien se viste o comporta en estilo «demodé» cobra, sin duda, cierto sentimiento de individualismo, pero no por auténtica calificación de su individualidad, sino por mera negación del ejemplo social. Si ir a la moda es imitación de ese ejemplo, ir deliberadamente «demodé» es imitar lo mismo, pero con signo inverso.[180]

La tragedia de la antimoda es su potencial para convertirse en moda cuando se le revela a los individuos como una manera efectiva de realizar la doble función de imitación/individualización que constituye justamente la promesa de la moda. Así, es fácilmente engullida por la sociedad de consumo. Esto ha ocurrido en casos que van del *hippie* al hípster; del punk al *vintage*; del maquillaje para hombres al *no makeup makeup* para mujeres.[181] Cuando esto ocurre, la antimoda tiene que renovarse, tal como la moda se ha renovado por su parte, absorbiendo todo lo que aquella ofrecía como una oportunidad efímera para la identidad individual. En el fondo, esto proviene del horror que provocan en el idiotismo posmoderno las *convenciones*, lo que acumula tiempo y repetición, que, precisamente por no haber sido establecidas con exclusividad por el individuo del que se trate, se le manifiestan a este como una amenaza a la originalidad de la identidad.

La moda plantea una dialéctica entre lo nuevo y lo viejo. Pero lo viejo, en tanto viejo, es también una creación de la misma moda. Lo viejo se entiende como «pasado de moda» precisamente

---

180. Simmel, *Filosofía de la moda*, p. 55.
181. La antimoda del maquillaje para hombres empieza a convertirse para muchos en una tendencia, mientras las mujeres buscan cómo disimular su maquillaje a través de técnicas que se han dado en llamar *no make'up makeup*.

porque la moda lo convierte en eso. Sin ella, lo viejo sería una *herencia actual*, algo que viene de antaño acompañando al presente, pero que no se problematiza como *pasado de moda*. Hablar de algo «pasado de moda» en sociedades tradicionales es absurdo, porque la moda como tal no existe.[182] La moda es un mecanismo moderno que tritura lo tradicional. Contribuye a que determinada convención aparezca de repente como vieja, y la sociedad moderna, como ya hemos visto, desespera por lo nuevo. Walter Benjamin advertía todo esto con bastante claridad:

> Lo que pauta siempre es, por cierto, lo más nuevo, pero sólo donde asoma en medio de lo más viejo, de lo que ya ha sido, de lo que es costumbre. Ese espectáculo que se constituye como lo más nuevo en medio de lo que ha sido compone el verdadero espectáculo dialéctico de la moda.[183]

Las convenciones y las costumbres jamás son nuevas, y por eso ofuscan tanto. Ana Marta González se pregunta de dónde viene semejante empeño por abandonar cualquier convención heredada y por destacarse de los demás al nivel de las apariencias, propio tanto de la moda como de la antimoda. González halla una respuesta en lo que ha quedado de la identidad en nuestro mundo: una obsesión por la «autenticidad» desarraigada que ve en cualquier convención un peligro para la originalidad. Sin embargo, no es en la convención como tal donde se juega la identidad, sino en cómo se la vive: «olvidar que nuestra identidad depende más del modo como nos enfrentemos a las convenciones, que de las convenciones mismas, puede hacer que una persona se convierta en esclava de la moda, pero también que se convierta en esclava de la anti-moda».[184]

---

182. «La tradición no es más la preeminencia de lo antiguo sobre lo nuevo; no conoce ni uno ni lo otro. Es la modernidad la que inventa a los dos a la vez, ella es siempre, al mismo tiempo, neo y retro, moderna y anacrónica» (Jean Baudrillard, *El intercambio simbólico y la muerte*, Caracas: Monte Ávila Editores, 1980, p. 104).
183. Walter Benjamin, *Das passagen-werk, Gesammelte Schiften*, Band V.I. Suhrkamp Verlag, Frankfurt am Main, 1982. Reproducido en Paula Croci y Alejandra Vital (comps.), *Los cuerpos dóciles. Hacia un tratado sobre la moda* (Buenos Aires: La Marca Editora, 2018), p. 35.
184. González, *Ficción e identidad*, p. 98.

Es muy propio del adolescente caer en la esclavitud tanto de la moda como de la antimoda. Estos tipos de adolescentes se encuentran por doquier, y creen que están en las antípodas, pero se sujetan al mismo mecanismo, solo que con signo opuesto. En nuestro mundo, la inestabilidad identitaria de la adolescencia echa mano del dispositivo de la moda porque reduce la ansiedad a través del doble juego imitación/autenticidad. A través de este último, el individuo, seleccionando qué imitar y variando al mismo tiempo la particularidad de sus imitaciones, se siente parte y diferente al mismo tiempo. El adolescente, que procura encajar en su grupo de pares, pero a la vez necesita diferenciar su yo, bebe de la moda o de la antimoda casi por igual, según sea el caso.

La moda es el dominio de la apariencia, del cambio y de lo efímero. La moda es lo nuevo, lo desarraigado, y por eso mismo también lo inestable. En este sentido, la moda es un mecanismo adolescente. Volviendo a Erikson, podría decirse que la moda no puede estabilizar la identidad, y por ello no es capaz de superar el estadio adolescente. La moda no puede definir la identidad, precisamente por ser puro cambio. La identidad precisa de algo que permanezca, precisa de algo que siga siendo lo que es, que otorgue continuidad a su mismidad aun en el cambio. La moda se basa en exactamente lo contrario: precisa de la rotación y el recambio permanente de sus elementos de tal modo que se mantenga la ilusión de autenticidad. El cambio permanente es la ofensiva que lanza la moda contra el tiempo, y que paga con el precio de la identidad.

Los tiempos modernos vieron cómo la moda diferenciaba sobre todo a las clases. En rigor, desde los últimos tiempos de la nobleza, la moda le sirvió a esta última para diferenciarse de una burguesía que acrecentaba sin cesar su poderío económico y así deshacía las demarcaciones estrictas que antes había entre los estamentos, las cuales definían sus apariencias, sus gustos, sus expresiones, sus modos. Este era el *estadio aristocrático* de la moda,[185] en el que ella no cambia a velocidades supersónicas, sino a un ritmo más bien lento, y que sirve no tanto para *definir* la identidad, sino más

---

185. Un estudio sobre los distintos estadios de la moda puede encontrarse en Lipovetsky, *El imperio de lo efímero.*

bien para *diferenciarla* socialmente. En la apariencia que decora la moda, el noble huye de la semejanza que empieza a plantearle el burgués.

Los orígenes de la moda han sido detectados, pues, en la alta sociedad. El contexto es el del advenimiento del mundo moderno y el declive de la nobleza. De hecho, en estos primeros momentos, «la moda ilustra el ethos de fasto y dispendio aristocrático, en las antípodas del moderno espíritu burgués consagrado al ahorro, a la previsión, al cálculo»,[186] subraya Gilles Lipovetsky. Venida a menos en una sociedad en la que la alta burguesía no deja de ascender, la nobleza, despojada de sus tradicionales funciones y prerrogativas, invierte en su apariencia y busca la diferencia radical a través de ella. Pero la función aspiracional de la moda, con arreglo a la cual el individuo imita a quienes considera superiores en el rango social, lleva pronto a la burguesía a imitar a la aristocracia. Este movimiento de abajo hacia arriba, donde los que están por debajo desean mimetizarse con los que están arriba, va a expresarse también así, poco más adelante, en torno a la alta burguesía y a quienes vienen por debajo de ella.

Otra vez Simmel ya lo veía con claridad meridiana a principios del siglo XX: «siempre las modas son modas de clases, ya que las modas de la clase social superior se diferencian de las de la inferior y son abandonadas en el momento en que ésta comienza a apropiarse aquéllas».[187] Esto, que era muy claro entonces, no parece tan claro actualmente. Es difícil sostener que hoy las modas vayan necesariamente de arriba hacia abajo. Con mucha frecuencia, las clases altas de nuestros días buscan con gran entusiasmo mimetizarse con las bajas. A veces incorporan a las modas nacidas en sectores de economía más baja algunos cambios y las adaptan a sus círculos afines, pero últimamente la materia prima no tiene por qué surgir de las clases altas. Allí donde antes, al ser imitadas por las clases bajas, las modas de las clases altas mutaban en direcciones muy distintas, huyendo despavoridas de lo que hasta hacía poco habían venerado, hoy muchas veces procuran mimetizarse, en lo que a gustos, música, vestimenta o expresiones

---

186. Lipovetsky, *El imperio de lo efímero*, p. 35.
187. Simmel, *Filosofía de la moda*, pp. 35-36.

se refiere, con quienes se encuentran en una situación económica inferior.[188]

Lipovetsky rechaza la idea de que la competencia y las distinciones de clases sigan determinando hoy el curso de la moda. Este cambio del arriba hacia abajo por el abajo hacia arriba que se da en muchos casos puede ser un indicio que apoye la tesis sociológica de Lipovetsky. Además, la moda empieza a cambiar a tal velocidad que no da tiempo para que en todos los casos se provoque ese efecto de repulsión por la vulgarización de lo imitado por quienes están por debajo en la escala económica. La moda se renueva a una velocidad que supera muchas veces su propia difusión entre las clases. Por eso, Lipovetsky afirma: «No se trata ya de la mecánica pesada y determinista de los conflictos de clase sino de la exaltación "moderna" de lo Nuevo, la pasión sin fin de los juegos y gratuidades estéticos».[189] Lo que estaría en la base de la moda y su ritmo espectacular de cambio no sería ya la mera distinción de la propia clase social, sino la veneración moderna por lo frívolo, lo efímero y las apariencias estéticas.

Ahora bien, sociólogos como Lipovetsky no han advertido que, tras la difuminación de la clase social como punto de referencia para la moda, ha aparecido en nuestro mundo otro motor: la edad. La moda, que en sus orígenes distinguió a la aristocracia de la burguesía, y que en su andar sirvió a las clases altas a su vez para distinguirse de las bajas, hoy toca la puerta de la edad y se dinamiza en torno a ella. Difícilmente podríamos entender la moda en nuestros tiempos sin mirar el desesperado mimetismo que se produce en torno a las edades. La pregunta por el *quién* de la moda, por *quién la establece*, hoy nos obliga a pensar, sobre todo, en grupos etarios determinados.

Hoy la edad es la categoría social que está en la base misma de la moda. Disimular la edad se ha convertido en una función de la moda a menudo más relevante que revestir la pertenencia a una clase social. La madre está más preocupada por parecerse a la hija

---

188. Uno de los primeros hitos de esta tendencia lo constituye probablemente el *blue jean*, característico en sus orígenes de los sectores obreros. Hace bastante que ha trascendido a las clases y su uso hoy es fundamentalmente práctico.
189. Lipovetsky, *El imperio de lo efímero*, p. 58.

que por diferenciarse de los sectores socioeconómicos inferiores. Por ello, la moda se define sobre todo al calor de los adolescentes y los jóvenes, y de ahí emprende su difusión. El mundo adulto, otrora creador de la moda y soberano de esta, hoy cede su poder y mira hacia abajo, hacia los jóvenes, buscando mimetizarse con ellos. Los infantes y los niños hacen lo mismo, pero en sentido inverso: miran hacia arriba, hacia los adolescentes y jóvenes, y se mimetizan también en lo que pueden. Es entonces cuando la juventud, al saberse mirada e imitada por doquier, y habiendo buscado en la moda la función de diferenciación del grupo social y su identidad más profunda, renueva otra vez sus modas y antimodas para tratar de lograr por enésima vez la diferencia, en un ciclo sin fin. Más que la clase, la edad: es la edad la que reacciona a la *desdiferenciación* propia de la sociedad adolescente y busca una identidad propia y diferencial en modas renovadas hasta el cansancio, consumidas como mercancías, que fracasan una y otra vez en otorgar lo que prometen.

Surge en todo esto una necesidad existencial de la moda. El adolescente y el joven, que dominan la sociedad en sus apariencias y que se levantan como punto de referencia para la imitación de las edades, se aferran a lo efímero de la moda desesperados por autenticidad. Pero una moda particular *muere de éxito*. En este caso, eso ocurre cuando se difunde horizontal y verticalmente. Lo primero sucede cuando el objeto de moda corre como reguero de pólvora entre los individuos del mismo grupo etario. Lo segundo tiene lugar al ser imitado por otros grupos de edad. Una moda particular muere al volverse *uniforme*. Pero morir no significa que lo que constituía una moda deje de existir, sino que deja de tener la capacidad de distinguir al individuo en esa difícil combinación de pertenencia y originalidad que tanto anhela. La identidad, que fue sujetada a ese mecanismo tan efímero, se descompone entonces por completo y debe reinventarse una vez más, sin pausa ni descanso.

La música, las películas, las series, la indumentaria, las expresiones verbales: por lo general, lo que en estos campos termina siendo moda, surge de los entornos juveniles. Desde el ya viejo rock, pasando por el pop y sus estrellas, hasta el actual furor del *reguetón*, el *hip hop*, el *trap*: las celebridades de la música son casi siempre adolescentes, tempranos o tardíos. Además, cuando envejecen, entran habitualmente en una etapa de decadencia (los ancianos no imponen tendencias). En el cine, la hegemonía de los superhéroes, el refrito del refrito de otro refrito de hombres y mujeres con capas, que salvan al mundo gracias a sus poderes espectaculares, y que a veces incluso pelean entre ellos mismos en películas-pastiches que cruzan a dos o más personajes provenientes de historias y cómics otrora muy distintos, testifica sin dudas de la homogeneización a nivel social de la moda adolescente.[190] En la indumentaria, desde ese primer grito de la moda juvenil en la década de 1950 que fue el *jean*, hoy ciertamente indiferenciado en términos de edad, se ha recorrido un largo camino hasta llegar a las más curiosas prendas, accesorios y calzados, renovados sin cesar, que no pueden sino ser modelados por adolescentes tempranos o tardíos que hacen las veces de *influencers*.

Todo esto, que parece renovar la vida, en realidad acelera el envejecimiento. La moda es un mecanismo de envejecimiento de las cosas. La indumentaria, la música, las películas, los libros, e incluso las palabras, se vuelven viejas a poco de haber visto la luz. La sociedad adolescente se basa en el envejecimiento/rejuvenecimiento permanente de las cosas, a través de los cuales procura darle combate al tiempo. La permanente actualización desespera por exorcizar los estragos del tiempo. En este sentido, no es exacto que vivamos, como sostiene Byung-Chul Han, en el dominio de las *no-cosas*, donde todo se desmaterializa.[191] En rigor, vivimos en el dominio del *envejecimiento acelerado de las cosas*, que provoca su rápida *renovación,* la cual a su vez genera una ilusión de *desaparición.* Pero la estrategia de rejuvenecer a través del envejecimiento prematuro de las cosas está condenada a fracasar. No logra más que acelerar el ritmo de la vida. No solo nosotros mismos, sino también nuestras cosas, son puntos de referencia para el ritmo del tiempo. Por así decirlo, nosotros envejecemos con ellas. Por eso le asiste razón al antropólogo Marc Augé al notar que

---

190. Algunos ejemplos: *Predator vs. Alien* (2004), *Predator vs. Alien II* (2007), *Batman vs. Robin* (2015), *Batman vs. Superman* (2016), *Abraham Lincoln vs. Zombies* (2012), *Abraham Lincoln: Cazador de vampiros* (2012).
191. *Cf.* Byung-Chul Han, *No-cosas* (Buenos Aires, Paidós: 2021).

«cuando decimos que un libro o una película "ha envejecido" se entiende que de hecho hablamos de un cambio que es el nuestro». Si lo que a uno lo rodea envejece, en realidad es uno mismo el que ha envejecido. No obstante, «si prestamos atención al hecho de que en el punto de partida del recuerdo hay una relación (entre el libro o la película y nosotros), hay que reconocer que es la relación la que ha cambiado y no necesariamente la obra o nosotros».[192] El asunto es que, al ser el mecanismo de la moda el que estructura habitualmente nuestra relación con la cosa, ella queda condenada a desaparecer y, nosotros, a *renovarnos o envejecer*. Así, la moda es la base misma de la sociedad adolescente.

Pero el mecanismo de la moda, tan afincado como está en el adolescente en particular, y en el joven en general, también engulle como materia prima las posiciones y los discursos políticos. Hay posturas políticas que aprovechan así el descomunal poder mimético de la moda, y se difunden por doquier gozando de pleitesías tan automáticas como acríticas. En un mundo en el que el sentido agoniza y la identidad no puede sujetarse más que a la moda, la política deja de ser una elección vital, un compromiso elaborado, una adhesión consciente. Se recluye entonces en el dominio de lo frívolo y lo efímero. La política se vuelve un *estilo*, una *apariencia*, una excusa para consumirse al calor del mecanismo imitación/originalidad que constituye la moda.

Las grandes marcas y las industrias culturales toman nota de esto. Hacen de los contenidos políticos excusas cinematográficas, musicales, textiles. Pero no para la formación o la identificación del militante, como en otros tiempos ocurría, cuando un músico de protesta componía una canción, un proyecto cinematográfico partidario o ideológico se ponía ante todo un objetivo político, o un movimiento o partido político buscaba identificarse con determinadas vestimentas. Las grandes marcas y la industria cultural toman hoy los motivos políticos solo como una ocasión para el pastiche, como una mera puesta en escena de lo efímero, como una oportunidad de mercado que hay que aprovechar antes de que la próxima ideología en boga desplace a la actual.

---

192. Marc Augé, *El tiempo sin edad. Etnología de sí mismo* (Buenos Aires: Adriana Hidalgo Editora, 2018), pp. 80-81.

Puede pensarse, por ejemplo, en el feminismo. La moda lo envuelve en todas partes. Le presta sus inestimables servicios de difusión por imitación. Los modistos más importantes del mundo lo incorporan como motivo en sus pasarelas. La revista *Vogue* informa sobre «La manifestación feminista de Chanel», y explica que «Karl Lagerfeld añade carteles y altavoces en una manifestación protagonizada por Cara Delevingne, Georgia May Jagger y Gisele Bündchen».[193] Versace no se quedó atrás, y presentó su propia pasarela feminista, con una nueva colección que promete derribar al patriarcado. Donatella Versace explicó que «Esta es una colección sobre el poder de las mujeres y las mujeres que saben cómo usar su poder. Es un llamado a la unidad y la fuerza que surge de esa positividad y esperanza».[194] (La falta de precisión en lo que se quiere decir —¿qué positividad?, ¿esperanza de qué en concreto?— es directamente proporcional al nivel de frivolidad que caracteriza a estos discursos). Dior, por su parte, también ha apostado por este tipo de *marketing*. Recientemente promocionó sus perfumes a través de vídeos feministas. *Vogue* los presenta diciendo que «los perfumes Christian Dior dan voz a la mujer a través de una serie de 11 vídeos, estampados con los *hashtags* #DiorStandsWithWomen». En ellos, la supermodelo Cara Delevingne «empodera» a las mujeres en un *speech* de dos minutos.[195] Desde su portal, Dior vende también camisetas de algodón con la inscripción «We Should All Be Feminist» («Todos deberíamos ser feministas»).[196] Cuestan 710 dólares cada una.

Estos estilos son muy frecuentes en marcas de ropa de menor costo, como por ejemplo H&M, que ha lanzado en varias ocasiones colecciones completas de feminismo. Por 18 dólares,

---

193. Mario Ximénez, «La manifestación feminista de Chanel», *Vogue*, 30 septiembre 2014, https://www.vogue.es/moda/news/articulos/chanel-rinde-homenaje-al-discurso-feminista/20971.

194. «Versace gets political with defiant defence of feminism», *Fashion Network*, 24 febrero 2017, https://us.fashionnetwork.com/news/versace-gets-political-with-defiant-defence-of-feminism,797566.html.

195. Mélanie Defouilloy, «Dior and feminism: The house is even more committed», *Vogue*, 22 septiembre 2020, https://www.vogue.fr/beauty-tips/article/dior-and-feminism-the-house-is-even-more-committed-dior-stands-with-women.

196. *Cf.* https://www.dior.com/es_sam/products/couture-213T03TA001_X0200.

uno puede adquirir una camiseta de esta marca que diga «Feminist».[197] Zara, por su parte, también vende su propia línea con esta ideología, aunque sus precios son un poco mayores: «Empowerment» [Empoderamiento] dice una de ellas. En Anthropologie, por la módica suma de 70 euros, es posible acceder a una camiseta lisa, blanca, con la inscripción «Wild Feminist». Stradivarius vende una camiseta con la inscripción «Everybody Should Be Feminist» [Todos deberían ser feministas]. Bershka, por su parte, vende sus camisas con el logo feminista y la leyenda «Girls Can Do Anything» [Las chicas pueden hacer lo que sea].[198] Pull&Bear también lanzó su colección feminista: «Revolutionary Girl» [Chica Revolucionaria] dice una de las más llamativas. Esta colección fue celebrada por la revista *Cosmopolitan*: «han demostrado que el empoderamiento también se puede llevar a través de prendas y accesorios».[199] La misma publicación ya había celebrado la venta que hace otra marca (Pena Jewels) de unos aretes con forma de senos, que cuestan 55 euros: «Nada mal para un accesorio con un significado tan importante, ¿no?».[200]

Un sitio en Internet dedicado a la moda se ha encargado de recopilar los doce diseños feministas favoritos. Los exhiben como un medio para la liberación de la mujer. La frivolidad con que presentan este asunto es asombrosa:

> Lo más bonito es que las marcas *premium* y *low cost* han unido sus fuerzas para hacer llegar estos cientos de mensajes para defender y mostrar su apoyo. Y el público las ha acogido con el mayor cariño posible. Un pasito más para el avance y un pasito atrás para el pasado que llevábamos arrastrando tantísimo

---

197. *Cf.* https://www2.hm.com/en_us/productpage.0504353004.html.
198. *Cf.* «En el mes de la mujer, las 8 remeras con frases feministas que revolucionaron la moda», *Infobae*, 23 marzo 2018, https://www.infobae.com/tendencias /lifestyle/2018/03/23/en-el-mes-de-la-mujer-las-8-remeras-con-frases-feministas -que-revolucionaron-la-moda/.
199. «Las camisetas con mensaje feminista de Pull&Bear que llevarás sin parar», *Cosmopolitan*, 23 febrero 2020, https://www.cosmopolitan.com/es/moda/novedades -moda/a31065662/camiseta-feminista-pull-and-bear/.
200. «Estos pendientes con forma de teta sí que los puedes enseñar en Instagram», *Cosmopolitan*, 7 febrero 2020, https://www.cosmopolitan.com/es/moda/novedades -moda/a30811025/instagram-teta-pendientes/.

tiempo. Descubre estos doce modelos y escoge tu preferida para añadirla a la lista de deseos. No te arrepentirás.[201]

Ya no se exhibe una camiseta para difundir una ideología, sino que uno *se adhiere a una ideología para exhibir una camiseta*. Los términos se invierten. El sentido paga el precio de semejante inversión. En realidad, las consumidoras de estas modas y sus «aliados» habitualmente nada saben de teoría feminista ni de historia feminista. Ni siquiera hay claridad sobre cuáles serían las causas feministas que estas indumentarias representarían. Sus consignas son demasiado vagas, demasiado indeterminadas. Sus intérpretes no agregan ninguna claridad. ¿Qué significa en concreto «un pasito más para el avance y un pasito atrás para el pasado que llevábamos arrastrando tantísimo tiempo»? ¿Qué avance? ¿Y qué, concretamente, se arrastra del pasado? No se sabe, pero tampoco importa. El protagonista real no es el feminismo, sino el objeto-consumo de moda. El feminismo es la excusa, es la mera oportunidad para combinar la frivolidad de la moda con una presunta sensibilidad social y política de no se sabe bien qué. La sensibilidad social y política hecha moda no es sino una pose muy burda y a estas alturas trillada.

A menudo, el tópico feminista le sirve al mundo de la moda para lavar culpas. El caso de Victoria's Secret es muy ilustrativo. El escándalo de Jeffrey Epstein, mano derecha de uno de los fundadores de la marca en cuestión, condenado por manejar una red de tráfico sexual de menores, fue muy duro para la compañía.[202] La estrategia comunicacional de minimización de daños se hizo entonces en torno al discurso feminista. Así, la marca lanzó algo llamado «Female Empowerment™» y prometió convertirse en «el

201. Sandra Cárcel y Sophie Fernández, «Cuando el feminismo se invita en tu armario... 12 camisetas que necesitas ya», *Marie Claire*, 8 mayo 2019, https://www.marie-claire.es/moda/fotos/las-10-camisetas-feministas-en-version-low-cost-que-desearas.

202. Leslie Wexner, uno de los fundadores de Victoria's Secret, le cedió a Jeffrey Epstein, a través de un documento notarial, el poder de «contratar personas, firmar cheques, comprar y vender propiedades y pedir dinero prestado» a su nombre. *Cf.* «Relación del dueño de Victoria's Secret con personaje acusado de agresión sexual fue muy cercana», *Perú 21*, 26 julio 2019, https://peru21.pe/mundo/jeffrey-epstein-relacion-dueno-victoria-s-secret-personaje-acusado-agresion-sexual-cercana-estados-unidos-nndc-492579-noticia/.

principal defensor mundial de las mujeres».[203] Para ello, empezó por poner fin a sus tradicionales «modelos-ángeles», hermosas mujeres habitualmente acusadas de «irreales». Ellas resultaron reemplazadas, por ejemplo, por un transgénero (un hombre biológico que se autopercibe mujer) conocido como Valentina Sampaio. Toda una paradoja del feminismo posmoderno, cuyo criterio a la hora de determinar quién es una mujer real y quién es una mujer irreal llama mucho la atención.

Muchas de las marcas mencionadas, que venden feminismo al por mayor, están involucradas también en escándalos de trabajo esclavo en países subdesarrollados. En Brasil, por ejemplo, sobre la firma Inditex, dueña de las marcas Zara, Pull&Bear, Bershka, Stradivarius y otras, se publicó que subcontrató a una empresa que trabajaba con precios muy bajos porque utilizaba mano de obra en condiciones atroces: «Las personas vivían en el taller, trabajaban hasta 16 horas diarias, tenían salarios inferiores al mínimo y su libertad estaba condicionada».[204] Entre estas personas, había menores de edad y, por supuesto, mujeres (confeccionando camisetas de «empoderamiento» feminista). La misma firma también tuvo graves problemas en Buenos Aires, donde, según se publicó, se cerraron talleres clandestinos que, de acuerdo con lo que se denunció, trabajaban para ella, aprovechándose de inmigrantes ilegales.[205] En otra ocasión, Inditex, junto a otras como H&M, Calvin Klein y Primark, también comprometidas con la «causa feminista», ha sido acusada de aprovecharse del trabajo esclavo en India. En estas factorías, donde abundan las mujeres y las niñas, los salarios son de 1,3 euros diarios y se trabajan 68 horas por semana.[206] Todo sea por lograr la «revolución feminista» a precios accesibles.

203.   Arwa Mahdawi, «Victoria's Secret's "feminist" rebrand is as flimsy as a polyester thong», *The Guardian*, 19 enero 2021, https://www.theguardian.com /commentisfree/2021/jun/19/victorias-secret-feminist-empowerment.

204.   «Zara involucrada en escándalo de trabajo esclavo en Brasil», *BBC*, 17 agosto 2011, https://www.bbc.com/mundo/ultimas_noticias/2011/08/110817_ultnot _brasil_zara_inditex_ropa_escandalo_esclavitud_jrg.

205.   «Zara recurre al trabajo esclavo en Argentina», *Público*, 8 abril 2013, https:// www.publico.es/internacional/zara-recurre-al-esclavo-argentina.html.

206.   *Cf.* «Trabajo esclavo en la India: cuatro grandes empresas españolas están en la "lista negra"», *El Confidencial*, 4 febrero 2015, https://www.elconfidencial

El movimiento LGBT también ha ingresado hace tiempo al dominio de la moda. Recientemente, Nike lanzó su colección «Be True», compuesta por camisetas, calcetines y zapatillas diseñadas con los colores LGBT. Así promocionaba la novedad una página dedicada al turismo gay:

> El modelo NikeLab Air VaporMax Flyknit BETRUE fue el primero en presentarse y sin duda se convertirá en uno de los favoritos, su suela con los colores vibrantes del arcoíris será la sensación en el mes de la diversidad. Además de este modelo, se tienen otros como el Nike Air Zoom Pegasus 34, de color platinado y aperlado; inspirado en unicornios. El Flyknit Racer con el clásico logo, que esta vez se pinta con los colores del arcoíris. Todos los modelos están llenos de inspiración, querrás tenerlos todos.[207]

«Querrás tenerlos todos»: los ideales sociales y políticos se confunden con el sistema de consumo basado en la moda. La identidad se compra en el centro comercial, en el *outlet* o a través de Internet. Y la competencia no puede quedarse dormida. Por eso, Adidas lanza cada año, en el llamado «mes del orgullo»,[208] una nueva colección LGBT. En 2021, por ejemplo, la colección llevó por nombre «Love Unites», y se compuso de 30 artículos entre calzado y ropa deportiva. La revista de negocios *Forbes* ha destacado que, comprando estos productos, uno demuestra que está comprometido en «apoyar a la comunidad LGBTQ+».[209]

El asunto racial, que explotó nuevamente en Estados Unidos hace pocos años, trajo otra oportunidad de mercado para las marcas y una renovación para el sistema de la moda. Son innumerables las marcas que se han comprometido con Black Lives Matter,

---

.com/espana/2015-02-04/trabajo-esclavo-en-la-india-cuatro-grandes-empresas-espanolas-estan-en-la-lista-negra_589115/.

207. «Nike celebra a la comunidad LGBT», *Almar Resort*, https://almarresort.com/es/blog/ver/nike-celebra-a-la-comunidad-lgbt.

208. Que el «día del orgullo gay» ahora sea el «mes del orgullo» no obedece a ningún triunfo político del movimiento LGBT, sino a su funcionalidad para con la sociedad de consumo que engulle sus causas y sus representaciones y las convierte en mercancías de moda.

209. «Así es la nueva colección Adidas Pride "Love Unites" 2021», *Forbes*, 2 junio 2021, https://www.forbes.com.mx/forbes-life/moda-coleccion-adidas-pride-comunidad-lgbtq/.

tanto a través de dinero como de mensajes publicitarios en las redes sociales. Estos mensajes suelen siempre tener el mismo formato: pedir disculpas en abstracto y ofrecer un apoyo que, según se asegura, es incondicional. Así, se trata de evitar el riesgo del chantaje racialista, que llevaría a cualquier firma a la ruina. Mientras tanto, y como se trata aquí del perverso juego del palo o la zanahoria, se abre la posibilidad de vender prendas con motivos de Black Lives Matter y con consignas similares. Desgraciadamente, «All Lives Matter» no se ha puesto de moda y, con toda probabilidad, no lo hará nunca. Carece del aspecto diferencial-original que tan clave resulta para la moda y para la construcción posmoderna de la identidad.

Calvin Klein ha tenido la inteligencia de compilar todas las causas de la «diversidad», las «minorías» y las «víctimas» de este mundo en la nueva cara de su marca: Jari Jones, una «modelo trans», afroamericana, obesa, *queer* y seguidora de Black Lives Matter. Todo en uno: economización de los esfuerzos y de la inversión para asegurarse la más plena de las diversidades que hasta el momento ha podido vender la sociedad de consumo. Esta decisión puso a Calvin Klein en boca de todos los medios hegemónicos, que se dedicaron durante semanas a celebrar la nueva imagen de la compañía. Bajo el lema #ProudInMyCalvins, se empapeló ciudades enteras con las fotografías de Jones, empezando por Nueva York. «Soy trans, soy actriz, soy modelo y activista social», dice una de estas gigantografías.[210] Lo que uno no puede dejar de leer entre líneas es algo un tanto distinto: «Soy un buen producto de *marketing* del sistema de moda actual».

II- Farándula

Guy Debord es el gran pensador de la sociedad del espectáculo. Según Debord, la lógica del espectáculo establece que «lo que

---

210. Fabiana Polinelli, «Quién es Jari Jones, la modelo y actriz trans que protagonizó una campaña para Calvin Klein», *Parati*, https://www.parati.com.ar/principios /quien-es-jari-jones-la-modelo-y-actriz-trans-que-protagonizo-una-campana-para -calvin-klein/amp/.

aparece es bueno, lo bueno es lo que aparece».[211] Por eso, en la sociedad del espectáculo, la *representación* es lo que cuenta. Las pantallas proyectan esas representaciones, que se convierten en puntos de referencia para la vida, simplemente por *aparecer*.

Debord escribe hacia fines de la década de 1960. En la sociedad del espectáculo que analiza, con la televisión en su centro, no cualquiera puede aparecer. Aquella está estratificada entre los que aparecen y los que no aparecen; entre los que miran y los que son vistos. Debord habla de un «sector que concentra toda la mirada y toda la conciencia».[212] Toda la mirada y toda la conciencia se abocan a una vigilancia que no cesa sobre unos pocos. Pero en este tipo de vigilancia, podría decirse que el poder está del lado de quienes son vigilados y no de los vigilantes. Una lógica inversa al panóptico que propone Foucault como arquitectura del poder disciplinario, donde el carcelero que vigila al preso es quien ejerce el poder.[213]

El sector al que se refiere Debord es lo que podemos hoy llamar *farándula*. Son los que *aparecen* por doquier. Su poder no se basa en la disciplina, sino en la *seducción*. Por eso no son carceleros, sino celebridades. Las miradas que atraen vigilan sus conductas, sus estilos, sus opiniones, sus gustos, sus familias, sus proyectos y sus vidas en general. Pero esa vigilancia no está al servicio de *disciplinar* estos elementos, sino de *imitarlos*. Por ello, la farándula, junto a la moda, se levanta como uno de los dispositivos de subjetivación más importantes de nuestra sociedad del espectáculo.

La farándula construye identidad no solamente para sí, sino para los demás. La deriva de la identidad pide a gritos referencias a las que poder sujetarse. La fragmentación sin cesar de la mismidad se agarra de la *mímesis* con manotazos de ahogado. «Mímesis» es una palabra muy cara a los griegos, y significa imitación. Aristóteles, en su *Poética*, dice que el hombre «se diferencia de los demás animales en que es muy inclinado a la imitación». El Estagirita piensa en cómo los hombres «disfrutan viendo las imágenes».[214] Así, la imitación adquiere para aquel un tono más

211. Guy Debord, *La sociedad del espectáculo* (Valencia: Pre-Textos, 2002), p. 41.
212. Ibíd., p. 38.
213. *Cf.* Michel Foucault, *Vigilar y castigar* (México D. F.: Siglo XXI, 2016). He analizado este punto en el capítulo 5 de mi libro *La batalla cultural*.
214. Aristóteles. *Poética*, 1448b-5a10.

recreativo y ocioso que identitario. Las imágenes son imitaciones, y, por tanto, nunca son idénticas a sí mismas, sino más bien representaciones de otras cosas. Por eso, la identidad que se ancla en la imitación de una imagen nunca es más que una representación de otra cosa que es a su vez representación de otra. Así, la imitación de la celebridad es la imitación de la *imagen* de la celebridad como objeto siempre mediado, y no de la persona-celebridad como tal, que resulta inaccesible.

La personalidad ampliamente conocida no es cosa nueva. La palabra «famoso» se forma con el sufijo «-oso», que denota abundancia del objeto o cualidad sufijados, y la voz latina *fama*, que significa «renombre». «Fama» guarda relación, a su vez, con el griego antiguo *feme*, y con *fari*, que significan hablar. «Famoso» es aquel sobre el que todos hablan, porque todos lo conocen. Las sociedades tradicionales no carecían de este tipo de referencias en las que se fijaba la mímesis. Los dioses, los héroes y los santos eran referencias por todos conocidas, y eran, en este sentido, «famosos» a su manera. La base de la fama era la trascendencia de sus relatos y de sus vidas. Como la fama depende del conocimiento que se tiene de una persona, y esto a su vez está condicionado por las capacidades técnicas de los medios de comunicación, estos «famosos» del viejo mundo tradicional no eran muchos, pero el conocimiento sobre sus personas y sus hazañas se transmitía de generación en generación. Es decir, su fama *duraba*.

En las puertas de la modernidad temprana, con la invención de la imprenta y el desarrollo de las ciudades, se va a extender el conocimiento del que gozarán hombres concretos que en su propio tiempo experimentarán un reconocimiento social extenso. Son, sobre todo, los escritores y los artistas. Ahora son más, y se los reconoce mientras todavía viven, pero se desdibujan más rápido después de la muerte. La base de su fama, en este caso, es la genialidad: la figura del «genio» irradiará fama desde el Renacimiento. «En público se me identifica como el hombre que recibió una carta de Erasmo»,[215] escribía uno de los amigos de este, dando testimonio del encanto que produce la fama.

---

215. Citado Peter Watson, *Ideas. Historia intelectual de la humanidad* (Colombia: Planeta, 2017), p. 630.

Pero hoy la fama descansa en algo muy distinto: no en la trascendencia, no en la genialidad, sino en el mero *aparecer*. Así, el famoso se vuelve mera *farándula*. La palabra «farándula» ya se encuentra en el diccionario de Francisco Rosal de 1611, definida como «Farandula y Farandulero de *fari*, parece lo *mesmo* que habladores y que con dichos y chistes ganan de comer» (*sic*). En un principio, esta palabra no quiere decir que todos hablen de uno, sino más bien que uno se gana la vida hablando comicidades. De esta forma, la farándula no es trascendente ni genial: es cómica. No realiza grandes hazañas ni milagros, y tampoco tiene el poder creativo del genio: se limita a entretener. Por eso aparece vinculada a los teatros. La voz alemana *fahrende*, a la que también se ha vinculado la palabra «farándula», significaba «pandilla de cómicos vagabundos». Hoy el diccionario de la Real Academia Española define la farándula como «Profesión de quienes se dedican al mundo del espectáculo, especialmente del teatro». La farándula irrumpe en la historia y termina arrebatando el lugar del famoso, cuando el motivo de la fama se confunde con su definición: si famoso es aquel que resulta ampliamente conocido, la farándula está compuesta por aquellos que son ampliamente conocidos por ser famosos. Esto significa que la base de la fama de la farándula no está tanto en lo que *hace*, sino en que sencillamente *aparece*.

La fama de Erasmo era una consecuencia de su genio. Hay una relación causa-efecto muy nítida aquí: su genio es la causa, ser conocido es la consecuencia. Sin su genio, no sería conocido. Pero en la farándula, la causa y el efecto se confunden muy a menudo. La teatralidad de la farándula satura de apariencia el mundo de la fama; y las apariencias resultan altamente variables y contingentes. En muchos casos, las causas de la fama son tan inesenciales que resultan indefinibles e incluso intercambiables. La cantante que da un salto al mundo de la actuación, y el actor que da un salto al mundo de la música; la estrella porno que escribe libros, y el deportista que pasa a conducir un programa televisivo; el fisicoculturista que se hace actor y luego político, y la modelo que ingresa a un *reality show* y de ahí brinca directo al cine; el chef que se convierte en jurado de un programa de televisión, y el periodista que termina siendo estrella de YouTube. Como en el teatro, los papeles son siempre intercambiables. Lo esencial no es lo que se hace, sino que se *aparece*. El motivo por el que la farándula se multiplica a ritmos crecientes es que, mientras que existen cada vez más medios donde se puede aparecer, cada vez importa menos lo que se hace en ellos. En esto consiste el idiotismo de la farándula.

Si el motivo de la fama ha dejado de importar, esto significa que las consideraciones éticas, técnicas y artísticas han sido liberadas del lazo que las unía al famoso. La fama se curva entonces sobre sí misma; no depende de nada más que del mero aparecer. Esto llamaría mucho la atención de Aristóteles, preocupado por la «buena fama». En efecto, al tratar de definir la felicidad, el filósofo comprendía entre sus elementos «la fama». Pero, seguidamente, aclaraba que se refería a la «buena fama», definida como «el ser tenido por todos como bueno, o poseer algo que desean todos o la mayoría o los buenos o los prudentes».[216] De esta forma, la fama se califica moralmente. Existe toda la diferencia del mundo entre una «buena fama» y una «mala fama». Pero hoy, nada califica realmente a la fama: no hace falta ser bueno ni moral, ni técnica ni artísticamente para ser famoso. La diferencia entre «buena fama» y «mala fama» resulta incomprensible para el mundo de la farándula, y esto se refleja en el corriente dicho de que «no existe la mala prensa», que puede ser releído como «no existe la mala fama». Así, la fama se convierte en buena por definición. Esa diferencia entre buena y mala fama también resulta inaprensible para quienes se mimetizan con la farándula, más encantados por el *aparecer* de la farándula que por su concreto *ser* y *hacer*.

La fama como fin en sí mismo, como consecuencia sin causa y como pura redundancia, se ha mostrado con total claridad en el fenómeno del *reality show*. Este acompañó a la sociedad del espectáculo desde sus inicios, y hoy da la forma a la vida de millones de individuos en todo el mundo, que se conducen en su cotidianeidad como si fueran protagonistas de un espectáculo de este género. El primer *reality show* de la historia data de 1971, y llevó el nombre de *An American Family*. La vida de la familia Loud fue expuesta ante más de veinte millones de espectadores todas las semanas durante siete meses. Ningún miembro

---

216. Aristóteles, *Retórica*, 1360-20a25 y 1361a-25.

de la familia hacía ni decía nada especialmente interesante. Lo que interesaba, en todo caso, era la homosexualidad del hijo de la familia y la infidelidad del padre. Habiendo contraído SIDA, aquel protagonizaría luego otro *show* similar titulado *Death in an American Family*.

Lo que el *reality show* promete al individuo es hacerlo famoso sin causa alguna. El *reality show* supone la democratización más absoluta de la fama. Ofrece ser objeto de una vigilancia incesante por parte de cámaras distribuidas por doquier, contar de la noche a la mañana con miles de *fans* encantados con la nada misma, recibir una atención inusitada que se pregunta a cada rato ¿qué opina?, ¿qué siente?, ¿qué quiere?, ¿qué hace? Lo que hace es, por ejemplo, ir al baño; lo que opina es, por ejemplo, que al café le falta leche; lo que quiere es, por ejemplo, seducir a la compañera de habitación; lo que siente es, por ejemplo, ganas de fumar. Las preguntas que se plantean en torno a semejante vacío no esperan ninguna respuesta distinta de estas, porque en el fondo se sabe que la base de esa fama es el vacío mismo. Las preguntas, no obstante, se plantean de todas formas, porque son el mecanismo a través del cual se *atiende* y se *mima* a la farándula.

El *reality show* hace aparecer a quien no tiene nada importante que mostrar. Incluso cuando sí lo tiene —como, por ejemplo, una buena voz, o una habilidad culinaria—, la lógica del espectáculo inhibe el protagonismo de lo bueno, y lo torna banal. De esta manera, el verdadero protagonista de esa forma de *reality show* en el que compiten personas con habilidades determinadas no es el cantante que quiere dar a conocer su voz, el bailarín que desea mostrar su talento o el chef que se propone exhibir sus delicias, sino el jurado y sus peleas, los amoríos que surgirán entre los participantes, los rumores y las rivalidades que constantemente han de impulsarse. Los participantes saben que pagarán su efímera fama al precio de la banalización de su arte, pero lo pagan encantados, pues la «mala fama» y la «buena fama» son distinciones absurdas para una sociedad en la que sencillamente «lo bueno es lo que aparece» (Debord).

La más reciente tendencia de los *reality shows* de incorporar personas ya famosas a sus competiciones también atestigua la vacuidad del asunto. Hay que ver al famoso intentando cantar, intentando bailar, intentando cocinar; cuanto peor lo haga, mejor mide el *rating* y más gente lo seguirá. La fama premia entonces la falta de técnica, de arte y de preparación. De hecho, el jurado, que debiera supuestamente mantener patrones técnicos y artísticos que doten de alguna seriedad a todo este bochornoso simulacro, empieza a conformarse a su vez por otros famosos que no manejan realmente el asunto sobre el que deben decidir. Así, el desempeño técnico se ve reemplazado por variables tan poco sustanciosas como «la buena onda», «la energía» y «el esfuerzo» que el jurado «siente» que el participante puso en su intentona. En el *reality show* vemos, en suma, la verdadera medida en que la fama se ha liberado de cualquier causa que vaya más allá del mero aparecer. Y en las *reality lives*, esas vidas que individuos desconocidos llevan como si estuvieran dentro de la casa de Gran Hermano —respondiendo en sus redes, sin que nadie pregunte: ¿qué opina?, ¿qué siente?, ¿qué quiere?, ¿qué hace?—, da una noción de la medida en que la estructura farandulera del *reality show* se mimetiza con la vida de la sociedad adolescente en general.

La mímesis no es mala *per se*. La sociedad es siempre un producto mimético. La imitación es intrínseca a toda socialización. El problema está en los puntos de referencia que se escogen para imitar. Hoy esas referencias no las ocupan ni los dioses, ni los héroes, ni los santos, ni los genios, sino más que nadie la farándula y sus *influencers*. Y el problema con ella es que la admiración que suscita es el mero producto del *aparecer*. Lo que se admira y se envidia de la farándula es, sobre todas las cosas, que se trata de gente que ha logrado hacerse conocida, con una absoluta independencia respecto de las causas. Así, la actual obsesión extendida por todo el cuerpo social por aparecer es un reflejo de aquello. Internet promete a cualquiera la fama, brindando la tecnología necesaria para que cualquiera pueda aparecer. Los no-famosos muestran sus vidas como si lo fueran. Se producen para la pantalla, eligen cuidadosamente sus ropas y sus accesorios, improvisan pasarelas de modelaje en sus hogares y oficinas, ensayan sus guiones, se muestran (a menudo junto al retrete) en los espejos de sus baños, bailan, cantan, actúan y, sobre todo, desinteriorizan sus vidas. Las redes sociales se han convertido en verdaderos *reality shows* en los que la vida se desespera por aparecer.

El adolescente tiene una conexión especial con el mundo de la farándula. Su identidad está a la deriva y clama por referencias de éxito a las que imitar. Un sociólogo encuentra que la farándula suele ser identificada con una cadena de atributos como: «Celebridad – Dinero – Poder – Felicidad – Amor».[217] Es frecuente por ello que el adolescente descubra en las imágenes de sus ídolos de la farándula los puntos de referencia para su imitación. Después de todo, estos últimos han logrado aparecer, y sus identidades se revelan maravillosas, rodeadas de atributos deseables. Pero cuando este mecanismo ya no caracteriza solo al adolescente en su etapa transicional hacia la consolidación de su identidad, sino que se desparrama por toda la sociedad, se vive en una sociedad adolescente. La sociedad adolescente adora a la farándula y sus *influencers* y los toma como una de sus principales referencias en cuanto a la formación del gusto, de la opinión, de las creencias, las posiciones políticas, los valores e incluso, en no pocos casos, de la identidad en su totalidad.[218]

Nietzsche describió el mundo moderno como aquel en el que Dios había muerto. Dios, que nos había creado a imagen y semejanza suya, y al que aspirábamos a alcanzar, dejaba su lugar para siempre. Pero en la sociedad del espectáculo, ese punto de referencia mimético que era Dios estalla en una serie siempre variable y creciente de semidioses mundanos a los que asemejarse y adorar. Así, el fan anhela la *comunión* con su ídolo. Desespera por el encuentro. A veces desea simplemente tocarlo, conseguir un contacto de cualquier tipo, aunque sea un mero roce. Si llegara a dar con una prenda suya o con un simple cabello, le daría el trato de una reliquia. Lo cierto es que hoy estamos llamados a crearnos a nosotros mismos *a imagen y semejanza de la farándula y sus influencers*: el 97 % de los miembros de la «Academia Americana de Cirugía Plástica Facial y Reconstructiva» entienden que las celebridades tienen un impacto directo sobre la decisión de las

---

217. Anthony Elliott, *Dar la talla. Cómo la cirugía estética transforma nuestras vidas* (Madrid, 451 Editores: 2009), p. 94.
218. Un ejemplo extremo, pero sintomático, fue el del programa televisivo *I Want a Famous Face* [Quiero el rostro de un famoso], en el que las personas ingresaban al quirófano para hacer de sus rostros algo más o menos parecido al de algún miembro de la farándula escogido.

personas de someterse a ese tipo de intervenciones quirúrgicas.[219] En nuestro mundo sin Dios, los semidioses aparecen y desaparecen sin cesar en todas partes, y ejercen un influjo muy concreto en las vidas de millones de individuos. Después de todo, el hombre frenético que anuncia en Nietzsche la muerte de Dios se pregunta: «¿No tenemos que volvernos nosotros mismos dioses para ser siquiera dignos de él?».[220]

La farándula tiene hoy rasgos divinos. Quiere la *omnipresencia*: siempre disponibles para ser vigilados, presentes en todas partes, acompañando a sus seguidores a todo lugar y en todo momento. Gracias a las tecnologías digitales, la vigilancia se extiende a sus hogares, a sus familias, a sus comidas, a sus vacaciones, a sus amores y desamores, a sus enfermedades, a sus vidas. Aparecen y desaparecen al ritmo del *clic*, del *touching* y del *scrolling*. Ya no deben esperar a tener una entrevista o ser invitados a algún medio de comunicación para gozar de una determinada influencia. La farándula influencia a millones de personas todos los días, todo el día, en cualquier contexto: de ahí que ahora hablemos también de *influencers*. Por otro lado, la farándula pretende la *omnisciencia*: no dice que lo sabe todo, pero habitualmente opina de todas las cosas, sin ninguna preparación, y lo hace como si la tuviera. ¿Qué opinan del aborto? ¿Qué opinan de la eutanasia? ¿Qué opinan de los efectos sociales de las drogas? ¿Qué opinan de los llamados «niños trans»? ¿Qué opinan del curso de la economía? ¿Qué opinan de una pandemia? ¿Qué opinan del cambio climático? ¿Qué opinan de tal o cual guerra? ¿Qué opinan de tal o cual política? ¿Cuál es el secreto de la felicidad? La farándula siempre se siente lista para opinar de todos los temas con una seguridad abrumadora; incluso se les abren las puertas de Naciones Unidas para que lo hagan. Finalmente, los fans le atribuyen a la farándula *omnipotencia*: ella todo lo puede, su libertad no tiene límites, por eso saltan del cine a la política, del deporte al modelaje, de la serie televisiva a la música, del porno a la literatura.

---

219. *Cf.* «AAFPRS 2018 Annual Survey Reveals Key Trends in Facial Plastic Surgery», American Academy of Facial Plastic and Reconstructive Surgery, 23 enero 2019, https://www.aafprs.org/AAFPRS/News-Patient-Safety/Annual_Survey.aspx.
220. Friedrich Nietzsche, *La gaya ciencia*, sección 125. En *Obras completas*, vol. III (Madrid: Tecnos, 2014), pp. 803.

> Desde el punto de vista de las personas corrientes, o los admiradores, la celebridad suele experimentarse como un ámbito de posibilidades sin limitaciones. Para los admiradores, la celebridad es lo único que es auténtico, libre, trascendente. Rendir culto a la celebridad de este modo es proyectar parte del yo sobre el otro idealizado y, por tanto, experimentar con una fantasía segura (en realidad, sellada herméticamente) acerca de las posibilidades de la vida.[221]

Estas «posibilidades sin limitaciones» suelen referirse, sobre todo, a posibilidades de consumo. Del capitalismo centrado en la producción al capitalismo centrado en el consumo (hermano siamés del Estado keynesiano), hemos pasado del héroe-productor al farandulero-consumidor. En efecto, los rasgos más destacables de la farándula suelen concentrarse en sus pautas de consumo. Sus vestidos, sus joyas, sus automóviles, sus mansiones, sus cirugías y tratamientos estéticos: ¿no son estos los tópicos fundamentales de los Oscar, los Grammy o los Globo de Oro? De esta forma, la farándula, contribuyendo con su ejemplo, «cumple la función de reactivar económicamente el consumo de masa»,[222] dice Baudrillard. Más todavía, la farándula dinamiza el sistema mismo de la moda, interviniendo en la innovación, selección y difusión de las últimas tendencias. Democratización del modelaje: todo miembro de la farándula —incluso el futbolista menos atractivo— puede ser un supermodelo.

El idiotismo contemporáneo rinde pleitesía a estos personajes. Los encumbra, los endiosa, fantasea con ellos, los vigila miméticamente. Desde hace ya varias décadas, esto llama la atención de los sociólogos. Dos de ellos, haciendo entrevistas en profundidad, dieron con casos como el de una señora de nombre Joanne, de 42 años, cuyo testimonio vale la pena citar *in extenso*:

> Cuando hago el amor con mi marido, imagino que es Barry Manilow. Siempre. Pero después, cuando acabamos y me doy cuenta de que no es él, me echo a llorar. [...] Eso mismo le pasa a un montón de chicas; no me di cuenta de cuántas éramos hasta

---

221. Elliott, *Dar la talla*, p. 93.
222. Baudrillard, *La sociedad de consumo*, p. 34.

que conocí a otros fans de Barry. Muchas de ellas están casadas, tienen más o menos mi edad, sienten lo mismo que yo y hacen cosas parecidas. Es un consuelo pensar que no soy la única. [...] Quizá otras personas encuentren algo parecido en la religión; es la única comparación que se me ocurre, pero está claro que Dios les ayuda y les da ánimos para vivir. Y Barry es... no sé si debería decirlo, pero así es como lo siento: para mí es eso mismo. Me da fuerzas para seguir adelante.[223]

Puede decirse que este es un caso extremo, pero precisamente por ello resulta ilustrativo. Lo que pone de manifiesto es esa dimensión divina en la que habita la estrella de la farándula. El fan no titubea en tratarla como un semidiós. Un sociólogo de los medios como John B. Thompson entiende que «ser fan es una forma de organizar reflexivamente el yo y la conducta diaria». Esa forma se basa en «el cultivo de una relación con determinados productos mediáticos o géneros»:[224] el fan configura su identidad entregándose miméticamente al ídolo y disolviéndose en él.

Pero no hay que llegar al extremo del fan. El no-fan no suele ser ajeno a esta pleitesía. Este no ajusta obsesivamente su identidad a la del famoso, pero, si lo encuentra en un espacio público o privado, lo fotografía, lo filma, lo persigue, lo saluda y luego lo cuenta en su entorno. El poder de atracción de la farándula resulta irresistible, incluso para los no-fans; imanta a los pobres mortales, que dejarían todo por retratarse al lado de una cara conocida. En rigor, el no-fan tal vez ni siquiera conoce la carrera ni la trayectoria del famoso en cuestión, pero por el solo hecho de figurársele como una cara conocida ya le adjudica un valor cultural de manera automática. Sabe que una foto de estas características recibirá buen *feedback* en las redes sociales y multiplicará los *likes*.

La política aprovecha este poder. Hace varios años ya que no hay campaña política sin intervención de la farándula. Los

---

223. Fred Vermorel, *Starlust: las fantasías secretas de los fans* (Barcelona: Contra, 2021), cap. 1.
224. John B. Thompson, *Los media y la modernidad. Una teoría de los medios de comunicación* (Barcelona: Paidós, 2017), p. 287.

políticos, a menos que provengan de la farándula o se incorporen súbitamente a ella, son demasiado humanos como para resultar atractivos. En tal caso, precisan de los favores faranduleros: una fotografía con el reguetonero del momento, un video de apoyo de alguna actriz de alguna serie de moda, un abrazo debidamente registrado por las cámaras con algún deportista encumbrado, un *jingle* interpretado por algún artista popular, algún trasero de alguna *vedette* que, en un súbito primer plano de sus nalgas solo cubiertas por la más delgada de las tangas, diga que hay que votar por la fórmula que la contrató a esos efectos.[225]

En el caso de la campaña de Joe Biden del año 2020 es donde más notorio se hace el poder político de la farándula. Un video con Jennifer López; un video de Dwayne «La Roca» Johnson; tuits de George R. R. Martin; declaraciones de Jennifer Aniston y publicaciones en su Instagram; grafitis de Rihanna convertidos en fotos para su Instagram; innumerables publicaciones de Lady Gaga que incluyen fotos abrazada a Biden y videos derramando cuantiosas lágrimas; entrevistas a Robert de Niro viralizadas en diversas plataformas; una canción de Demi Lovato que se hizo viral en las redes; videos de Lovato también derramando lágrimas; videos cortos en Instagram de Sharon Stone; videos en YouTube de Mark Ruffalo; publicaciones en Instagram de Selena Gómez; un *live* de Cardi B con Biden por YouTube; un *live* de Lizzo con Kamala Harris; fotografías en el Instagram de Tom Hanks «photoshopeado» con Biden; imágenes en Instagram subidas por Leonardo DiCaprio; un documental de DiCaprio y John Legend para Netflix; videos de Madonna en su perfil de Instagram; jugadores de la NBA, como LeBron James, pidiendo votar por Biden; recaudación de fondos impulsada por Legend en sus redes; recaudación de fondos a cargo de Whoopi Goldberg.

En el acto inaugural de la presidencia de Biden, Lady Gaga cantó el himno, Jennifer López ofreció un espectáculo musical, y se anunció un programa de 90 minutos titulado «Celebrating America», presentado por Tom Hanks, con la participación de Bon Jovi, Demi Lovato y Justin Timberlake, en el que el flamante

---

225. Fue el caso argentino de la *vedette* Cynthia Fernández en la campaña del espacio político de Guillermo Moreno en el año 2021.

presidente y su vicepresidenta harían algunos comentarios.[226] Evidentemente, Biden era demasiado aburrido, demasiado poco glamoroso para las exigencias de un público que, más que políticos, quiere faranduleros. Más que los políticos, son las estrellas de la farándula las que *representan* a los ciudadanos y les indican, en consecuencia, a qué político votar.

Las ideologías de moda, que muchas veces esconden grandes industrias económicas, apuestan también a la farándula para prosperar. Un caso muy claro es el del aborto. Miley Cyrus fue contratada en el año 2019 por Planned Parenthood para promocionar el aborto en sus redes sociales. Esta firma constituye la más grande corporación de establecimientos abortivos en Estados Unidos y en el mundo.[227] La campaña fotográfica con Cyrus la mostraba lamiendo un pastel que decía «Abortion is Healthcare» [El aborto es cuidado de la salud]. Fondo rosa pastel, enorme lengua afuera, a punto de degustar la crema del pastel, ojos cerrados, actitud sensual y provocativa: inmejorable metamensaje en el que el aborto se resignifica como algo digno de ser celebrado (a través del elemento del pastel), digno de ser deseado (a través de la imagen de una joven exitosa, adinerada, famosa, sexi), digno de ser necesitado (a través de lo que el mensaje textual sugiere: si el aborto es salud, ¿el embarazo debe releerse como una enfermedad?).

Este tipo de operaciones propagandísticas y publicitarias se multiplicaron por todas partes en los últimos años. Scarlett Johansson filmó videos para las plataformas de Planned Parenthood y se opuso activamente a la retirada de financiación a esta organización que llevó adelante Donald Trump.[228] En una marcha de mujeres en Washington D. C., Johansson se convirtió

---

226. *Cf.* «Lady Gaga emocionó a todos con su versión del himno de EEUU», *Ámbito Financiero*, 20 enero 2021, https://www.ambito.com/mundo/joe-biden/lady-gaga-emociono-todos-su-version-del-himno-eeuu-n5164040.

227. Su versión internacional, la International Planned Parenthood Federation (IPPF), revela en su informe financiero del año 2016 (el último en ofrecer datos claros) que para entonces ya contaba con más de 46.000 puntos en el mundo donde se brindaban estos y otros «servicios». Con las sucesivas legalizaciones del aborto en varios países desde entonces, donde las agrupaciones feministas involucradas fueron muchas veces financiadas por IPPF, es dable esperar que ese número se haya incrementado bastante en la actualidad. *Cf.* Reportes financieros de International Planned Parenthood Federation en https://www.ippf.org/about-us/financial.

228. *Cf.* https://www.youtube.com/watch?v=ugtHPXBOBtA.

en noticia al tomar el micrófono y contar que ella también había recibido los servicios de Planned Parenthood. La revista de moda *Vogue* festejó la alocución de la actriz: «Nosotros no pudimos haberlo dicho mejor, Scarlett».[229] Michelle Williams, por su parte, ganó su Globo de Oro en 2020, y en su discurso de premiación dijo que su éxito no hubiera sido posible sin haber abortado a su hijo años atrás: «No habría sido capaz de hacerlo sin emplear el derecho de las mujeres a elegir». La ideología abortista hace de la muerte de un ser humano en gestación un derecho; quitar la vida de otro humano se convierte así en una «elección». Una larga nota en la sección «moda» del diario español *El País* se dedica a celebrar las declaraciones de Williams, que debe el éxito de su carrera a haber «decidido» en este sentido.[230]

Muchas estrellas del mundo de la música han usado sus propios espectáculos para hacer activismo abortista. Billie Eilish, por ejemplo, en el año 2021 estuvo a punto de cancelar un recital en Texas, manifestando su indignación por las nuevas restricciones que existen para abortar en ese Estado. Finalmente, la cantante decidió aparecer ante el público, al grito de «Mi cuerpo, mi decisión»[231] (otra vez: el problema con el aborto es que supone una decisión sobre el propio cuerpo que implica la muerte de otro distinto). El hermano de Eilish, también músico, dijo a la multitud que su pago por participar en el festival sería donado a Planned Parenthood Texas. En la pantalla gigante del *show* de Eilish se proyectó la campaña «*Bans Off My Body*», diseñada por Planned Parenthood para recibir el apoyo del mundo farandulero. A esta campaña se han adherido casi 140 nombres de famosos, como los de Ariana Grande, Katty Perry, Paulina Rubio, Carly Rae Jepsen,

---

229. Brittney McNamara, «Scarlett Johansson Gave a Powerful Speech About Planned Parenthood at the Women's March», *Teen Vogue*, 24 enero 2017, https://www.teenvogue.com/story/scarlett-johansson-planned-parenthood-womens-march.

230. «Una Michelle Williams embarazada defiende el derecho al aborto al recoger su premio», *El País*, 6 enero 2020, https://smoda.elpais.com/moda/actualidad/una-michelle-williams-embarazada-defiende-el-derecho-al-aborto-al-recoger-su-premio/.

231. «"I almost didn't want to do the show": Billie Eilish denounces Texas abortion law during ACL performance», *Spectrum News*, 4 octubre 2024, https://spectrumlocalnews.com/tx/austin/news/2021/10/04/i-almost-didn-t-want-to-do-the-show---billie-eilish-denounces-texas-abortion-law-during-acl-performance-.

Dua Lipa, John Legend, Halsey, Demi Lovato y Lady Gaga.[232] Dicho sea de paso, esta última, horas después de que en Alabama también se restringiera el aborto, solicitó públicamente «oraciones por todas las mujeres y niñas» de ese Estado, ya que «es un ultraje prohibir el aborto».[233]

Es muy fácil imaginar a cuántas niñas, púberes y adolescentes pueden influenciar todas estas estrellas y celebridades internacionales cuando parece haber unanimidad entre ellas a la hora de respaldar el aborto. Todas dicen lo mismo, todas opinan igual. No existe un movimiento de famosos que tome un sentido contrario (y si alguno osa hacerlo, termina *cancelado*).[234] La uniformización de la opinión farandulera, tan importante para la formación de la opinión pública, es prácticamente *total*. Pero en una sociedad adolescente, la farándula no solo impacta sobre la opinión pública de niños influenciables y poco despiertos,[235] sino que se extiende a todo el cuerpo social. Personas de todas las edades han formado

---

232. «Billie Eilish, Ariana Grande, Lizzo and 133 other artists join Planned Parenthood's "Bans Off My Body" campaign», *CNN*, 27 agosto 2019, https://edition .cnn.com/2019/08/27/entertainment/billie-eilish-ariana-grande-planned -parenthood-campaign-trnd/index.html.

233. «Lady Gaga Slams Alabama Abortion Ban: "This Is a Travesty"», *Rolling Stone*, 15 mayo 2019, https://www.rollingstone.com/music/music-news/lady-gaga-alabama-abortion-ban-835821/.

234. Por ejemplo, se pidió la «cancelación» de Chris Pratt por pertenecer a la iglesia de Hillsong. Pratt no había hecho ningún comentario, pero fue precisamente su silencio sobre temas como el aborto y las cuestiones LGBT lo que impulsó una campaña en su contra. La actriz Ellen Page, que ahora es transexual y se llama Elliot, acusó: «Si eres un actor famoso y perteneces a una organización [léase: iglesia] que odia a un cierto grupo de personas, no te sorprendas si alguien simplemente se pregunta por qué no abordas el tema. Ser anti LGBTQ está mal, no hay dos lados». *Cf.* «Chris Pratt respondió a las acusaciones de homofobia de Ellen Page», Infobae, 12 febrero 2019, https://www.infobae.com/america/entretenimiento/2019/02/12/chris-pratt -respondio-a-las-acusaciones-de-homofobia-de-ellen-page/. Los ejemplos son muy numerosos. Entre ellos también destaca el de Gina Carano, que fue despedida del elenco de *Star Wars* por sus opiniones políticas contra el Partido Demócrata, contra las políticas pandémicas, contra la elección de Biden, y por haber bromeado sobre los «pronombres de género inclusivos». *Cf.* «¿Por qué están pidiendo la salida de Gina Carano de "The Mandalorian"?», *Los Angeles Times*, 21 noviembre 2020, https://www.latimes.com/espanol/entretenimiento/articulo/2020-11-21/por-que -estan-pidiendo-la-salida-de-gina-carano-de-the-mandalorian.

235. Curiosamente, apoyar todas estas causas de moda, fabricadas y difundidas por los grandes medios y la farándula, supone formar parte de una «*woke culture*», tal como la llaman en Estados Unidos: la «cultura de estar despierto». Así, a los poco despiertos se los tranquiliza diciéndoles que, en verdad, estarían muy despiertos.

su opinión sobre temas tan complejos y delicados como el del aborto guiándose por las declaraciones de la farándula. En el año 2018, en Argentina, por ejemplo, un famoso travesti que se dio en llamar «Florencia de la V» salió a argumentar públicamente que el aborto debía ser legalizado en este país cuanto antes, porque «mueren 54 mujeres por minuto por abortos clandestinos». Esta opinión absurda fue reproducida acríticamente por periodistas del espectáculo, e incluso el diario argentino de mayor tirada le dio espacio al asunto. Muy pocos fueron capaces de efectuar una simple operación matemática para develar el disparate: 54 mujeres por minuto, por 60 minutos que tiene una hora, por 24 horas que tiene un día, por 365 días que tiene un año, da un resultado de 28.382.400 mujeres muertas por abortos clandestinos por año en Argentina. Sin embargo, Argentina es un país que ni siquiera tiene esa cantidad de mujeres en total. El número real de la mortalidad materna por aborto, determinado por el Ministerio de Salud, era de 31 casos ¡por año![236] Pero ya no importaba: según el travesti farandulero del momento y sus difusores favoritos, eran 54 mujeres por minuto, y mucha gente lo tomó en serio.

Los grupos LGBT, de quien todavía no dejamos de escuchar que se encuentran «oprimidos» en nuestros países, también resultan sistemáticamente *mimados* por la farándula. (Curiosa opresión, en la que el Estado, las organizaciones internacionales, los más importantes medios de comunicación, las *big tech*, las más acaudaladas fundaciones y ONG, y, por supuesto, la farándula en general, miman sin cesar a esta comunidad de oprimidos). La omnipresente Miley Cyrus, por ejemplo, ha creado una fundación llamada Happy Hippie Foundation para respaldar el movimiento LGBT. Recientemente han estado vendiendo una camiseta con la inscripción «Don't fuck with my freedom» [No jodas con mi libertad] por la muy-poco-*hippie* suma de 180 dólares. El dinero recaudado irá al movimiento LGBT y a Planned Parenthood. Otra estrella que se ha convertido en un ícono para esta comunidad es

---

236. Claudia Peiró, «El Ministerio de Salud admite que el aborto no es la primera causa de muerte maternal», *Infobae*, 24 abril 2018, https://www.infobae.com/sociedad/2018/04/24/el-ministerio-de-salud-admite-que-el-aborto-no-es-la-primera-causa-de-muerte-materna/.

Demi Lovato. Sus declaraciones a la prensa resultan a menudo desconcertantes: «puede que acabe identificándome como trans, no lo sé, pero por el momento me identifico como una persona no binaria». Ahora solicita que no se la trate más con el pronombre *she* [ella], sino con el pronombre *they* [ellos].[237] La identidad se presenta como un fluido lúdico, en el que cambiamos de identidad como de color de camisa. Sumándose a la militancia del sobrepeso, Lovato ha llegado a acusar de «gordofóbica» a una heladería que ofrecía alimentos sin azúcar: «Encuentro sumamente complicado pedir yogur helado en The Bigg Chill cuando tengo que pasar al lado de un montón de galletas sin azúcar y otro puñado de productos dietéticos antes de llegar a la caja. Sean mejores que eso».[238]

Dando un guiño a la ideología de género, al feminismo y a la militancia LGBT, otras estrellas de la farándula deciden «combatir» la masculinidad en sus expresiones tradicionales. Esto les garantiza estar en boca de todos durante un buen rato. Destaca en este caso Harry Styles (exmiembro de One Direction), que, a base de vestidos con cola de Gucci, collares de perlas, faldas cuadriculadas, sostenes e incluso un tutú de *ballet* rosado, dice estar dando vida a una «nueva masculinidad». La revista de moda *Vogue* le dio la portada de una edición del año 2020, y vendió la producción alegando que «en pleno S.XXI, su fama es un soplo de aire fresco para la masculinidad libre de tóxicos». Además, otras figuras famosas festejaron a Styles: «espero que este tipo de confianza que tiene Harry —totalmente desprovista de cualquier rastro de masculinidad tóxica— sea indicativo de su generación y, por lo tanto, del futuro del mundo», dijo la directora de cine Olivia Wilde; por su parte, la actriz y presentadora Jameela Jamil dijo que Styles hace bien en ir contra lo que «unos imbéciles inseguros, tóxicos, misóginos y homófobos decidieron [que sería

237. «La cantante Demi Lovato anuncia que se identifica con el género no binario», *BBC*, 19 mayo 2021, https://www.bbc.com/mundo/noticias-57170734. «Demi Lovato podría identificarse como persona trans», *La Vanguardia*, 21 agosto 2021, https://www.lavanguardia.com/gente/20210821/7674424/demi-lovato-identificarse-persona-trans.html.
238. «Feeling the chill, Demi Lovato apologizes for blasting an L.A. frozen-yogurt shop», *Los Angeles Times*, 19 abril 2021, https://www.latimes.com/entertainment-arts/story/2021-04-19/demi-lovato-apology-bigg-chill-instagram-diet-culture.

la masculinidad] hace más de cien años».[239] Pero es difícil ver cómo la indumentaria femenina «desintoxica» la masculinidad; y más difícil es cuando ni siquiera se nos explica en concreto qué quiere decir «masculinidad tóxica». También resulta complicado precisar en qué sentido usar sostenes que no necesita o un tutú de *ballet* brindaría «seguridad» a un hombre. De todo lo que se trata, en verdad, es de ridiculizar las expresiones de género masculinas, y hay que decir que esto ni siquiera es novedoso (el *glam rock* jugaba con estos elementos ya en la década de 1970). Por otra parte, si la definición de una «nueva masculinidad» es meramente una deslucida y poco convincente imitación de la indumentaria femenina, tampoco se entiende qué tiene eso de «nuevo». En este ejemplo se advierte con toda claridad hasta qué punto la identidad ha sido sometida a las apariencias, a la industria de la moda y a la influencia de la farándula. (Mientras escribo esto, en México se multiplican los grupos de estudiantes que exigen ir con faldas a los colegios, e incluso organizan protestas al respecto, con la ilusión de combatir una «masculinidad tóxica» que jamás atinan a definir).[240]

Exquisita paradoja: el feminismo, que habitualmente adopta expresiones de género, actitudes y disposiciones conductuales tenidas por masculinas y encuentra en ello una «nueva forma de ser mujer», celebra al mismo tiempo a los hombres que, a la inversa, adoptan expresiones de género femeninas. De esta manera, para terminar con la «masculinidad tóxica» hay que forzar en los hombres rasgos tenidos por femeninos; pero, para emancipar a la mujer, hay que estimular en ella rasgos considerados masculinos («¿tóxicos?»), tales como utilizar la violencia física en una manifestación, insultar a otras personas, despreocuparse por su aspecto físico o rechazar los códigos del amor romántico. Aquí no hay nada nuevo, sino simplemente un intercambio, una mímesis forzada con lo otro, que promete una «liberación» inefable.

---

239. «Del "glam rock" a la actualidad: hacia una nueva masculinidad», *Vogue*, 2 diciembre 2020, https://www.vogue.es/moda/articulos/glam-rock-nueva-masculinidad-david -bowie-harry-styles-estilo.

240. *Cf.* «Alumnos de prepa arman protesta para poder usar falda», *El Mañana*, 19 marzo 2022, https://elmanana.com.mx/nacional/2022/3/19/alumnos-de-prepa -arman-protesta-para-poder-usar-falda-71366.html

Otro caso muy similar es el de Bad Bunny, la estrella del *trap*. En uno de sus recientes videos («Yo perreo sola»), aparece vestido de mujer, usando peluca, maquillado, con senos artificialmente agregados. *Cosmopolitan* celebró esta *performance* porque «representa a esa nueva masculinidad en la industria de la música» que impulsan otras celebridades. Según la revista de moda, ver a Bad Bunny con pechos artificiales «hace reflexionar sobre la deconstrucción de la masculinidad» y respetar a las mujeres.[241] Por desgracia, no dijeron una sola palabra sobre la total ausencia en el video de Nesi, la mujer con la que la estrella puertorriqueña hace dueto precisamente en esa canción. Esta suerte de travestismo de ocasión le ha valido a Bad Bunny ser aclamado también por la revista *PlayBoy*: su rostro fue portada en julio del 2020. Uñas esculpidas, extensión de pestañas, purpurina en los labios, ojos pintados, anillos, aretes y collares, vestido como una diosa griega… la revista nos explica en sus redes que «él tiene poder porque piensa diferente y tiene una visión del futuro más allá de lo que otros ven».[242] Nadie sabe en qué sentido Bad Bunny «piensa diferente», ni mucho menos qué constituye su «visión del futuro»: sus entrevistas son un cúmulo de lugares comunes, frases trilladas y corrección política. Lo que sí se sabe, sin embargo, si se echa un simple vistazo a las letras de sus canciones, es que la «nueva masculinidad» que busca representar no va más allá de provocar con indumentaria femenina.

Atiéndase, por ejemplo, a la letra de su canción titulada *Safaera*. Allí no hay nada más que incontables referencias a su pene, a cómo las drogas pueden servir para que la mujer se excite, a la conveniencia de mantener relaciones sexuales en automóviles de lujo y no de marcas de menor estatus, a que el buen sexo debe prescindir de cualquier sentimiento de amor y a lo divertido y conveniente que resulta que una mujer engañe a su pareja.[243]

Este tipo de «canciones» se calcan una y otra vez en el repertorio «musical» del «representante» de la «nueva masculinidad»:

241. «Por qué es tan importante que Bad Bunny se haya vestido de mujer en su último videoclip», *Cosmopolitan*, 28 marzo 2020, https://www.cosmopolitan.com/es/famosos/musica/a31965750/bad-bunny-mujer-videoclip/.
242. *Cf.* https://www.instagram.com/p/CCWFb39pbxx/.
243. Bad Bunny, *Safaera* (ft. Ñengo Flow, Jowell y Randy).

«To'a las putas quieren kush [marihuana] / Las putas se montan fácil como en GTA [videojuego]» escuchamos en «Krippi Kush»; «No me hables de amor verdadero / Yo tengo una colombiana y se lo meto entero» se entona en «Ahora me llama»; «Hoy no quiero fumar regular / Tráiganme un kush [marihuana] que me haga sentir espectacular / Para celebrar que ya no estás tú, para especular / Ni joderme por todos los culos que tengo en el celular» se canta en «Soy peor». Y más adelante se agrega: «Tengo la blanquita que me hace lap dance [baile erótico] / La roquerita que se lo meto con to' y Vans [marca de calzado] / La prieta [forma despectiva de decir negra], las rubias, modelos / Y eso sin contar las fans».

Al momento de escribir esto (27 de marzo de 2022), las feministas no han cancelado a Bad Bunny. Al contrario: lo han celebrado como un «aliado» en la causa contra el «patriarcado». Sus ropas de mujer y sus uñas esculpidas, según aseguran, haciéndose eco del relato de los grandes medios de comunicación, contribuyen a «deconstruir la masculinidad tóxica». Quien sí resultó cancelado en los últimos meses fue el príncipe de Blancanieves, representante de la toxicidad masculina por haber dado un beso a una mujer durmiente sin contar previamente con su consentimiento. Disney decidió cambiar entonces el final de la historia que data de 1937. El *San Francisco Gate* celebró la decisión: «Es difícil entender por qué Disneyland de 2021 optaría por agregar una escena con ideas tan anticuadas de lo que un hombre puede hacer con una mujer».[244]

El verdadero problema con el Príncipe Azul es que carece del poder de la farándula y, digámoslo de una vez, ya ha pasado de moda.

III- Digitalización

En 1964, el teórico social Marshall McLuhan calificaba de idiotas a quienes no advertían que, en rigor, «el medio es el mensaje»:

---

244. «Cancelan al príncipe Azul de Blancanieves por el beso "no consensuado"», *Elle*, 10 mayo 2021, https://elle.mx/celebridades/2021/05/10/cancelan-principe-azul-blancanieves-beso-no-consensuado.

Nuestra respuesta convencional a todos los medios (lo que cuenta es la forma en que se emplean), es la posición obtusa del idiota técnico, ya que el «contenido» de un medio es como el jugoso trozo de carne con que el ladrón distrae al perro guardián de la mente. Los efectos del medio se hacen poderosos e intensos justamente porque se proporciona otro medio en calidad de «contenido». El contenido de una película es una novela, una comedia o una ópera.[245]

«El medio es el mensaje» significa que las tecnologías de la comunicación no son simples formas, sino también contenidos en sí mismos. El medio no es independiente del contenido del mensaje, sino que está incrustado de alguna manera en él. En el mismo sentido, el medio está *incrustado en la vida*. Sus efectos «resultan de la nueva escala que se introduce en nuestros asuntos». Los medios conforman y regulan «la escala y la forma de asociación y la acción humanas».[246] El medio impacta así de manera significativa en la forma de la vida y, por ese motivo, *el medio es el mensaje*. Quien no vea esto, y crea que el medio es un simple vehículo neutro respecto de la vida, según McLuhan, es un *idiota*.

En un sentido similar, el medio tampoco es independiente de la forma de la sociedad, que se ve afectada por las tecnologías de la comunicación de las que goza. Ya hemos visto cómo la tradición oral se relaciona con una sociedad gerontocrática, la imprenta y la cultura literaria con una sociedad adultocéntrica y los medios digitales con una sociedad adolescente. Un nuevo medio da lugar a un nuevo mundo, esto es, a una forma nueva de ver el mundo y de vivir en él. El desarrollo de la escritura, la invención de la imprenta, el advenimiento de la fotografía analógica, el cine, el telégrafo, el teléfono, la radio, la televisión, las tecnologías digitales… la historia de toda una civilización, y las biografías particulares de sus individuos, se pueden reconstruir a partir de la historia de sus medios de comunicación. Socialización, aprendizaje, economía, cultura, gobierno, poder: resultan fundamentales las prácticas y las dimensiones sociales que se vehiculizan a través de aquellos.

---

245. Marshall McLuhan, *La comprensión de los medios como la extensión del hombre* (México D. F., Editorial Diana: 1972), p. 41.
246. Ibíd., pp. 29-31.

La particularidad del momento actual se llama *digitalización*. Hoy el mundo se digitaliza, apuntalando una sociedad adolescente. La digitalización supone la *traducción* del mundo a dígitos que pueden fluir sin cesar a través de las tecnologías digitales, que *retraducen* a su vez el código a imágenes, sonidos, olores, texturas y operaciones en general. La particularidad del momento, en concreto, consiste en que hoy todo puede y *debe* ser traducido y retraducido en y desde este código universal. Así, la frontera que separa a la realidad de su representación se borra, y quedamos sumergidos definitivamente en la *hiperrealidad*.

Las anteriores tecnologías de la comunicación procuraban trasladar la realidad a una representación nunca del todo lograda de ella misma. En este sentido, toda comunicación es siempre una traducción. La palabra oral fue una traducción del contenido de la voluntad, las afectividades, la percepción y la razón. La pintura tradujo el lenguaje de los dioses, reprodujo ritos y plasmó situaciones, historias y expectativas sociales. La escritura y la imprenta llevaron la palabra a la tinta, y con ello trataron de reproducir y revestir de permanencia lo que antes se desvanecía en la comunicación oral. El telégrafo, el teléfono y la radiofonía procuraron reproducir sonidos en su propia forma y contenido, en tiempo real. La fotografía analógica fue capaz de transcribir, con mucha fidelidad si se la comparaba con una pintura, una imagen-instante en el papel. El cine hizo correr secuencialmente los fotogramas, y trajo la ilusión del movimiento. Los medios electrónicos sofisticaron la reproducción de la realidad, mejorando imagen y sonido, y se instalaron rápidamente en todos los hogares. Pero nuestra época no está determinada por ninguno de estos medios, sino por un *metamedio* que los captura a todos ellos, y que procura la captura *total* de lo real.

El proceso de digitalización captura la palabra, captura el libro, captura la imagen, captura el sonido, captura el movimiento. Además, se digitalizan las emociones y la inteligencia.[247] Ya no somos reticentes a pensar que las máquinas *piensan*, nos *interpretan*

---

247. «La vida es el valor», dice el eslogan de la empresa EmoShape, que vende tecnología capaz de lograr «un reconocimiento automático de emociones de muy alto rendimiento». Sitio web oficial de EmoShape, https://emoshape.com/.

y nos *entienden*. Algunos ya quisieran que las máquinas *sintieran*, para comunicarse mejor con nosotros. La inteligencia artificial ya está echando mano en el asunto. Que Siri, Alexa y Cortana sientan y se emocionen: la película *Her* (2014) constituye una elocuente anticipación de todo esto. En efecto, nuestra comunicación es hoy una comunicación digital. Nos llamamos, hacemos videos y nos escribimos con otros —humanos y *bots*— mediante tecnologías digitales. También nuestra economía, nuestra política y nuestra cultura dependen hoy del mundo digital: producción digital de bienes y servicios, gobernanza y burocracia digital, industrias culturales digitales. En este sentido, la tecnología digital no es simplemente una tecnología de la comunicación; es una *tecnología de la vida*. «El medio es el mensaje» es una sentencia que tendría que precisarse todavía más. Hoy deberíamos decir que *la vida es el medio*, cuando se trata del medio digital.

Según la sociología de sistemas de Niklas Luhmann, los medios de comunicación de masas se constituyen en sistema «a partir de la distinción información/no información». Esta discriminación le permite al sistema ponerse en marcha. «Pero para tener la libertad de ver algo como información o como no información, debe existir la posibilidad de considerar a algo como no informativo». Si esto no fuera posible, «el sistema no podría diferenciarse del entorno».[248] Las tecnologías de la digitalización, sin embargo, hoy funcionan precisamente a partir del imperativo de *captura total*. Lejos de reposar sobre la posibilidad de una no información, el sistema digital hace que todo sea reductible a información. Así es como se *desdiferencia* respecto de su entorno, confundiéndose con él, capturándolo por completo. Luhmann escribió aquello en 1996, cuando este sistema ya existía, pero no se había desarrollado en las magnitudes actuales. Por eso, no advirtió que la comunicación de masas muy pronto se transformaría en una «autocomunicación de masas»,[249] y que el sistema funcionaría precisamente borrando la distinción entre información y no información.

248. Niklas Luhmann, *La realidad de los medios de masas* (Barcelona: Anthropos, 2007), p. 26.
249. Manuel Castells, *Comunicación y poder* (México: Siglo XXI, 2012), p. 88.

La digitalización captura la vida y la dirige. La vida se torna en todos sus aspectos *vida mediada*. *Big data*, inteligencia artificial, dispositivos y sensores de captura de imagen, sonido, olor, textura, temperatura, variables sanitarias e incluso sexuales.[250] Las cámaras, y los sensores en general, hoy miran, registran y calculan hasta lo más imperceptible para sus creadores y usuarios.[251] Se instalan en los hogares, en las oficinas, en las fábricas, en los comercios, en los espacios públicos y en el propio cuerpo. Nada escapa al mundo digital. Las actuales tecnologías psicopolíticas procuran alcanzar incluso el inconsciente, escondido tras la acción.[252] La digitalización, además de un proceso tecnológico, es ante todo un *imperativo*. El motor de la digitalización es la voluntad de *capturarlo todo*. A principios del siglo XXI, desde Google anunciaban que su propósito consistía en «organizar toda la información del mundo».[253] Larry Page, uno de sus fundadores, agregaba en 2001: «Tu vida entera se podrá buscar».[254] Pero para poder buscarla, antes debe ser digitalizada. Así, Page explicitaba

250. *Cf.* Michal Kosinski, David Stillwell, Thore Graepel, «Private Traits and Attributes Are Predictable from Digital Records of Human Behavior», *Proceedings of the National Academy of Sciences of the United States of America*, 110, 15, 2013, pp. 5802-5805.

251. Dice Alex Pentland, director del Human Dynamics Lab, del Massachusetts Institute of Technology (MIT): «Con el *big data* tenemos la capacidad de ver la sociedad en toda su complejidad a través de los millones de interconexiones de los intercambios humanos» (Alex Pentland, «Social Physics. How Good Ideas Spread — The Lessons from a New Science», Nueva York: Penguin, 2014, p. 11, citado en Byung-Chul Han, *Infocracia. La digitalización y la crisis de la democracia*, Buenos Aires: Taurus, 2022, p. 60).

252. Un ejemplo ilustrativo es el de la empresa digital llamada Realeyes, que recibió en 2015 la suma de 3,6 millones de euros de la Comisión Europea con el objeto de subsidiar el proyecto SEWA, cuyas siglas significan en español «Análisis Automático de Sentimientos en Estado Natural». De lo que se trata es de desarrollar una tecnología capaz de capturar las emociones de los usuarios, en relación con determinados estímulos provistos. SEWA ha desarrollado la capacidad de detectar reacciones y estados emocionales inconscientes, a través de la medición de gestos y reacciones que son imperceptibles para el ojo humano. A nivel grupal, Realeyes anticipa que «una vez automatizado, este proceso puede aumentarse en escala para rastrear simultáneamente las emociones de públicos enteros» (Mihkel Jäätma, «Realeyes —Emotion Measurement», *Realeyes Data Services*, 2016, citado en Zuboff, *La era del capitalismo de la vigilancia*, Barcelona: Paidós, 2020, p. 383).

253. Éric Sadin, *La siliconización del mundo. La irresistible expansión del liberalismo digital* (Buenos Aires: Caja Negra, 2018), p. 191.

254. Douglas Edwards, *I'm Feeling Lucky* (Boston: Houghton Mifflin Harcourt, 2011), p. 291. Citado en Zuboff, *La era del capitalismo de la vigilancia*, p. 139.

la lógica del mundo que empezaba a construirse. La vida se captura, se almacena, se procesa, se calcula y se dirige. Nada de esto podían hacer las anteriores tecnologías con las que el mundo lidió en el pasado, tanto remoto como reciente. Subordinadas al peso de la realidad, ellas no podían más que traducir algunos de los rudimentos de lo real de maneras que hoy nos resultan precarias. Ellas daban acceso a un nuevo mundo, claro, pero el mundo les quedaba siempre demasiado grande.

Cuando el mundo es superado por el medio que procura capturarlo, la realidad se vuelve *hiperrealidad*. Lo *virtual* compite con lo *real*, y termina por hibridarse. El mundo ya no basta, no es suficiente. Resulta demasiado pobre para las posibilidades tecnológicas que se abren paso. Por eso, en los últimos años han surgido nuevos términos. *Realidad virtual*: queremos mundos enteramente diferentes, diseñados por computadora, en los que arrojarnos a través de tecnologías inmersivas. Gafas, guantes, cascos, trajes para el cuerpo: recibimos estímulos y sensaciones al ritmo de nuestra inmersión. Hace ya varias décadas que nos entregamos así a los brazos de la simulación. *Realidad aumentada*: queremos ver el mundo real a través de dispositivos que agregan a la realidad cosas que no están allí. En tiempo real, vemos a través de nuestras pantallas cómo se combina la realidad que tenemos en frente con elementos virtuales que se nos muestran incrustados en ella. Hace pocos años nos arrojamos a los brazos de PokémonGo. *Metaverso*: ya empezó a proponérsenos el paulatino abandono de la vida real, para sumergirnos en un espacio totalmente virtualizado en el que trabajar, enamorarnos, estudiar, divertirnos y hacer transcurrir la *mera vida*, mimados por «tecnologías inmersivas» que logren *hacernos ser ahí*. Después de la Web 2.0, esta será, según nos prometen, la nueva forma de la red. Así nos arrojaremos definitivamente en los brazos de Mark Zuckerberg.

La realidad se muestra *aburrida*. En la sociedad adolescente en la que domina lo digital, todo debe ser *divertido*. «La dominación perfecta es aquella en la que todos los humanos solamente jueguen»,[255] concluye Byung-Chul Han en un ensayo sobre la

---

255. Byung-Chul Han, *No-cosas* (Buenos Aires, Paidós: 2021), p. 24.

digitalización. Las tecnologías que en este momento se están diseñando para permitirnos una «inmersión» en el metaverso digital prometen una vida *siempre-divertida*. Si se echa un vistazo a nuestro mundo, el imperativo de estar divertidos ya afecta todas nuestras actividades. Esto ya lo había empezado a notar Postman, discípulo de McLuhan, en sus análisis sobre la televisión.[256] Pero esta tenía límites técnicos muy claros: por empezar, no nos acompañaba en el bolsillo, no la metíamos en las clases del colegio o la universidad, ni íbamos con ella al trabajo, a un nacimiento o a un funeral. La televisión nos mantenía divertidos muchas horas por día, pero la vida todavía se desenvolvía en islas de seriedad. Hoy esas islas ya no existen. En nuestro mundo digital todo se ha ludificado. El trabajo, el aprendizaje, el amor, la religión, la política,[257] el arte, el sexo, la comida, la identidad. Los padres diluyen la autoridad en la figura del padre-amigo, que se esfuerza por ser divertido. Hay deportes que incluso cambian sus reglas para garantizar mayores puntuaciones y volverse así más divertidos.[258] ¡Hasta la guerra hoy se asemeja al videojuego y se concibe divertida! Piénsese en esa lucha de drones dirigidos a distancia, equipados con cámaras digitales «suicidas»,[259] que disparan contra objetivos e incluso se inmolan contra ellos. Piénsese en las divertidas performances de los militares en el teatro de operaciones, que vimos viralizarse por Internet al ritmo de canciones de Carly Rae Japsen y Lady Gaga.[260] O bien practicando el «Harlem Shake».[261] Todos

---

256. *Cf.* Neil Postman, *Divertirse hasta morir* (Barcelona: Ediciones La Tempestad, 2012).
257. Recientemente, en un programa político muy importante de la televisión mexicana, en el primer corte comercial el conductor me solicitó amablemente que no mencionara nombres de pensadores. En el primer bloque, yo había ilustrado algunos argumentos con referencias a Foucault, Gramsci y Marx. El periodista me pidió que no lo hiciera más porque «podía aburrir» al público. Esta anécdota se repite sin cesar, de diferentes maneras, en casi todos los programas políticos que he conocido hasta el momento.
258. Un ejemplo muy claro de esto es la NBA.
259. Harun Farocki, *Desconfiar de las imágenes* (Buenos Aires: Caja Negra, 2020), p. 166.
260. «Marines de EEUU presentan versión de "Call Me Maybe" desde Afganistán», *Perú 21*, 21 julio 2012, https://peru21.pe/reportuit/marines-eeuu-presentan-version -call-me-maybe-afganistan-37945-noticia/.
261. «El temor israelí por cómo sus soldados usan las redes sociales», *BBC*, 2 marzo 2013, https://www.bbc.com/mundo/noticias/2013/03/130302_israel_ejercito_manejo _redes_sociales_jp.

se ven muy divertidos. Y todo esto llega al hombre común en su hogar o su trabajo, que se divierte con la guerra; que consume videos gore de la guerra donde mira explosiones, mutilaciones, decapitaciones, como si estuviera en el cine mirando una película de Tarantino mientras come *popcorns*.

Todas las actividades se ludifican al mediarse e interrumpirse por las tecnologías digitales, que nos distraen y vuelven *superficiales*. El imperio de la diversión pone punto final a la cultura como cultivo: la cultura equivale a la diversión del consumo en detrimento del despliegue de determinadas facultades humanas. Numerosas investigaciones empiezan a llamar la atención sobre la superficialización del *homo sapiens*. Los niveles de atención, comprensión y retención de información están hace varios años a la baja, y muchos estudios apuntan a responsabilizar directamente a las tecnologías digitales.[262] El *homo sapiens* hoy es un *homo*

---

262. Decenas de estos estudios han sido analizados en Nicholas Carr, *Superficiales. ¿Qué está haciendo Internet con nuestras mentes?* (Ciudad de México: Taurus, 2015). Lo mismo puede encontrarse en Michel Desmurget, *La fábrica de cretinos digitales. Los peligros de las pantallas para nuestros hijos* (Barcelona: Península, 2022). Algunos ejemplos: en un estudio en Canadá en el año 2001, sesenta personas leyeron el cuento *The Demon Lover*. La mitad lo hizo en formato libro, la otra mitad en formato web, con hipervínculos. Estos últimos se demoraron más y demostraron una comprensión más deficiente de lo leído. Esto se repitió con un cuento más corto y simple, *The Trout*, con los mismos resultados. Otra investigadora, Erping Zhu, encontró que, a mayor cantidad de hipervínculos, mayor «desorientación por sobrecarga cognitiva». En otro estudio, se puso a más de cien voluntarios a ver una presentación de un país africano. A la mitad se les dio una presentación en texto y la otra mitad en multimedia. Estos últimos obtuvieron una puntuación de comprensión significativamente menor a la de aquellos. En otro estudio, se puso a dos grupos a mirar una conferencia. A uno se le permitió navegar mientras tanto por Internet, mientras al otro se le impidió hacerlo. El nivel de comprensión del primero fue mucho más pobre que el del otro al llegar el momento de la evaluación. Por otro lado, existen muchos estudios que muestran las actuales dificultades para evaluar la calidad de la información que se encuentra en Internet. *Cf.* Davis S. Miall y Teresa Dobson, «Reading Hypertext and the Experience of Literature», *Journal of Digital Information*, 2, núm. 1, 13 agosto 2001; Erping Zhu, «Hypermedia Interface Design: The Effects of Number of Links and Granularity of Nodes», Journal of Educational Multimedia and Hypermedia, 8, núm. 3 (1999), pp. 331-358; Steven C. Rockwell y Loy A. Singleton, «The Effect of the Modality of Presentation of Streaming Multimedia of Information Acquisition», *Media Psychology*, 9 (2007), pp. 179-191; Helene Hembrooke y Geri Gay, «The Laptop and the Lecture: The Effects of Multitasking in Learning Environments», *Journal of Computing in Higher Education*, 15, núm. 1, septiembre 2003, pp. 46-64; Adam Gazzaley *et al.*, *The Distracted Mind* (MIT Press: 2016).

ludens que juega con pantallas de todos los tamaños y forma-
tos.[263] A este le cuesta encontrarse en lo que no es divertido. En un
mundo donde la máquina piensa por el hombre, mostrándole las
enormes limitaciones de su inteligencia; memoriza por el hombre, deslumbrándolo con sus memorias prácticamente infinitas;
se hace cargo de lo que al hombre más le conviene, usurpando su
voluntad: ¿qué queda sino sencillamente *jugar*?[264] Así, el hombre
no encuentra ningún sentido fuera del juego, aunque el juego, por
definición, no tiene más que un sentido efímero: su propio fin,
la *diversión*, que es un estado del ánimo demasiado pasajero. El
homo ludens, de quien Schopenhauer ya había sugerido que se
trataba de un *idiota*,[265] ludifica todas sus actividades en el mundo
digital para que la pequeña llama de la diversión no se extinga,
pues si eso ocurriera, la falta más absoluta de sentido se haría sentir.[266] Al ludificarse, estas actividades y realizaciones pierden sus
caracteres propios; se convierten en otra cosa distinta de lo que
son: se convierten en juego, empobreciendo su sentido. De ahí
que casi lo único que veamos en la red sean personas mostrando

---

263. Un estudio muestra de qué manera, por ejemplo, el uso de videojuegos impacta
negativamente en el rendimiento de la memoria verbal en los niños: Markus Dworak,
et al., «Impact of Singular Excessive Computer Game and Television Exposure on
Sleep Patterns and Memory Performance of School-Aged Children», *Pediatrics*,
2007, 120 (5), pp. 978-985.

264. McLuhan caracterizaba los medios como «extensiones del hombre». Según esto,
el hombre se hace de medios que potencian sus capacidades: un automóvil aumenta
mi velocidad, un micrófono amplifica *mi* voz, un teléfono incrementa la distancia
en que *yo* puedo comunicar un mensaje oral a otro, etcétera. ¿Pero es el mundo
digital una extensión del hombre, o una *delegación absoluta*? El hombre del huma-
nismo clásico, definido por su razón y su voluntad, no parece extender, sino más
bien delegar a la máquina estas facultades esenciales. Por eso la voluntad y la razón
se han atrofiado a niveles asombrosos.

265. «Que las cabezas limitadas se hallen tan expuestas al *aburrimiento* proviene del
hecho de que su intelecto no es absolutamente otra cosa que el *medio que sirve a los
motivos* de la voluntad» (Arthur Schopenhauer, *El arte de envejecer*. Madrid: Alianza,
2019, p. 291).

266. El filósofo Alain Badiou, en un libro suyo se dirige a la juventud y le advierte
sobre su gran enemigo: «la pasión por la vida inmediata, por el juego, por el placer, por el instante, por una música, por un capricho, por un porro, por un juego
idiota». Una vida de este tipo implica una «concepción de la existencia que no tiene
ningún sentido unificado». ¿Pero es esta realmente una advertencia que solo quepa
hacer a la juventud? Badiou no se da cuenta de que, en la sociedad adolescente, el
cuerpo social como tal bien podría ser el destinatario de sus palabras. *Cf. La verdadera vida. Un mensaje a los jóvenes* (Buenos Aires: Interzona, 2017), pp. 17-18.

sus vidas *aparentemente* divertidas, que dejan de serlo en el exacto momento en que la cámara se apaga.

Los transhumanistas incluso cifran sus esperanzas en que el ritmo de evolución tecnológica y su hibridación con el hombre brinde, por fin, una vida en la que sea *imposible* no estar divertido. Así, las máquinas podrían usurpar no solo nuestra inteligencia y voluntad, sino también nuestro *derecho a aburrirnos*. Quizás, precisamente por quitarnos el derecho a aburrirnos terminen usurpando nuestra inteligencia y nuestra voluntad.[267] El transhumanista David Pearce escribe:

> Aunque por el momento la humanidad no sea capaz de imaginarlo, ya al cabo de unas pocas generaciones la experiencia del aburrimiento será neurofisiológicamente imposible. «Incluso los mismísimos dioses luchan en vano contra el aburrimiento», dijo Nietzsche, que sin embargo desconocía por completo las posibilidades de la biotecnología.[268]

El metaverso sí que será divertido. Diseñar un avatar, desplazarse por distintos escenarios, interactuar con otros de maneras aún desconocidas, recibir sensaciones en el cuerpo a través de sofisticados sensores. Pero esta idea de llevar la vida a un universo digital no es enteramente nueva. Ya vimos funcionar un embrión de metaverso en Second Life, un célebre juego *online* lanzado oficialmente en el año 2003. En este, al usuario no se le ofrecían misiones que cumplir ni obstáculos que sortear: simplemente se trataba de llevar la propia vida, la vida de todos los días, a través de un avatar en la pantalla. Más de 57 millones de personas crearon su cuenta en Second Life.[269] Muchos formaron

---

267. Ya anotaba Nietzsche: «Para el pensador y para todos los espíritus sensibles, el aburrimiento es esa desagradable "calma chicha" del alma que precede a la travesía dichosa y a los vientos placenteros; tiene que soportarlo, tiene que esperar a que haga su efecto en él: —esto es precisamente lo que las naturalezas más pequeñas no pueden de ninguna manera conseguir de sí mismas! Espantar de cualquier manera el aburrimiento es algo vulgar: como es vulgar trabajar sin placer» (*La gaya ciencia*, sección 42. En *Obras completas*, vol. III. Madrid: Tecnos, 2014, p. 761).
268. David Pearce, *The Hedonistic Imperative* (Libro electrónico: 1995), cap. 11.
269. *Cf.* «Second Life sigue vivo, ha cumplido 15 años y aún tiene miles de usuarios», *El Español*, https://vandal.elespanol.com/noticia/1350710807/second-life-sigue-vivo-ha-cumplido-15-anos-y-aun-tiene-miles-de-usuarios.

«familias» con otros avatares, otros consiguieron «trabajo», otros «marcharon» con sus avatares en «manifestaciones políticas»,[270] otros estudiaron y concurrieron a campus virtuales que se instalaron en el juego,[271] otros se fueron de «fiesta» y «bailaron» en *shows* de música, otros «violaron» a los avatares de otros usuarios[272] y otros se pasearon por escenarios donde podían descargar los deseos pedófilos a través de sus avatares.[273] ¿Qué más podremos hacer en el metaverso de Zuckerberg, donde no estaremos limitados al teclado y el ratón, sino que podremos conectar todas las partes de nuestro cuerpo a sensores y dispositivos inmersivos?

En 1987, Jean Baudrillard escribía casi de manera profética:

> La catástrofe total sería la de la omnipresencia de toda la información, de una transparencia total cuyos efectos se ven afortunadamente eclipsados por el virus informático. Gracias a él no iremos en línea recta hasta el final de la información y de la comunicación, lo cual sería la muerte.[274]

Baudrillard emparenta la muerte con la transparencia total, o sea, con lo que hoy avizoramos como la digitalización total de la vida. Pero curiosamente encuentra en el virus informático un aliado de la vida. Su explicación es que el virus puede echar a perder las bases de datos, puede modificar los códigos del sistema, puede desactivar sus operaciones. Así, detiene los procesos de captura; niega la eficiencia del sistema. Estas esperanzas hoy están desfasadas. Ningún virus detendrá al metaverso. Y si acaso

---

270. El partido Izquierda Unida, de España, llegó a brindar mítines políticos en Second Life. *Cf.* «Llamazares da el primer mitin virtual en "Second Life"», *El País,* 13 mayo 2007, https://elpais.com/elpais/2007/05/13/actualidad/1179044223_850215.html.
271. Jacqueline H Fewkes, «Fieldtrips and Classrooms in Second Life: A Few Realities of Teaching in a Virtual Environment», en Christopher J. Young *et al.* (eds.) *Quick Hits for Teaching with Digital Humanities: Successful Strategies from Award-Winning Teachers* (Indiana: Indiana University Press, 2020), p. 142.
272. *Cf.* «Denuncian violaciones virtuales en Second Life», *El Mercurio Online,* 7 mayo 2007, https://www.emol.com/noticias/tecnologia/2007/05/07/255048/denuncian-violaciones-virtuales-en-second-life.html.
273. *Cf.* «Pedofilia virtual en Second Life», *ABC,* 10 mayo 2005, https://www.abc.es/tecnologia/abci-pedofilia-virtual-second-life-200705100300-1633022496364_noticia.html.
274. Jean Baudrillard, *Pantalla total* (Barcelona, Anagrama: 2000), p. 16.

llegara algún virus, se presentaría no como un virus contra un sistema informático, sino como un virus contra la vida capturada misma. Uno casi puede imaginarse una situación todavía surrealista como esa. Un virus que echara a perder el metaverso significaría para sus *muertos en vida* el fin definitivo de *sus vidas*. Habrá sido tal la transferencia de la vida que el fin del código implicaría el fin del organismo como tal. ¿De qué manera semejantes zombis podrían enfrentarse al mundo tras la pérdida de sus avatares? Las pandemias podrían no ser ajenas al metaverso, e incluso podrían ser mucho más destructivas dentro que fuera de él.

El metaverso, como colonización definitiva del mundo digital *online* sobre el mundo real *offline*, nos mantendrá jugando sin cesar. La vida se convierte en juego, y decide subsumirse, de hecho, en un juego. En *Eros y civilización*, el filósofo de la Escuela de Frankfurt y padre de la «Nueva Izquierda», Herbert Marcuse, propone liberar a la sociedad a través de una revolución sexual que modifique la forma de la sublimación. Freud ya había establecido que «la cultura reposa sobre la renuncia a las satisfacciones instintuales».[275] Esto significa que el hombre reprime su sexualidad y desvía estas energías hacia fines socialmente útiles, como el trabajo. La convivencia social depende de esta operación. A esto le llama «sublimación». Pero según Marcuse, esta es apenas *una forma* de «sublimación» que debe considerarse «represiva», y que ya puede superarse. De lo que se trata es de dar lugar a una «sublimación no represiva». Bajo esta lógica, la vida se convierte en una búsqueda incesante del juego y del placer. Las condiciones tecnológicas e ideológicas para este tipo de sublimación ya están dadas: el trabajo puede ser progresivamente reemplazado por la automatización, el socialismo promete una redistribución de las riquezas para que todos tengan su ingreso asegurado, y una revolución sexual en marcha tiene la fuerza suficiente como para lograr el regreso del «principio del placer» que fue desbancado por la necesidad del trabajo y la sublimación represiva. El trabajo en particular, y la vida en general, se *erotizan* y se convierten a la postre en *juego*.

---

275. Sigmund Freud, «El malestar en la cultura», en *Obras Completas*, vol. 22 (Buenos Aires: Siglo XXI, 2013), p. 3038.

Es interesante que Zuckerberg, las *big tech* y los metacapitalistas en general del Foro Económico Mundial, y no los jóvenes melenudos de 1968, sean los más importantes *marcusianos*. Marcuse, que se creía antisistema, hoy se vería en serios problemas de disonancia cognitiva. Facebook, que ahora es Meta, nos propone un mundo digital donde la vida se convierte en juego. Las *big tech* ludifican la existencia. El consumo de sus tecnologías se vuelve adicción. El Foro Económico Mundial solicita Renta Básica Universal que acompañe a una automatización sin precedentes del trabajo a través de la robótica y la inteligencia artificial, que destruirá sin dudas el empleo humano en una escala más que considerable.[276] Como si fuera poco, todos ellos apuestan a la revolución sexual de la ideología de género, el aborto y la agenda feminista. Probablemente, los efectos negativos sobre la natalidad también resulten atractivos para muchos ingenieros globales. *Eros y civilización*, en algún momento subversivo, es un libro que hoy debería ser considerado como la Biblia del sistema establecido.

Las *big tech* también podrían diseñar para nosotros paternidades divertidas. Existe ya bastante entusiasmo con la idea de que, en un futuro próximo, incluso podríamos tener «niños tamagotchi». Estos niños digitales diseñados por Inteligencia Artificial podrían ser obtenidos «por una cuota mensual baja», y no traerían consigo todos los dolores de cabeza que generan los niños reales. Ya no habría que cambiar pañales ni sanar enfermedades; el adulto podría pasar tiempo con el niño exclusivamente en el momento en que realmente lo desee. El niño digital sería hecho a la medida de quien lo solicita, para que la diversión sea plena. Como una muñeca: el eterno adolescente podría detener el paso a la adultez intercambiando su paternidad por un juguete. Escritores transhumanistas ya están celebrando esta idea, y sostienen que antes de que nos demos cuenta se hará realidad. La prensa más importante del mundo también ha dado la bienvenida a esta posibilidad, puesto que ayudaría a

---

276. *Cf.* «The Long-Term Jobs Killer Is Not China. It's Automation», *The New York Times*, 21 diciembre 2016, https://www.nytimes.com/2016/12/21/upshot/the-long-term-jobs-killer-is-not-china-its-automation.html.

«reducir la superpoblación», como celebró *The Telegraph*.[277] Es cierto que nunca hemos sido tantas personas en el mundo, pero también es cierto que nunca las personas han estado tan solas y ensimismadas.

La vida digitalizada vive de la *apariencia digital* y la captura de la vida. El mundo de las celebridades, que empezó a formarse a principios del siglo XX a partir de la difusión del cine, fue el primero en manufacturar vidas ludificadas basadas en apariencias. Los que aparecían en la gran pantalla representando determinados papeles empezaron a hacer de su propia vida una representación en sí misma. Este es el origen de la celebridad. La vida de la celebridad de entonces, y la vida de la farándula de hoy, se organizan en torno a lo que *aparece* de ellas; se organizan en torno a la *representación ludificada de sí*. De esta forma, la sociedad del espectáculo se sintetiza en un axioma muy claro: «Lo que aparece es bueno, lo bueno es lo que aparece».[278] Pero cuando Debord escribía esto, eran muy pocos los que podían basar su vida en un constante aparecer. Las actuales tecnologías, en cambio, hacen de ese axioma un imperativo aplicable a la vida de todos. Asistidos por las más diversas tecnologías, todos hacen *aparecer* sus vidas divertidas en un nuevo régimen de *visibilidad total*.

La visibilidad guarda relación con los distintos regímenes de poder. El poder siempre *entra por los ojos*. Michel Foucault diferencia dos formas de poder enteramente distintas según la función que cumple en ellas la visión. En las sociedades premodernas que estudia Foucault, el poder no goza de mucho más que la fuerza bruta para conservar su dominio. Los mecanismos sutiles y las instituciones estabilizadoras del dominio están ausentes o no están del todo establecidas todavía. El suyo es, más que nada, el poder de la espada. De ahí que cuando alguien desafía al poder, se expone a ser masacrado en horrorosos espectáculos públicos. Suplicios, descuartizamientos, desmembramientos,

---

277. *Cf.* «"Tamagotchi children" who don't exist could "solve population problem"», *The Telegraph*, 30 mayo 2022, https://www.telegraph.co.uk/news/2022/05/30/tamagotchi-children-dont-exist-could-solve-population-problem/.
278. Guy Debord, *La sociedad del espectáculo* (Valencia: Pre-Textos, 2002), p. 41.

decapitaciones, vejaciones: este poder premoderno, que Foucault llama *soberano*, precisamente por ser «frágil, siempre susceptible de caducidad, de ruptura»,[279] tiene que hacer de su fuerza bruta un espectáculo del horror: «por encima del crimen que ha menospreciado al soberano, despliega a los ojos de todos una fuerza invencible».[280]

La forma del poder en la (ya vieja) modernidad industrial es muy otra para Foucault. En esta instancia, el poder ya no necesitará destruir al cuerpo, sino disciplinarlo. Quiere cuerpos productivos, no desmembrados. El poder en la modernidad lleva el nombre de *disciplina*. Su arquitectura y su funcionamiento están representados en la figura del panóptico, una cárcel con forma de anillo, en la que las celdas están individualizadas e incomunicadas entre sí, y en la que una enorme torre de vigilancia se levanta en el centro del anillo. Todo cae bajo la visibilidad de la torre, por eso la estructura se llama *pan* (todo) *óptico* (visión). Así, el panóptico está diseñado para que todas las celdas sean visibles desde la torre, y para que desde ninguna celda pueda mirarse dentro de la torre. A diferencia del poder soberano, el poder disciplinario se esconde, no quiere ser visto, pero quiere mirarlo todo. No hay espectáculo, sino *vigilancia*. Más que la espada, de lo que se trata es del *saber*. Mirar es saber, y saber es poder. Una colosal *voluntad de saber* está en la base del disciplinamiento como forma del poder moderno.

En cierto sentido, hoy esta metáfora ya no sirve como antes. El espectáculo y la vigilancia no se oponen, como creía Foucault, sino que pueden muy bien complementarse.[281] El actual régimen de *visibilidad total* combina la vigilancia y el espectáculo gracias a las tecnologías digitales. Hoy vivimos la era de *visibilidad total* que es la era de la *vigilancia espectacular*: el panóptico se convierte en *metaverso*. Esta nueva instancia combina el poder capturador y procesador de las tecnologías digitales y de la información, con el imperativo del *feliz desnudamiento*. De esta manera,

---

279. Michel Foucault, *El poder psiquiátrico* (Buenos Aires: FCE, 2012), p. 63.
280. Michel Foucault, *Vigilar y castigar* (México D. F: Siglo XXI, 2016), p. 59.
281. «Nuestra sociedad no es la del espectáculo, sino de la vigilancia» (Foucault, *Vigilar y castigar*, p. 350).

el individuo de nuestra sociedad adolescente es invitado a hacer de su propia vida un espectáculo visible para todos a través de las nuevas tecnologías, en el que desarrolla su propio *reality show*, en el que vive como una celebridad y juega con su identidad. A diferencia del preso del panóptico, que está coaccionado contra su voluntad, el idiota posmoderno se encuentra seducido por las posibilidades que las tecnologías digitales le otorgan y no deja nada sin mostrar ni publicar ni «experimentar».[282] El panóptico digital de las redes y el metaverso constituye una *pornocracia* que combina desinteriorización,[283] ludificación y vigilancia a través de *big data*.

El carácter lúdico de este sistema de poder inhibe toda resistencia. La diversión se convierte en la ideología más efectiva de todas. Quizás sea posible incluso decir que, en esta instancia, la diversión *reemplaza* a la ideología como mecanismo de encubrimiento y mistificación. Al intercambiar la fuerza bruta y la coacción por el juego, ya no tenemos supliciados ni presos como metáforas del sometido al poder, sino más bien *adictos* (a las drogas, al *smartphone*, al *videogame*, a la conectividad, a la diversión). Tanto a la potencial víctima de un suplicio como al preso de un panóptico, el poder se les presenta como una opresión externa. La agresión proviene de la espada del soberano que lo descuartiza o de la torre de vigilancia que lo monitorea. Por esto, la resistencia puede vislumbrarse como una oposición a algo que está por fuera de ellos mismos. Pero en el caso del adicto, la opresión le viene de adentro, y toda resistencia se convierte en una resistencia contra sí (el síndrome de abstinencia es su manifestación

---

282. Éric Sadin habla de «estos imbéciles felices y encantados con implantarse chips subcutáneos en ocasión de una *"implant party"*» (*La siliconización del mundo*, p. 281).

283. Es interesante advertir que un psicólogo como Viktor Frankl encuentra en la pornografía un síntoma de regresión a niveles inmaduros del desarrollo sexual. Siguiendo a Freud, caracteriza la maduración sexual por la superación de dos etapas: el objetivo de un instinto y el objeto del instinto. Lo primero supone el acto sexual como mera liberación de tensión; lo segundo, implica tal liberación mediante la instrumentalización del otro. Pero «para el individuo realmente maduro, su pareja no es un medio sino un fin» (Viktor Frankl, *El hombre en busca del sentido último*, Ciudad de México: Paidós, 2012, p. 116). En la pornocracia panóptica, las personas dejan de ser fines, porque se convierten en meras imágenes de sí, se reducen a datos.

más cabal). Además, esa opresión queda oculta tras la ludificación. A diferencia del supliciado y del preso, sancionados constantemente con incentivos negativos, sobre el adicto se opera con incentivos positivos, que refuerzan su conducta y su sumisión de manera tierna, alegre y saturada de halagos.

El *like* es sin dudas el gran dispositivo de esta pornocracia panóptica. Refuerza la publicitación sin límites de la propia vida, premiando el autodesnudamiento y mimando la autoestima. El *like* me dice que gusto, que mi vida gusta a otros, incluso que mi vida es envidiada por otros. El *voyeurismo digital* adviene como forma normal de presentación de la vida. Así, soy valorado a través de *likes*, que es la gran moneda de cambio del mundo digital. El *like* me dice que no debo ser ni hacer nada en realidad valioso, nada realmente meritorio, para ser mirado y gustado por otros. *Democratización* de lo banal. ¿Debo mostrarme en pijamas, antes de dormir, para obtener *likes*? Lo hago. ¿Debo exhibirme en ropa interior para obtener *likes*? Lo hago. ¿Debo perder todo mi día aprendiendo la coreografía tendencia del momento para filmarme y obtener *likes*? Lo hago. ¿Debo mostrar hasta el límite mi relación amorosa? Lo hago. ¿Debo hacer de la vida de mi bebé un gran *reality show* para obtener *likes*? Lo hago también. ¿Debo filmar y mostrar al mundo mi reencuentro, después de varios años sin vernos, con algún familiar cercano? Lo hago. ¿Debo tomar riesgos innecesarios, e incluso autoagredirme al buen estilo Jackass para obtener *likes*? Lo hago. ¿Debo poner en riesgo a otros e incluso agredirlos? No dudo en hacerlo. El *like* es un dispositivo que me dice lo que debo mostrar para ser gustado por los demás. Es el *like* el que genera las tendencias. El *like* es el dispositivo más preciado del *idiotismo* inherente a la sociedad adolescente.[284]

---

284. Según los análisis de Éric Sadin, el *like* se vincula, en efecto, a la infantilización de la sociedad. «Es como si, en menos de una década, y particularmente por el hecho del *like*, el dispositivo que había alentado masivamente un narcisismo secundario, a saber, según la definición freudiana, una atención excesiva sobre uno mismo, se hubiera deslizado progresivamente hacia una fase regresiva, hecha de un narcisismo primario y caracterizado por el hecho de no sentir separación alguna entre los componentes de lo real y la propia persona, viviendo, como los bebés, dentro de una indiferenciación entre la propia persona y el entorno» (Éric Sadin,

Éric Sadin llama la atención sobre cómo ha cambiado nuestra conducta respecto de lo que decidimos mostrar desde el advenimiento del *like*. «Habría que establecer algún día la lista de gestos exhibidos ante otro que habrían sido impensables hasta la introducción del *like*, o que habrían aparecido a ojos de cualquiera como sumamente desubicados, inconvenientes o ridículos». Sadin ensaya un breve listado al respecto, que a cualquiera hoy le sonaría familiar:

> La imagen de una carta privada subida *online*, la del resultado de los análisis de sangre o del boletín trimestral del propio hijo, las palabras hirientes proferidas respecto de un ex o de una persona con la cual uno tiene un conflicto, el aviso de la muerte de alguien cercano seguido de palabras demasiado íntimas enunciadas a propósito del hecho, o las fotos de un recién nacido tomadas en ese mismo momento en la clínica de maternidad...[285]

A esta altura puede apreciarse con claridad que, como la moda y la farándula, la vida digitalizada también es una *frivolidad* propia de la sociedad adolescente. La palabra *frívolo* proviene del latín (*frivolus*) y significa, literalmente, *quebradizo*. Este adjetivo se utilizaba para referirse sobre todo a ciertas vasijas de barro que, siendo *ligeras*, resultaban muy *débiles* y se *quebraban* con facilidad. Más adelante, y a partir de esto mismo, se entendió por frívolo lo vano, lo superficial, lo carente de valor real.

La vida digitalizada es ligera, superficial y quebradiza. Por definición, ella hace de la vida real un mero referente para la pantalla. La vida se traduce al contenido de una *superficie* plana y ligera. Se entrega sin cesar a la captura, a la representación, y no se concibe sin ella. Así, la vida no puede dar un solo paso, no puede gozar de una sola emoción, no puede tener un solo encuentro, no puede vivir un solo momento sin sentir la presión de la digitalización. Hay en esto una especie de *degradación ontológica*: el *ser* de la vida digitalizada no se concibe sino como ser-en-la-pantalla. Pero como este último es siempre una representación,

---

el referente de la representación (la vida real) se empobrece a sí mismo. La vida del metaverso será muy divertida, pero ontológicamente muy pobre.

La vida digitalizada se organiza en torno a su propia representación y no al revés. De esta forma, se invierte la idea de que la representación procura *presentar* una *imitación* de algo real (la vida). Ahora la vida imita a su representación digital. Se conduce en función de esta última, convirtiéndose en vida *fake*. Cuando mi perfil de redes sociales no me representa, sino que yo construyo mi identidad en torno suyo; cuando mi avatar se convierte en el punto de referencia de mi identidad, mi vida es una *vida fake*. La imagen se eleva a referente, y el referente se degrada a imagen. Así, la vida dispone sus cosas, elabora sus gestos, calcula sus posiciones, ambienta sus contextos, maquilla sus defectos, configura sus actitudes, formatea sus movimientos, en función de su propia representación digital. En esto consiste su frivolidad: en volverse *mera imagen (digital) de sí*.

Platón advirtió contra la apariencia de las imágenes en su famosa alegoría de la caverna. En esta, Platón nos presenta a un grupo de hombres que viven dentro de una caverna y que confunden las sombras que se proyectan en la pared con la realidad. Las sombras provienen de las cosas reales, que se encuentran fuera de la caverna, pero aquellos no lo saben, porque nunca han salido de allí. ¿Pero qué pasaría si uno pudiera salir de la caverna? Daría con las cosas reales y «le dolerían los ojos».[286] La realidad «encandila» —tal es la palabra que escoge Platón para describir el impacto que uno recibe de ella— porque es mucho más luminosa que las sombras que se proyectan en la caverna.

Hoy la realidad se nos antoja no más luminosa, sino más sombría que lo que nuestras pantallas digitales pueden mostrarnos. Esto complica la alegoría de Platón y su resolución. La vida digitalizada hoy se *encandila* con filtros embellecedores, ediciones, recortes y maquillaje digital. ¿Cuánto más generará en nosotros entonces un avatar diseñado a nuestra medida? Los dispositivos digitales se convierten en cavernas donde se proyecta ya no una imagen degradada de lo real, sino una imagen que se pretende

---

286. Platón, *República*, 515e.

superadora. No quiero mi rostro real, sino el que mi dispositivo diseña para mí: mi rostro *fake*. Con algunos movimientos de dedos intervengo la imagen, borro imperfecciones, cambio el color de mis ojos, ilumino mi cabello, remarco determinadas expresiones y suprimo otras. Quizás pueda cambiar el sexo, la edad, el color de piel, la especie… La apariencia ya no es una triste sombra que se revela como tal al dar con la cosa real que me encandila. Ahora la apariencia me encandila por sí misma porque se muestra preferible a la cosa real. Lo real me hace «doler los ojos», pero de desagrado y disgusto.

Por eso es cada vez más frecuente en Estados Unidos la «Dismorfia de Snapchat».[287] Se trata del nombre coloquial que ha tomado una novedosa forma del Trastorno Dismórfico Corporal, que afecta a personas obsesionadas con defectos físicos leves o inexistentes. Así, quienes padecen la Dismorfia de Snapchat se han encandilado tanto con sus propias imágenes retocadas por filtros embellecedores con las que sus teléfonos los seducen que ya no quieren tener sus rostros reales nunca más. De manera tal que corren a los quirófanos para recibir cirugías plásticas que los hagan más parecidos a sus propias fotografías después de los favores de estos filtros.[288] Los *selfis*, por su parte, también estarían constituyéndose en un factor decisivo a la hora de someterse a una cirugía estética. En una encuesta a cirujanos que realizó la Academia Americana de Cirugía Plástica Facial y Reconstructiva, el 55 % dijo haber tratado a pacientes que deseaban someterse a una cirugía estética para verse mejor en sus *selfis*.[289]

La identidad en la vida digitalizada queda *desfactizada*, por usar un término caro a los últimos trabajos de Byung-Chul Han. En su filosofía de las edades, Romano Guardini destaca precisamente que en la madurez se «descubre lo que significa lo

---

287. He tomado el ejemplo de Talís Romero, *La identidad en la postmodernidad: ¿sustancia o auto-invención?* (sin publicar a la fecha).

288. *Cf.* Samantha Murphy Kelly, «La cirugía plástica inspirada en filtros y aplicaciones de edición de fotos no va a desaparecer», *CNN*, 10 febrero 2020, https://cnnespanol.cnn.com/2020/02/10/la-cirugia-plastica-inspirada-en-filtros-y-aplicaciones-de-edicion-de-fotos-no-va-a-desaparecer/.

289. *Cf.* «AAFPRS Annual Survey Reveals Trends in Facial Plastic Surgery», Plastic Surgery Practice, 29 enero 2019, https://plasticsurgerypractice.com/client-objectives/rejuvenation/aafprs-annual-survey-reveals-trends-facial-plastic-surgery/.

fáctico».[290] Lo fáctico me quita del centro del mundo, me inserta en la complejidad de la existencia, me muestra algo más grande que mi propio ombligo, y me impone una responsabilidad. Pero a una vida digitalizada lo fáctico ya no la impacta. Los hechos no le interesan. El código digital cumple cualquier capricho. El «principio de realidad» le resulta ajeno. Por eso pululan los *trols*, los *bots*, los *fake* y las cuentas múltiples. La infinita maleabilidad del código promete licuar cualquier rasgo de permanencia del que pueda gozar una identidad. Incluso el rostro, tan caro a la identidad de la persona, se acomoda al código digital a través de filtros *online* e incluso cirugías *offline*. Lo mismo puede decirse de los atributos de *mismidad* y *continuidad* que reclama cualquier identidad con alguna voluntad de solidez. Pero la identidad en el mundo digital no es sólida, sino frívola, y por lo mismo *ligera* y *quebradiza*. Se trata de una identidad *posmoderna*, meramente lúdica, amorfa, caótica, frenética. O sea, una identidad *fake*.

La identidad, que venía *dada* de forma automática en la sociedad tradicional y que se convierte en una *tarea* en la sociedad moderna, deviene *juego* en la sociedad adolescente. Si la identidad es la respuesta a la pregunta ¿quién soy?, el juego de nuestros días consiste en desestabilizar esa respuesta experimentando con el absurdo. Volverse a sí mismo absurdo en una búsqueda desesperada por la identidad es la lógica macabra del juego que se nos propone. Hacerlo solos, negando cualquier referencia heredada, cualquier arraigo y familiaridad, hace que el individuo vaya a los tumbos, como un *idiota*, mirándose el ombligo. Por eso el individuo se estanca en una adolescencia sin final a la vista: porque no logra estabilizar su identidad que, según Erikson, es lo que lo deja por fin en la vida adulta. La identidad como parodia (tan anhelada por Butler y otros ideólogos posidentitarios) es en verdad un epifenómeno de la mezcla de desfactización y ludificación de la vida que trae consigo el mundo digital.

---

290. Romano Guardini, *Las edades de la vida* (Buenos Aires: Lumen, 2016), p. 82. Es importante aclarar que el descubrimiento del significado de lo fáctico no implica una sumisión al *statu quo*. Los principios de justicia se vuelven operativos una vez que se reconoce lo fáctico. El deber ser precisa de los hechos para tomar forma.

CAPÍTULO IV

SOCIALIZACIÓN EN LA SOCIEDAD ADOLESCENTE

ME GUSTA DECIR, un poco en broma un poco en serio, que me considero un «producto fallido» de mi colegio. Probablemente hoy no estaría escribiendo estas líneas de no haber tenido que lidiar con profesores que encontraban inadmisible que un estudiante pusiera en cuestión la ideología que, con toda insistencia, se procuraba imponer. Ya he hablado en este libro sobre las filiaciones ideológicas de esa institución, pero no dije nada sobre la insistencia con la que se procuraba adoctrinar a los alumnos.

El tema de la política en Argentina por aquellos años era el propio de los años setenta. La nota distintiva de ese período de la historia nacional de mi país fue un conflicto armado interno, en el que se enfrentaron fundamentalmente las Fuerzas Armadas y organizaciones guerrilleras y terroristas de corte izquierdista. En pleno siglo XXI, el kirchnerismo hizo uso de lo que ocurrió en aquellos años para construir su propio relato político. El matrimonio Kirchner venía a reivindicar a los guerrilleros y a encarcelar a los militares. Así, estuvimos al menos diez años hablando de historia setentista cada vez que procurábamos hablar de política.

El sistema educativo fue acondicionado a este relato histórico. «Los 70» invadieron muchas materias que iban más allá de Historia. Todos los años teníamos actos para evocar aquella década, proyección reiterada de películas sobre aquella década, nueva bibliografía que consultar sobre aquellos años, charlas de protagonistas (exguerrilleros o sus familiares, claro) a las que forzosamente debíamos asistir. Recuerdo que terminamos hablando de hechos de 1970 en asignaturas como Química, Música, Filosofía, Literatura y muchas otras. Recuerdo los actos, los discursos, los carteles políticos con los que se cubrían las paredes del colegio, y también los cuadros del Che Guevara y de Fidel Castro en la preceptoría y en la sala de maestros, respectivamente.

Debo a mi familia haberme salvado de semejante adoctrinamiento. Era muy fácil para cualquier joven con alguna inquietud política o social, como ya era ciertamente mi caso, terminar entonces totalmente adiestrado, entonando a pie juntillas eslóganes de fácil repetición. Mi abuela, con quien siempre conversaba en el almuerzo tras llegar del colegio, estuvo atenta a lo que se me «enseñaba» allí. Fui consciente de ello mucho después. La recuerdo preguntándome sobre lo que habíamos visto, y desplegando una serie de astutas preguntas cuando advertía que había algo raro. Más que hacer afirmaciones, ella lanzaba preguntas. Cuando yo quedaba sin respuestas, entonces me brindaba su punto de vista. Así, empezaba a ver que las «verdades» que me decían en el colegio eran deficientes y, como mínimo, estaban motivadas por la ideología dominante. La conversación solía continuar con mi madre, durante la cena, donde no era extraño en absoluto hablar de política. Como ella había querido estudiar Ciencia Política, aunque tuvo que abandonar la carrera muy rápidamente por motivos laborales, conservaba su interés por estos asuntos.

Trasladé a mis profesores esas mismas preguntas que mi abuela me formulaba. No les decía que eran de ella, sino que yo las hacía por mi propia cuenta. Al verlos enfurecer por poner en peligro la mansa repetición de su relato, sentía un tipo extraño de satisfacción. Los sabía *parcialmente* desenmascarados (parcialmente, porque eran incapaces de responder con la misma determinación con la que habían afirmado paparruchadas en primer lugar, aunque a su vez yo era incapaz de ofrecer argumentos de peso más allá de astutos interrogantes). Encaré entonces lo que llamo una *educación radical*, una educación paralela más allá del colegio, y me puse a estudiar seriamente la década de 1970. Mi primer libro, publicado algunos años después, fue sobre ese tema, y se lo dediqué a mi abuela.

Muchos profesores empezaron a desesperar. Recuerdo un trabajo práctico sobre la década de 1970 en el que utilicé varios libros como respaldo bibliográfico, entre ellos, el primero de Nicolás Márquez: *La otra parte de la verdad*. Mi calificación fue significativamente inferior a la del resto del curso y, al preguntar el motivo, se me dijo que no se admitía ese «tipo» de bibliografía. Muchos otros, cuya bibliografía era «El Rincón del Vago», no tuvieron el mismo problema. En realidad, lo importante no era la bibliografía, sino la ideología.

Recuerdo otro episodio, en el que un 24 de marzo decidí armar carteles con fotos de las víctimas de las guerrillas: adultos y niños, hombres y mujeres, militares y civiles. Busqué sus rostros, sus nombres, la forma en que murieron y quiénes fueron los responsables. Coloqué esos carteles al lado de los que el colegio colgaba, con los rostros de los muertos y desaparecidos por la actuación de las Fuerzas Armadas. Bastaron pocos minutos para que los docentes quitaran los míos: los estudiantes no debían ver que las guerrillas habían cometido aquellas atrocidades. Eso podía poner en riesgo la maniquea ecuación «militares = malos», «guerrilleros = buenos», que con tanta insistencia se nos atornillaba en los sesos.

En una oportunidad, ya había colmado tanto la paciencia de los profesores que la directora me convocó a su despacho. Me dijo, sin ambages, que me invitaba a buscar otro colegio; que era evidente que yo no estaba cómodo con ellos, ni ellos conmigo, y que lo mejor para ambas partes era aquella solución. Mi conducta no era tan mala como para echarme justificadamente, por eso necesitaba negociar. Pero me negué a irme. Lo cierto es que no la estaba pasando nada mal, que todo eso lo empezaba a vivir como una misión, y que no pensaba alejarme de mis amigos. El hecho, visto a la distancia, todavía me sacude: tanta repulsión les generaba que no fuera de izquierdas que necesitaban sacarme de la vista.

Luego llegaron los tiempos de la universidad. Ciencia Política es un ambiente muy inclinado a la izquierda. Mi facultad, sobre todo, estaba repleta de discípulos de Laclau. Los amantes de Foucault, Deleuze y Derrida también abundaban por todas partes.

Una vez, en medio de una clase, mi teléfono empezó a sonar; salí para responder, y era la decana, que me convocaba a su despacho. Se había enterado de que yo había ganado recientemente un concurso internacional de ensayos, con un escrito de filosofía política. Fui a conversar con ella, y me dijo que cómo podía ser que yo no comunicara a la facultad estos logros, que ellos valoraban este tipo de certámenes. Le dije, de manera muy franca, que el ambiente político-ideológico de la facultad era tan agresivo para con personas que pensaban como yo que prefería reservarme esos logros para mí mismo y los míos. Me miró como si estuviera loco.

Dos años después, recibí el premio de «Joven Sobresaliente de Córdoba», un galardón muy importante que se otorga en mi provincia. La misma decana decidió entonces impulsar en sus propias redes sociales una junta de firmas para que me retiraran el premio. Mi contraofensiva fue una junta de firmas paralela de apoyo, en las que obtuve cerca de 20.000. Ella y los suyos no tuvieron mucho que hacer con sus 800 firmas reunidas.

I- Familia[291]

En la sociedad adolescente, la figura de los padres está diluida y al borde de la extinción. Casi podría decirse que, más que padres, lo que hoy encontramos en todas partes son *amigos mayores, proveedores de cosas*. Lo que ha aparecido y se difunde por doquier es la imagen del padre-adolescente, definida no por la edad del padre, sino por su compulsión a parecerse a sus hijos en detrimento de su posición en la estructura familiar. El padre-adolescente es quien reduce el rol de la paternidad a un rol de mera amistad, y paga con ello el precio de su autoridad.

Pero la familia supone, por definición, una estructura jerárquica. En nuestra moderna familia nuclear, compuesta de padres e hijos, la cima de esa jerarquía la ocupa la autoridad parental. La

---

291. La crisis de la familia no solo se refiere a la relación entre padres e hijos, sino también a la que se da entre hombres y mujeres. Así, esta crisis no es solo etaria, sino también sexual. No obstante, por una cuestión de espacio y recorte temático propio de este libro, elijo en este subcapítulo desarrollar únicamente el problema etario.

legitimidad de esta autoridad se funda, a simple vista, en una *distancia etaria*. Pero tal distancia solo hace efectiva dicha legitimidad cuando implica algo más que una mera asimetría cronológica en favor del de mayor edad. Ser mayor que otro solo es fuente de autoridad legítima cuando se supone que trae consigo otras cosas valiosas para el gobierno de sí y del grupo: experiencia, conocimientos, fortaleza, razón, recursos.

La actual crisis de la autoridad parental está dada, en gran medida, por el hecho de que el paso del tiempo a menudo parece no reportarle al individuo estos elementos. En la sociedad adolescente, la *distancia etaria* no se pone del lado del adulto, sino del adolescente. El paso de los años parece traer consigo no más experiencia, sino más *desactualización*; no más conocimientos, sino *menos creatividad*; no más fortaleza, sino más acumulación de *derrotas*; no más razón, sino más tiempo perdido en *frivolidades*; no más recursos, sino más *deudas* y subsidios. «En 2030 no tendrás nada y serás feliz», consuelan desde el Foro Económico Mundial a los nuevos desposeídos del sistema.[292] De esta manera, los hijos difícilmente encuentran en los padres algo más que una persona que sencillamente tiene más años, mientras estos últimos se desesperan, a su vez, por parecer que tienen menos.

Despojado de los recursos de su autoridad y sometido a una ideología adolescéntrica, al padre no le queda más opción que volverse adolescente. Es eso o ejercer una autoridad despótica, que refleja, de la misma manera, la crisis de su autoridad, a la que no le ha quedado nada más que la fuerza bruta. El padre-adolescente es el principio del fin de la familia. Sin autoridad parental, la familia se deshace en un grupo de amigos —en el mejor de los casos— que viven bajo un mismo techo. Sin autoridad, padre y madre devienen meros *progenitores*: quienes, sencillamente, han *provisto los genes*, y no mucho más. Por eso, la sociedad adolescente es una sociedad donde la familia está en proceso de extinción.

---

292. *Cf.* «"En 2030 no tendrás nada y serás feliz": las predicciones que el FMI ya hacía en 2016 vuelven a escena en Davos», *El Economista*, 1 febrero 2021, https://www.eleconomista.es/economia/noticias/11024456/02/21/En-2030-no-tendras-nada-y-seras-feliz-las-predicciones-que-el-FMI-ya-hacia-en-2016-vuelven-a-escena-en-Davos.html.

Desde la antropología empírica, Margaret Mead teorizó sobre tres tipos diferentes de cultura según la relación existente entre las generaciones y la transmisión cultural. «Postfigurativa» llamó a aquella cultura «en la que los niños aprenden primordialmente de sus mayores», «configurativa» a aquella «en la que tanto los niños como los adultos aprenden de sus pares», y «prefigurativa» a aquella «en la que los adultos también aprenden de los niños».[293]

La cultura postfigurativa domina en las sociedades tradicionales, donde el cambio social es muy lento y casi imperceptible. En estas circunstancias, es posible que la vida de tres generaciones distintas (abuelos, padres, hijos) se parezcan tanto en sus respectivas etapas, vivan una vida tan similar, en un contexto social tan parecido, que los más grandes encuentren legitimidad plena para conducir a los más chicos. Quien está tocando el final de la vida ya sabe de qué va la vida, y por eso enseña a quienes vienen por debajo. Tres generaciones viven, pues, un mismo mundo simbólico y tecnológico; hablan *un mismo idioma*. Por ello, los mayores, que han acumulado conocimientos y experiencias, enseñan, y los menores aprenden de ellos.

La cultura configurativa es diferente. Se inscribe como la forma dominante de relacionamiento entre las generaciones en la sociedad moderna. Bajo las condiciones modernas de existencia, el cambio social se acelera, la movilidad social se convierte en una realidad palpable, la familia extensa se reduce a familia nuclear compuesta por dos generaciones, se diseminan instituciones de socialización especializadas como las escuelas o los sistemas estatales de conscripción. De repente, se advierte que el manejo de las experiencias pasadas ya no es necesariamente una garantía para manejar el presente y el porvenir. De ahí que los adultos ya no se apoyen en la experiencia de los ancianos, sino de otros adultos, y que los niños, reunidos por instituciones diseñadas exclusivamente para ellos, hagan lo propio con otros niños.

No obstante, en los tiempos modernos sobreviven elementos postfigurativos. Esto es explícitamente reconocido por Mead. El eco de los ancianos todavía resuena. Estos «fijan el estilo y

---

293. Margaret Mead, *Cultura y compromiso. Estudio sobre la ruptura generacional* (Buenos Aires: Granica Editor, 1970) p. 35.

estipulan los límites dentro de los cuales la configuración se expresa en el comportamiento de los jóvenes». También los padres conservan su autoridad sobre los menores. Así, habitualmente «los jóvenes no recurren a sus pares sino a sus mayores en busca de la aprobación final del cambio».[294] En una cultura configurativa, las generaciones ya no pueden en todos los casos transmitirse de arriba abajo modelos vivos de cultura para enfrentar la vida y sus nuevas circunstancias, pero todavía sobreviven valores que pueden bien ser compartidos por abuelos, padres e hijos. Una cierta continuidad generacional todavía subsiste. Además, la mayoría de edad conserva elementos importantes que legitiman su autoridad. Estos son suficientes para aprobar o desaprobar a trazos gruesos los nuevos modelos que van surgiendo entre pares, reunidos en las escuelas, en la conscripción, en el trabajo y otras instituciones similares cuya autoridad está en manos de los adultos.

Este modelo se advierte con mucha claridad en un escrito del joven Walter Benjamin, a principios del siglo XX:

> ¿Qué es lo que han experimentado estos adultos? ¿Qué quieren demostrar? Una cosa antes que nada: que también ellos han sido jóvenes, también han deseado lo que deseamos nosotros ahora, también dejaron de creer en sus padres y la vida les enseñó que éstos tenían razón. Los adultos se sonríen con aire de superioridad: a nosotros también nos sucederá lo mismo. Desprecian de antemano los años vividos por nosotros y hacen de ellos un tiempo de dulce idiotez juvenil, un entusiasmo previo a la gran sobriedad de una vida seria.[295]

La continuidad generacional, aun en tiempos modernos y configurativos, se deja ver con esplendor en la recurrencia del «también»: experiencias, deseos, creencias y destino, se dan y se modifican *de la misma forma* en una generación adulta que fue joven y en una generación joven que será pronto, *también*, adulta. Pero a partir de la segunda mitad del siglo XX, en las mismas puertas de los «tiempos posmodernos», sobreviene un nuevo tipo de cultura, que Mead llama «prefigurativa». Benjamin no llegó a

---

294. Mead, *Cultura y compromiso*, p. 67.
295. Walter Benjamin, *La metafísica de la juventud* (Barcelona: Altaya, 1994), p. 93.

verla. Las tecnologías electrónicas, la informática, la conexión del mundo a través de satélites que giran alrededor de la Tierra, el desarrollo exponencial de los medios de comunicación de masas, están en la base de un nuevo sistema social. En este, el cambio y la comunicación son tan fluidos, y la innovación tecnológica resulta tan habitual, que ninguna continuidad generacional parece sobrevivir. Cada generación vive en un *mundo distinto*. No hablan un *mismo idioma*. No hay un *también*. Y se presenta entonces una situación inversa a la que se encuentra en la cultura postfigurativa, en la que los menores aprenden de los mayores. Ahora son los mayores los que aprenderán de los menores.

> Hasta hace muy poco tiempo, los mayores podían decir: «¿Sabes una cosa? Yo he sido joven y *tú* nunca has sido viejo». Pero los jóvenes de hoy pueden responder: «Tú nunca has sido joven en el mundo en el que yo lo soy, y jamás podrás serlo».[296]

Este diálogo que imagina Mead ilustra muy bien lo que ocurre en nuestra cultura prefigurativa. Benjamin no hubiera podido imaginar un diálogo de estas características, donde el *también* es reemplazado por el *pero*. La continuidad de las generaciones queda interrumpida, pues, por la discontinuidad acelerada del mundo. La sonrisa de superioridad del adulto, de la que habla Benjamin, se desdibuja; más que superioridad, lo que adviene es la desconexión generacional. Para Mead, esto es muy similar a lo que sucede con los *inmigrantes*, que llegan a un nuevo mundo. La experiencia de los ancianos y el conocimiento de los padres no sirven para los niños inmigrantes, que se socializan en un nuevo entorno. *Mutatis mutandis*, la experiencia y el conocimiento de los adultos no parece servir para los jóvenes, que se transforman en una suerte de *inmigrantes en el tiempo*.

La teoría que ofrece Mead es válida solo *parcialmente*. Acierta en cuanto que permite apreciar la relación que existe entre un mundo que experimenta cambios acelerados y la dificultad de la transmisión cultural que eso mismo supone. Sin embargo, la crisis de la autoridad adulta no se explica simplemente por estas

---

296. Mead, *Cultura y compromiso*, p. 92.

características más o menos espontáneas de nuestra realidad social. Existe una ideología que acompaña y apuntala esa crisis, que curiosamente la propia Mead parece respaldar al final de su libro: «debemos enseñarnos a nosotros mismos a alterar la conducta de los adultos para poder renunciar a la educación postfigurativa, con sus ingredientes configurativos tolerados». Así, hay que abrirse a una instancia en la que «los jóvenes nos marcan el camino para modificar nuestros procesos mentales».[297] Mead corona de esta manera al retoño-tirano —capaz incluso de «modificar procesos mentales»— como soberano indiscutido de la sociedad adolescente.

La transmisión cultural implica siempre una previa *acumulación*. La palabra «cultura» tiene su raíz en la voz del latín *colere*, que significa *cultivar*. Todo cultivo lleva *tiempo*. No existe cultura sin tiempo suficiente para la acumulación de saberes, costumbres, usos, creencias, valores, normas. Es absolutamente contrario a la propia índole de la cultura que el niño la transmita a su padre o a su abuelo, a menos que se dé una situación de inmigración. Por eso Mead se cubre tras esta metáfora. No obstante, aun en la inmigración, la cultura recibida por el niño en el nuevo contexto espacial la proveen los adultos que le enseñan en su nuevo colegio, los adultos que le hablan a través de los medios masivos locales, o incluso otros niños nativos a los que los adultos nativos les han transmitido su cultura. Por definición, la cultura es algo que va, entre generaciones, de mayor a menor.

En una cultura prefigurativa, los menores *no* transmiten cultura a los mayores, como sostiene Mead. Más bien, lo que ocurre es que *la cultura, en un sentido fuerte, se deshace en fluidos amorfos*. Esto genera la impresión de que los jóvenes la detentan, pero en verdad, a todos —jóvenes y adultos— se les escurre entre las manos. Es demasiado decir que los jóvenes transmiten cultura a sus mayores; insulta a una noción tan noble como la de cultura. ¿Qué tipo de *conocimiento y experiencia* transmiten concretamente los jóvenes a sus mayores? ¿La configuración de sus *smartphones*? ¿La creación de un perfil en la red social del momento? ¿La forma de encender la computadora y revisar el correo electrónico? ¿Las

297. Mead, *Cultura y compromiso*, pp. 121 y 125.

instrucciones para que un anciano utilice el cajero automático? ¿La última tendencia de Twitter, cuyo *hashtag* durará apenas algunas horas más? ¿El último grito de la moda, cuya obsolescencia espera a la vuelta de la esquina? ¿El artista del momento asistido por *autotune*, cuya música afinada por computadoras dejará de sonar antes de que nos demos cuenta? ¿O acaso el centenar de «géneros» sexuales cuyo listado crece sin cesar todos los meses?

Aun si se dijera que estas enseñanzas valen realmente la pena y resultan significativas, habría que admitir que todas ellas dependen, de todas maneras, de un conocimiento y una experiencia que no aparece de la nada en el retoño-tirano. Toda la tecnología de la que hoy gozamos es el producto de una serie de saberes acumulados que dependen de una transmisión encadenada en la que los muertos continúan hablándonos. La civilización es un proceso acumulativo, en la que *los vivos estamos en permanente deuda con los muertos*, pero que hoy sufre el embate de la *ideología adolescéntrica* propia del idiotismo, en la que se supone que todo de lo que actualmente gozamos surge de la nada y, peor aún, que surge de niños que enseñan a los mayores cómo vivir. Esta ideología adolescéntrica *profundamente idiota* encuentra su más clara referencia en Greta Thunberg y su pose aleccionadora ante la que tantos adultos-idiotas se postran.

Sin los muertos no habría ni teléfono móvil, ni computadora, ni cajeros automáticos ni los satélites que tanto encantan a Mead. El conocimiento de los muertos tuvo que acumularse y transmitirse para hacer efectivo todo esto y mucho más. Esto vale también para dominios inmateriales de la vida. Desde el lenguaje que utilizamos hasta la forma de nuestro sistema político, nada de eso está desconectado de una larga historia de acumulación que incluye una larga lista de muertos. Hasta las ideologías más celebradas por el idiotismo posmoderno dependen de generaciones que ya no están. Sin los muertos no tendríamos siquiera la tan venerada ideología de género con la que el retoño-tirano se siente en una situación de superioridad moral respecto de los «viejos fundamentalistas del binarismo sexual». ¿Qué sería de las actuales corrientes *queer* sin el camino abierto por Simone de Beauvoir? Sin los muertos, a su vez, nuestros «posmarxistas» no tendrían suelo sobre el que teorizar. ¿Qué sería de los actuales militantes del socialismo del siglo XXI sin Laclau y Mouffe, y qué sería de estos últimos sin Marx? Sin los muertos, nuestros «posmodernistas» tampoco tendrían nada que «deconstruir», nada sobre lo que ironizar y nada que desacralizar. ¿Qué sería de nuestros progres deconstruidos sin Foucault, y qué sería de Foucault sin el método genealógico de Nietzsche?

La teoría de Mead, por tanto, está coja y tuerta. No puede ver las fuerzas ideológicas que operan en lo que ella llama «cultura prefigurativa», precisamente porque ella misma apuesta por esas fuerzas ideológicas. Si aquí no hay nada más que un ritmo de cambio social desquiciado por el avance de la tecnología y la comunicación, del que resulta la inversión de la transmisión cultural que ahora va de chicos a adultos, no existe entonces ninguna salida a la sociedad adolescente. La familia debe resignarse a ver cómo los padres se convierten en meros progenitores y no mucho más que amigos-mayores proveedores de caprichos. Sobreviene por lo tanto un fatalismo; no hay salida, y debemos subordinarnos al retoño-tirano. Lo contrario implicaría detener y revertir las condiciones materiales y tecnológicas de nuestra sociedad, lo cual es imposible. No hay otro camino más que el de «reformar la mente», como quería Mead.

Además, la teoría de Mead tampoco repara en el proceso histórico que fue degradando el lugar de la familia en la sociedad. Esta degradación está en la base de la desconexión generacional que se acusa. En realidad, existe todo un conjunto de discursos y saberes que desde los inicios mismos de los tiempos modernos fueron arrebatando a la familia sus funciones, facultades, derechos y poderes. Sin atender a estas formaciones discursivas, solo es posible comprender la crisis familiar como causa de los cambios tecnológicos globales y comunicacionales, frente a los que no existe alternativa alguna. De esto resulta una mistificación muy común en las ciencias sociales, en la que el individuo no es más que un títere de estructuras completamente ajenas a su control.

Es posible rastrear el asedio a la familia moderna[298] por lo menos desde fines del siglo XIX y principios del XX. Christopher

---

298. Cuando se habla de «familia moderna» hay que entender aquella que está compuesta por padres e hijos, relativamente separados del sistema extenso de parentesco y del resto de la sociedad. La familia se concibe como el lugar donde se realiza la

Lasch afrontó la monumental tarea de trazar una genealogía de la destrucción de la familia como un *agenciamiento* deliberado de ingeniería social: «La familia no evolucionó simplemente en respuesta a influencias sociales y económicas; fue deliberadamente transformada por la intervención de planificadores y políticos».[299] Desde luego, en el mismo desarrollo del Estado moderno ya puede hallarse una transferencia planificada de funciones educativas. El Estado necesita organizar las lealtades de las nuevas generaciones, estableciendo sus propias instituciones de socialización en detrimento de una serie de funciones que antes eran exclusivas del entorno familiar. «El Estado no es sino la paternidad coordinada de la infancia», decía a fines del siglo XIX un importante ministro liberal norteamericano.[300] Hoy muchos se sorprenden al escuchar que feministas e ideólogos del género reclamen que el Estado adoctrine sexualmente a los niños, contrariando la voluntad de los padres. Pero no hay nada de sorprendente en esto, sencillamente porque, en esencia, no hay nada de nuevo. La historia de la relación del Estado y la familia puede verse como una historia de saqueo y destrucción de esta a manos de aquel.

En las primeras décadas del siglo XX, una serie de saberes se fueron formando y fueron presionando en favor de un drenaje incesante de funciones y facultades de la familia hacia la sociedad y el Estado. No solo el desarrollo de la pedagogía, sino también de la psiquiatría, el psicoanálisis, la asistencia social, la sociología, la sexología… todo el saber vinculado a la reproducción y la socialización, antes formado en el interior de la familia, fue tomado por la sociedad. *La reproducción social se socializó*. La familia empezó a dibujarse entonces como una estructura vetusta, demasiado espontánea, que no estaba a la altura de los tiempos y del conocimiento organizado y la planificación social. De repente, los padres terminaron tomando cursos para aprender a ser padres, y

---

vida privada de los individuos. Estas familias se basan en matrimonios constituidos en torno al ideal del amor romántico en detrimento del matrimonio arreglado. El amor y la disciplina se fusionan en las figuras de los padres.

299. Cristopher Lasch, *Refugio en un mundo despiadado. Reflexión sobre la familia contemporánea* (Barcelona, Gedisa: 1996), p. 36.

300. Citado en Robert M. Mennel, *Thorns and Thistles: Juvenile Delinquents in the United States, 1925-1940* (Hanover, N.H.: 1970), p. 130.

cursos de matrimonio para aprender a ser esposos, mientras los «expertos» examinaban y se ocupaban de la socialización de sus hijos.

En 1922, el sociólogo norteamericano William Fielding Ogburn identificó una serie de funciones propias de la institución familiar. La familia ha cumplido durante mucho tiempo funciones económicas, religiosas, educativas, protectoras y recreativas, según Ogburn. Pero son precisamente estas funciones las que están, desde ese entonces y antes también, desplazándose hacia la sociedad.[301] Los sociólogos describieron estos procesos como «transferencias de funciones». La educación fue expropiada por el sistema estatal de educación; la economía se desplazó hacia la industria; la protección se convirtió en monopolio de un Estado que, en muchos casos, incluso desarmó activamente a las familias; la recreación salió del hogar rumbo a las industrias culturales y el ocio organizado. En la década de 1950, el sociólogo Talcott Parsons contribuyó a justificar esta transferencia en nombre de la ganancia en eficiencia que resulta de la especialización. La familia perdía así sus funciones educativas, protectoras, religiosas y económicas, pero podía concentrarse en agudizar sus *funciones afectivas*.

Así, la familia pasó a justificarse únicamente por el «afecto», por sus «servicios emocionales», constituyéndose en una formación de mero «compañerismo». La socialización como tal debe entregarse a expertos y al Estado. Aquí se hallan las raíces del padre como amigo-mayor que domina hoy en la sociedad adolescente. Ya en 1950, la antropóloga Margaret Lantis llamaba a estructurar la familia en torno a la noción de «amistad», mucho más *fluida* que la de «amor».[302] Poco después, Nena y George O'Neill difundirán la idea de «compromiso sin ataduras» y «matrimonio abierto». El *cliché* de la «democratización de la familia» encuentra sus orígenes en ideas de aquel entonces; el trillado ataque al «amor romántico», que hoy posa de innovador, tiene lugar desde la década

301. *Cf.* William Ogburn y Meyer Nimkoff, *Sociología* (Madrid: Aguilar, 1979), pp. 755-756.
302. *Cf.* Margaret Lantis, «The Symbol of a New Religion», *Psychiatry*, 13, 1950, pp. 101-113, citado en Lasch, *Refugio en un mundo despiadado*, p. 154.

de 1920. El ejército de psiquiatras, psicólogos, asesores conyugales y expertos en familia y niñez estarán ahí de todas maneras supervisando e interviniendo en estos quehaceres emocionales. Su mera presencia, desarrollo y expansión hace dudar del argumento de Parsons, según el cual la reducción de funciones le permite a la familia cumplir mejor sus funciones afectivas. Lasch da en la tecla cuando sostiene que el problema de Parsons fue dar por sentado que «algunas funciones de la familia pueden abandonarse sin debilitar a las demás».[303] Las funciones familiares constituían un todo complejo, un sistema sinérgico, en el que sus partes se retroalimentan entre sí y dependen las unas de las otras. Y no solo las funciones, sino también la estructura misma: hay quienes han argumentado que la estructura reducida de la familia nuclear sentó las condiciones necesarias para una progresiva atomización que estropeó cualquier tipo de función familiar.[304]

La identificación del niño con sus padres, a partir de la que discurre la socialización familiar, se quiebra cuando estos pierden sus funciones protectoras, educativas, económicas y religiosas. El quiebre entre las generaciones no solo tiene que ver entonces con los cambios sociales basados en la aceleración de la innovación tecnológica, sino con una transferencia de funciones, para la que se provee una justificación ideológica y un apuntalamiento corporativo. Dicha transferencia impide que el niño vea a su padre como algo más que «una persona que imparte disciplina con rigor y como proveedor».[305]

Estas palabras de Lasch, que son de 1979, ni siquiera continúan siendo ciertas. La disciplina ha sido expulsada también del hogar, pues el modelo del «amigo» no puede ser disciplinario. La

---

303. Lasch, *Refugio en un mundo despiadado*, p. 185.
304. Robert Nisbet subrayaba que la familia extensa «era más que un conjunto de relaciones interpersonales». Era un «sistema institucional» que, por la índole de su estructura, se ocupaba de «innumerables e indispensables funciones» (*The Quest for Community*. Delaware: ISI Books, 1981, p. 108). Plinio Correa de Oliveira reparaba en la monotonía de la familia nuclear, reducida a muy pocos miembros, que por su propia índole no puede contenerlos: «Siendo así, se tiende a huir, y se huye, yendo hacia la calle o trayendo la calle dentro de la casa, bajo el aspecto de dos o tres televisores en varias salas, para intentar olvidar que se está dentro de casa y tener la sensación de que se está en la calle» (citado en Leo Danielle, *O Universo é uma Catedral*. Sao Paulo: Edicoes Brasil de Amanha, 1997).
305. Lasch, *Refugio en un mundo despiadado*, p. 186.

educación, degradada en mera crianza, ya no es ni siquiera esto último: es mera *cohabitación*. La provisión, por su parte, depende generalmente de las ayudas del «Estado de bienestar». No en vano, a este tipo de Estado se lo ha descrito también como *paternalista*, precisamente porque arrebata para sí las últimas funciones del padre, y se convierte él mismo en el *Gran Padre*. El afecto paternal, basado en *mucho más* que la mera amistad, se aplana en la horizontalidad del precario vínculo que procura establecer la figura del *amigo-mayor*. Pero el afecto que este puede conceder ya no es paternal, ya no se basa en ningún respeto ni admiración, ya no se articula con la disciplina que surge de la jerarquía, ya no está intrincado en un proceso de socialización que comparte una forma de *ver* el mundo y *vivir* en él. El afecto del *amigo-mayor* que representa el padre de la sociedad adolescente ni siquiera goza de reciprocidad, sino que es a menudo motivo de vergüenza para el hijo.

La figura del padre deviene *absurda*. El propio Parsons ya notaba a mediados del siglo pasado que «la situación familiar convierte a la madre en *el* adulto emocionalmente significativo para los hijos de ambos sexos». Esto no representa *a corto plazo* un problema para las niñas, que tienen *ahí* a un adulto de su sexo para identificarse, dice Parsons. Pero sí es un problema inmediato y duradero para el niño, cuyo padre va desapareciendo de escena y, por tanto, no llega a producirse la identificación con él. El niño entonces «se rebela contra la identificación con su madre en nombre de la masculinidad»,[306] exacerbando actitudes que supone «masculinas» y rechazando otras que cree «femeninas». Lo masculino se asemeja entonces a algo así como una mala actuación que complica la maduración. Lo femenino, por otra parte, pronto será rechazado porque será leído como opresión, y la identificación con la madre y el modelo y los valores que ella encarnaba será condenada y leída como traición. De estos niños no se podrá esperar gran cosa cuando sean adultos, dice Parsons, más que la reproducción y agudización del mismo modelo en el que la identificación masculina se disuelve, mientras que la femenina se problematiza.

---

306. Talcott Parsons, «La estructura social de la familia», en Ruth Nanda Anshen (Comp.), *La familia* (Barcelona, Ediciones Península: 1974), pp. 46-48.

Hoy este proceso ha llegado a su límite. Parsons no llegó a ver la denigración sistemática de la masculinidad como ideología global que hoy se respira por doquier. De la desidentificación del niño con el padre se ha pasado a la *disolución* misma de la masculinidad. De la problematización de lo recibido por parte de la madre se ha pasado a la deconstrucción de la mujer. Hoy hasta los hombres biológicos resultan ser mujeres. Las mujeres, *conscientemente* desidentificadas con sus madres, se *masculinizan* a su vez como una manera de negar formas de expresión y roles que se releen como «imposiciones patriarcales». En su interior, suponen que imitando a su «opresor» se liberan de él. Los hombres, *involuntariamente* desidentificados con sus padres, son presionados para abandonar cualquier aspiración de masculinidad. Por eso los tenemos tomando cursos de «masculinidad tóxica», de «nuevas masculinidades», de «deconstrucción masculina», integrando colectivos de «varones antipatriarcales» y otras autoflagelaciones por el estilo, celebradas por la academia y los medios masivos.[307] Por eso, al mismo tiempo, el Estado promueve al «hombre blandengue», tal como de manera literal lo hace el ministerio de Igualdad español (los hombres fuertes siempre han sido un problema para el poder).[308] El modelo de la sociedad adolescente es la mujer masculinizada y el hombre emasculado. Nuestras series y películas reflejan y agudizan al mismo tiempo estos modelos. En el mundo de la «diversidad sexual», lo que existe realmente es una *indiferenciación sexual*: un «infierno de lo igual» (B. C. Han).

Las trilladas acusaciones en torno al «patriarcado» solo esconden el hecho de que la figura del padre se ha convertido en la bolsa de boxeo predilecta de la sociedad adolescente. Hoy papá es «descartable»,[309] se borra fácilmente de escena y se *cancela* a

---

307. Resulta muy curioso verlos aprender a ser hombres antipatriarcales en clases dictadas por mujeres feministas que, al mismo tiempo, sostienen que el hombre no debería expresar su opinión sobre ningún tema que involucre a la mujer, y mucho menos decirle a la mujer cómo vivir su vida. Las mismas mujeres que denuncian *mansplaining* por doquier planifican hoy nada menos que el significado de la masculinidad.

308. *Cf.* «Campaña "El hombre blandengue"», Ministerio de Igualdad de España, 8 septiembre 2022, https://www.igualdad.gob.es/comunicacion/campanas/Paginas /campana-el-hombre-se-hace.aspx.

309. *Cf.* Mariano Narodowski, *Un mundo sin adultos* (Buenos Aires, Debate: 2016), p. 101.

aquellos que denuncian esta deleznable injusticia.[310] No existe patriarcado alguno allí donde la figura del padre no detenta ningún poder real. Tampoco existe «liberación» alguna allí donde la mujer se esconde en los pantalones del Estado y de las organizaciones internacionales. La voz griega *arkhé*, de la que proviene la palabra «patriarcado», significa poder, gobierno, imperio. En un sentido literal, «patriarcado» significa que todo el poder recae en el padre, puesto que es él quien lleva el gobierno de la familia. Pero hoy, ni padres ni madres gozan de ningún poder siquiera en sus propios hogares porque sus funciones les han sido arrebatadas.[311] Ya no educan a sus hijos, no les transmiten sus valores, no comparten con ellos sus creencias, no fijan sus normas ni ejercen disciplina. Sus hijos se educan en las escuelas dirigidas y controladas por el Estado y se socializan en contacto con los medios masivos y las industrias culturales, a los que les conceden mayor respeto y confianza que a sus propios padres. A menudo, las escuelas los enemistan con sus padres, mientras los medios se encargan de ridiculizarlos.

En la era moderna de la familia nuclear, la retribución que los padres esperan de sus hijos es el afecto. Parsons confiaba seriamente en la función afectiva. La familia nuclear moderna no es una unidad de producción. El gasto, la abnegación y los sacrificios que implica la mantención y crianza de los hijos no se retribuye

---

310. En el año 2014 se presentó el documental *Borrando a papá* (de Ginger Gentile y Sandra Fernández Ferreira), que cuenta el drama de los padres que han sido separados de sus hijos tras sus divorcios, en los que las denuncias falsas de sus exesposas son recurrentes. De hecho, el productor del filme, Gabriel Balanovsky, fue víctima de una de estas denuncias falsas por secuestro de su propia hija, que le valió la cárcel por catorce meses. Terminó absuelto, pero todavía se le impedía ver a su hija. La presión de distintas ONG logró que la película fuera cancelada en los más variados espacios. El juez Guillermo Blanch prohibió su proyección. *Cf.* «Prohíben el polémico documental "Borrando a papá"», *MinutoUno*, 23 octubre 2014, https://www.minutouno.com/sociedad/justicia/prohiben-el-polemico-documental-borrando-papa-n341806.

311. Un caso extremo, pero que ilumina lo que vendrá pronto a muchas partes de occidente, se ha dado recientemente en Canadá, donde un padre de familia terminó en prisión por oponerse públicamente a que su hija fuera sometida a terapias hormonales para «cambiar su identidad de género». *Cf.* «Father arrested for discussing child's gender transition in defiance of court order», *New York Post*, 18 marzo 2021, https://nypost.com/2021/03/18/man-arrested-for-discussing-childs-gender-in-court-order-violation/.

económicamente, sino afectivamente. El adulto es recompensado con el afecto de su hijo en el mismo ejercicio de la tutela que ejerce sobre él, en el lento proceso de adquisición de la autonomía y la responsabilidad que, en un escenario ideal, caracteriza a la mayoría de edad. Al mismo tiempo, el hijo descansa afectivamente en sus padres. Pero cuando el padre ya no es el que acompaña y forma al hijo en este proceso, cuando ya no interviene en él ni le interesa siquiera intervenir, cuando ya no tiene una visión del mundo que transmitir o un conjunto de valores que legar, el afecto propiamente filial se torna imposible porque no hay *identificación* posible. De aquí resulta que el sacrificio y la abnegación parentales queden sin la retribución que les es propia. Pierden, por lo tanto, su sentido. La relación padre-hijo queda totalmente absorbida por una racionalidad instrumental, en la que el afecto filial se vuelve *cálculo*. El afecto *se compra y se vende*. La *negociación* sucede a la lógica de la disciplina. El hijo no ve que tenga nada que aprender de su padre (pues este no ve que tenga nada que enseñarle), no lo necesita en su proceso de socialización, pero lo continúa necesitando para obtener recursos materiales y servicios (ganados en el mercado u obtenidos del Estado).

Pero la instrumentalización de la relación padre-hijo tiene también un efecto nefasto en el padre. Al quedar sustraída la relación de cualquier función que no sea la de la mera provisión, el padre deja de encontrar en el afecto filial una buena razón para la abnegación y el sacrificio que su paternidad le impone. Esto es así porque el afecto filial ha devenido cálculo instrumental. El padre-sacrificado, tan respetado y admirado en otros tiempos, se convierte hoy en una vergüenza pública. Nadie debería dejar de «ser feliz» por causa de un hijo. Y el hijo es precisamente una obstrucción para la felicidad del adulto. Quita tiempo, cuesta dinero, clausura proyectos y deseos personales. No tener hijos se convierte en una decisión óptima. Abortarlos, si vienen en camino, es la opción que debe estar abierta a todos; sobre todo, si uno es pobre. Si ya han nacido, abandonarlos o, al menos, apartarlos de la vista la mayor parte del día, entregándolos a agentes externos de socialización y crianza, es todavía una salida al infierno de una paternidad cuyo sentido está a la deriva. La enorme caída de la natalidad que vive occidente tiene en cierta medida que ver con todo esto.

Muchos pensadores progresistas se dedicaron a achacar a la familia —tanto extensa como nuclear— la raíz de todos los males. Hoy, cuando la familia es una entidad casi fantasmagórica, nuestros problemas, sin embargo, no han desaparecido. Al contrario, se nota una correlación posible entre la destrucción de la familia y el desvío social. Pongamos el ejemplo de Estados Unidos, donde uno de cada tres menores de 18 años crece en una familia monoparental (dos de cada tres, si se focaliza en las comunidades afroamericanas), y el 75,6 % de ellos, a su vez, vive con una madre soltera.[312] El National Center for Health Statistic, a través de la Encuesta Nacional de Salud Infantil, mostró que la probabilidad de repetir grado en la escuela guarda relación con el tipo de familia: los niños que viven con ambos padres —biológicos o adoptivos— tienen un 6,5 % de probabilidades, mientras que los que viven con padrastros tienen un 21,8 %, y los que viven solo con su madre un 19,9 %.[313] También existen trabajos que muestran que la deserción escolar es mucho menos probable en niños que crecen con ambos padres que en aquellos que no: Dalton *et al.* encontraron una diferencia en la tasa de 4,3 contra 26,1, respectivamente.[314] En temas de sexualidad, un estudio longitudinal que acompañó la vida de niñas desde los 5 a los 18 años encontró que la ausencia del padre estaba asociada significativamente con una iniciación sexual temprana y con el embarazo adolescente.[315] En Inglaterra, un estudio cualitativo sobre jóvenes adictos y con problemas antisociales que estaban siendo asistidos por Addaction en Liverpool, Londres y Derby, provenientes de diversas clases sociales y orígenes culturales, halló que «los jóvenes sometidos a un "déficit paterno" a menudo están aislados, sin apoyo y es probable que participen en

312. *Cf.* U.S. Census Bureau, «American Community Survey. Own Children Under 18 Years by Family Type and Age», 2022, https://data.census.gov/cedsci/table?q=childen&tid=ACSDT5Y2020.B09002.

313. *Cf.* «Data Resource Center for Child & Adolescent Health», National Survey of Children's Health, 2003. https://www.childhealthdata.org/learn-about-the-nsch/archive-prior-year-data-documents-and-resources/2003-nsch#S8.

314. *Cf.* Ben Dalton *et al.*, «Late High School Dropouts: Characteristics, Experiences, and Changes Across Cohorts», National Center for Education Statistics, p. 11, https://nces.ed.gov/pubs2009/2009307.pdf.

315. *Cf.* B. J. Ellis *et al.*, «Does Father Absence Place Daughters at Special Risk for Early Sexual Activity and Teenage Pregnancy?», *Child Development*, 2003, 74(3), pp. 801–821, http://www.jstor.org/stable/3696230.

comportamientos negativos, como la delincuencia o el uso indebido de sustancias». De las respuestas que se obtuvo por parte de
estos jóvenes, se advirtió que ellos mismos relacionan la ausencia
paterna con las probabilidades de su comportamiento antisocial
(80,3 %), con la comisión de delitos (76,4 %) y con el uso de drogas
(69,1 %).[316] Otro estudio impulsado por una organización británi-
ca, realizado sobre una muestra de menores de 18 años considerados «vulnerables» (económica, psicológica y socialmente, con
significativos problemas conductuales), encontró que el 72 % de
ellos padecía ausencia paterna.[317]

En línea con la crisis familiar que se respira en todas partes,
las publicaciones de todos los días nos indican que lo mejor sería
abstenerse de tener hijos. La paternidad empieza a ser construi-
da como una maldición, y esta imagen se difunde por los más
importantes medios de comunicación: «Los padres desperdician
unas 4000 horas de su vida durante la crianza de sus hijos», titula
el portal de uno de los canales centrales de noticias de Argentina. «Según un estudio, un papá o una mamá malgastan unas 219
horas por cada año que dura la etapa de educación de sus hijos»,
rezan los subtítulos inferiores.[318] La crianza de un hijo se vuelve
desperdicio y *malgaste* cuando la relación padre-hijo resulta instrumental y deviene cálculo económico. Una nota de la *BBC* titulada «Cuando una mujer elige no tener hijos» cita el testimonio
de una entrevistada: «Me encanta tener mi propio espacio y pasar dos meses al año viajando. Además, están mi profesión y mis
amistades».[319] El sacrificio de no viajar dos meses al año se presenta hoy como demasiado absurdo frente a las potenciales

---

316. Martin Glynn, «Dad and Me. Research into the problems caused by absent
    fathers», *Addaction*, 2011, http://www.sakkyndig.com/psykologi/artvit/glynn2011
    .pdf.
317. *Cf.* Croydon Safeguarding Children Board, «Vulnerable Adolescents Thematic
    Review», febrero 2019, https://croydonlcsb.org.uk/wp-content/uploads/2019/02
    /CSCB-Vulnerable-Adolescent-Thematic-Review-PUBLISHED-Feb-2019.pdf.
318. *TN Noticias*, 28 junio 2021. El enlace de la noticia fue retirado. No obstante,
    todavía sigue funcionando el enlace de la publicación de la página de Facebook de
    TN Noticias en la que se recomendaba la lectura de la nota: https://www.facebook
    .com/story.php?story_fbid=10160755882214863&id=28963119862&m
    _entstream_source=permalink.
319. «Cuando una mujer elige no tener hijos», *BBC*, 4 marzo 2011, https://www
    .bbc.com/mundo/noticias/2011/03/110225_salud_mujer_hijos_men.

retribuciones de la maternidad. De ahí que un conocido medio español insista con titulares como «Las parejas sin hijos, más estables y felices», en las que se advierte que «los hijos pueden dañar las relaciones de pareja».[320] La sola idea de la paternidad se ha vuelto tan irracional que incluso se ha empezado a hablar de «tocofobia», el miedo irracional a quedar embarazada.

En la sociedad adolescente, las mascotas reemplazan a los niños. Aquellas no requieren el mismo nivel de entrega ni compromiso. Los perros se humanizan y los niños se animalizan y cosifican: un «saco de células» o un «parásito» que «invade» el cuerpo materno se aborta sin más. La opción de la mascota se muestra más conveniente cuando el afecto filial ha desaparecido por la imposibilidad de ejercer una paternidad dotada de funciones que vayan más allá de la provisión material. En otros tiempos, la mascota se le presentaba al niño y al adolescente como una oportunidad para adquirir una responsabilidad sobre una criatura viva que le demandaba madurar. Hoy, las mascotas se les presentan a los adultos-adolescentes como una oportunidad para jugar a ser padres. El diario *El Mundo* informa en una de sus notas que los hogares españoles con mascotas ya han duplicado el número de hogares con niños, y presenta al lector un enternecedor testimonio de una pareja que, tras «decisiones muy meditadas», compró dos perros. La mujer asevera: «Me hacen tremendamente feliz y querida». Los perros «no son mascotas, son nuestra familia». Ella entiende que sus perros son casi literalmente sus hijos: «No quiero ser una madre humana. Con ser madre perruna soy plenamente feliz. Para mí son como mis hijas, me preocupo igual que mi hermana se preocupa de mis sobrinas».[321] Los neologismos *perrhijo* y *gathijo* vienen a describir precisamente este fenómeno propio de la sociedad adolescente. Uno ya no *tiene* una mascota, sino que es *padre* de ella. El animal se pone en el centro del núcleo familiar, tomando el lugar del hijo ausente. La generación idiota masacra a

---

320. «Las parejas sin hijos, más estables y felices», *La Vanguardia*, 23 noviembre 2021, https://www.lavanguardia.com/vivo/mamas-y-papas/20211123/7881540/parejas-hijos-mas-estables-felices-pmv.html.

321. «¿Por qué cada vez más parejas prefieren tener perros o gatos en lugar de hijos?», *El Mundo*, 18 enero 2022, https://www.elmundo.es/vida-sana/familia-y-co/2022/01/18/61e6acce21efa033248b45a9.html.

sus propios hijos antes de que nazcan, pero colecciona animales a los que humaniza de las maneras más dañinas.

Los animales ahora tienen plaza en los aviones, participan en las bodas, se sientan en la mesa del restaurante, van a psicólogos especializados, gozan de la interpretación astrológica de «horóscopos para perros»,[322] visten ropas diseñadas a su medida incluso por las marcas más importantes del mundo y asisten a salones de belleza donde se les pintan las uñas y se les tiñe el pelo. También se los empieza a ver ocupando butacas en cines, teatros y conciertos. Cuando en Valencia se supo recientemente de un «concierto para perros» organizado y financiado por el Estado, llovieron las críticas no por este uso ridículo del presupuesto público, sino por la cancelación del evento debido a la pandemia. La demanda fue tan grande que el lugar corría el riesgo de convertirse en foco de contagio.[323] También durante la pandemia, abrió en Manchester un «cine para perros» en el que el dueño del animal puede someterlo a «mirar» películas protagonizadas por otros perros, tales como *Bolt*, *La dama y el vagabundo* y *Homeward Bound*.[324] Dos autodenominados «artistas», llamados Krõõt Juurak y Alex Bailey, han desarrollado espectáculos teatrales para perros, gatos y una vez desplegaron su *performance* para un conejo. Ellos cobran a adultos-adolescentes para actuar como animales para sus mascotas. Consideran que su negocio es «reivindicativo de los derechos de los animales» puesto que procura «revertir los roles», o sea, humanizar al animal y animalizar a la persona. Cuando se les consulta sobre la reacción de las mascotas frente a sus morisquetas, todo este esnobismo pierde un poco de brillo: «Algunos perros nos ignoran y se quedan mordiendo su juguete. Otros se involucran, nos ladran y vienen a lamernos». Por su parte, los gatos

---

322. *Cf.* «Horóscopo para perros: ¿Cómo es tu mascota según su signo del zodiaco?», *Diario Femenino*, 13 mayo 2019, https://www.diariofemenino.com/articulos/mascotas/perros/horoscopo-para-perros-como-es-tu-mascota-segun-su-signo-del-zodiaco/.

323. *Cf.* «El vídeo del concierto para perros en el que gasta más de 7.500 euros un Ayuntamiento de Valencia», *ABC*, 30 noviembre 2021, https://www.abc.es/espana/comunidad-valenciana/abci-suena-concierto-para-perros-costara-mas-7500-euros-ayuntamiento-valencia-202011301507_noticia.html.

324. *Cf.* «Abre el primer cine adaptado para perros en Manchester», *Europa Press*, 19 enero 2022, https://www.europapress.es/desconecta/curiosity/noticia-abre-primer-cine-adaptado-perros-manchester-20220119142346.html.

suelen abandonar el «*show*» en el mismo momento en el que este empieza.[325]

Hacer del animal un hijo implica humanizarlo, aun a costa de provocarle daños que pueden ser muy serios. De la *domesticación* del animal, se ha pasado sin escalas a su plena *humanización*. El adulto-adolescente que hace del animal un hijo, y que en consecuencia lo humaniza, es en verdad un *maltratador de animales*. No madura en su contacto con la criatura, como se esperaba del niño y del adolescente en otras épocas. Simplemente sacia sus carencias afectivas, aunque perjudique el bienestar real de su propia mascota: esconde la instrumentalización de la criatura bajo parámetros humanos de bienestar. Un académico de la Facultad de Medicina Veterinaria y Zootecnia de la UNAM ha tenido que explicar frente al mundo universitario que, cuando hablamos de mascotas, «no tiene caso sentarlos a la mesa con un pastel o ponerles un vestido de princesa, porque son situaciones incómodas e incomprensibles para ellos». Muchos animales domésticos terminan padeciendo obesidad y graves problemas de salud por causa de dietas humanas y por el nivel de estrés al que se los somete. En efecto, «tratar como un humano a un perro o a un gato, desdeñando sus propias formas de comunicación, organización social y reglas de convivencia, limita su bienestar al generarles un alto grado de ansiedad».[326]

La sociedad adolescente parece ser lo que queda cuando el proceso de «transferencias de funciones» de la familia hacia la sociedad y el Estado culmina en el vaciamiento de aquella. Su último bastión, la *función afectiva*, a la que quiso aferrarse en el siglo XX, al no poder sostenerse por sí misma en ausencia de las demás funciones, termina de desplomarse también. El afecto, mediado ahora por la razón instrumental, busca otros objetos: animales, viajes, consumo. Transferidas las funciones de la reproducción social en general a agentes externos a la familia, los adultos ya no ven por

---

325. «Teatro para perros y gatos: la pareja de actores que entretiene a las mascotas a domicilio», *Clarín*, 16 agosto 2017, https://www.clarin.com/sociedad/teatro-perros -gatos-pareja-actores-entretiene-mascotas-domicilio_0_S166Ezf_Z.html.
326. «Un error humanizar a los animales de compañía: académico de la UNAM», *Boletín UNAM-DGCS-809*, 3 diciembre 2017, https://www.dgcs.unam.mx/boletin /bdboletin/2017_809.html.

qué deberían reproducirse: el amor filial *no se genera*. Y cuando se reproducen, no ven por qué deberían esforzarse por poner sobre sus hombros, aun contra toda la resistencia del actual sistema social y cultural, la socialización de sus hijos (la respuesta que no hallan es, precisamente, amor filial). Naturalizaron la desnaturalización de las funciones inherentes al grupo familiar; convalidaron el saqueo del que fueron blanco. Los padres que hacen las veces de amigos-adolescentes viven en una casa familiar que hace las veces de *hotel*. Los individuos encuentran en ella un mero soporte espacial para sus necesidades físicas y recreativas, y no mucho más. Comen, duermen, se higienizan, miran televisión y se conectan al wifi.

II- Medios

Los medios de comunicación de masas recubren la entera superficie del mundo moderno. Nada ni nadie queda ya al margen de sus alcances y sus efectos. Así, *median* la propia vida, la *dirigen*, le imprimen sus pautas y valores. Los medios masivos, sin embargo, no son simples instrumentos técnicos de mediación de la realidad. Son, ante todo, artefactos político-culturales de construcción y deconstrucción de realidades. Por eso asistía toda la razón al politólogo Giovanni Sartori cuando anotaba:

> El hombre en cuanto animal mental no ha estado nunca tan expuesto ni ha sido tan vulnerable como hoy. Es tal el poder de la tecnología de las comunicaciones de masas, que puede llegar a alterar —si se lo emplea realmente a fondo— nuestros mecanismos de defensa mental.[327]

Según Sartori, la historia en su totalidad podría analizarse en torno al *arma* y la *armadura*. La dialéctica del arma y la armadura supone una sucesión de etapas técnicas en las que una supera a la otra y viceversa. La misión del arma consiste en atravesar la armadura, y la de la armadura en detener el arma. Podría decirse

---

327. Giovanni Sartori, *La política. Lógica y método en las ciencias sociales* (Ciudad de México: FCE, 2015), p. 323.

que en la resistencia de la armadura se encuentra el principio motor del desarrollo técnico del arma, y viceversa: el arma es *causa eficiente* de la armadura, y la armadura causa eficiente del arma.

El mundo moderno, y nuestra particular etapa «posmoderna», supone el triunfo definitivo del arma sobre la armadura en todos los órdenes (político, económico, militar, cultural).[328] Los medios de comunicación de masas son *armas culturales* que atraviesan las armaduras mentales y sociales con gran facilidad. Se hacen de la educación, de la socialización, del afecto, del consciente y del inconsciente. También penetran los procesos políticos y las estrategias económicas y financieras. Defenderse del poder de los medios hoy resulta harto difícil para casi todos, porque casi nadie problematiza sus efectos de poder en primer lugar.

A diferencia del armamento militar, que no puede esconder sus explosiones y sus ruidos ensordecedores y sus imágenes aterrorizantes, los medios ocultan sus efectos bajo la *ideología de la transparencia*. Según esta, los medios simplemente *transparentan* la realidad: se limitan a comunicarla, sin ninguna distorsión ni pretensión más o menos velada. Y aunque estas pretensiones se divisaran, por alguna extraña razón rápidamente se suspende cualquier reacción defensiva. El medio aparece, en definitiva, como una especie de enorme ventana a través de la que podemos mirar los hechos. De esta manera, se esconden dos importantes efectos político-culturales que generan los medios de masas: la irremediable distorsión de la realidad por efecto de esta mediación (no hay ventanas, sino pantallas) y la afectación de la propia realidad por causa de la mediación (recursividad: al mediar la realidad, el medio genera efectos concretos sobre ella).

La mediación de la realidad y sus efectos sobre lo que se comunica ha constituido el gran tema de las teorías de los medios de masas.[329] En la mediación, el medio *enmarca* la realidad. La teoría del *framing* («enmarcamiento» o «encuadramiento») encuentra

---

328. Por ejemplo: en el campo militar, las bombas nucleares no tienen defensa posible; en el campo político, las constituciones y los mecanismos republicanos de división de poderes y pesos y contrapesos se muestran muy débiles frente a la prepotencia de la casta política y el poder de las organizaciones internacionales.

329. *Cf.* Teresa Sábada, *Framing. Una teoría para los medios de comunicación* (Pamplona, Ulzama Ediciones: 2006).

que la mediación de la realidad siempre supone un recorte, un ángulo, una perspectiva y una forma más o menos disimulada de valoración. Se hace entrar la realidad en los límites de unos marcos, como si fuera un cuadro que disimula su perspectiva necesariamente limitada. Los teóricos del *framing* están en deuda con la sociología de la vida cotidiana de Erving Goffman, que a mediados de la década de 1970 introducía en los estudios sociales el concepto de *marco*:

> Doy por supuesto que las definiciones de una situación se elaboran de acuerdo con los principios de organización que gobiernan los acontecimientos —al menos los sociales— y nuestra participación subjetiva en ellos; *marco* es la palabra que uso para referirme a esos elementos básicos que soy capaz de identificar.[330]

La acción humana se concreta tras una «definición de una situación». El hombre se ve inmerso en situaciones que le demandan acción. Pero, para actuar, debe elaborar una interpretación de lo que sucede y lo que significa la situación en la que actúa. El puro hecho objetivo debe ser interpretado de una manera particular por el agente para que pueda dar curso a la acción. Los elementos básicos de esas interpretaciones que definen una situación constituyen el marco en el que se plantea la acción. Estas nociones de la sociología interpretativa resultan valiosas. Permiten, entre otras cosas, advertir la magnitud del poder que supone la capacidad de influir en la definición de los marcos interpretativos de las distintas situaciones sociales. La acción humana está en relación permanente con la interpretación de la situación social. Por lo tanto, quienes definen los marcos dominantes de interpretación impactan decisivamente en la acción misma de los demás.

Los medios generan *paquetes interpretativos* que se inmiscuyen en la forma en que se definen los eventos y las situaciones sociales y, con ello, la forma en que se viven. Cuando dicen informarnos, los medios no transmiten hechos transparentes, sino más bien *hechos enmarcados*. Esto ya lo sabía bien Walter Lippmann,

---

330. Erving Goffman, *Frame analysis: los marcos de la experiencia* (Madrid: Centro de Investigaciones Sociológicas, 2006), p. 11.

que hace cien años anotaba: «Para la mayoría de nosotros el mundo es una realidad de segunda mano creada por los medios de difusión».[331] La mediación devuelve siempre una *realidad de segunda mano*, contaminada especialmente por los *frames* que aplican aquellos que la median. Los hechos se seleccionan de entre una inmensa cantidad de eventos. Se efectúan énfasis y exclusiones. Se abre el micrófono a unos y se les deja sin él a otros. Se captura la imagen desde un ángulo determinado, en un tiempo y espacio determinados. Se organiza el ritmo de aparición de las imágenes, los textos, los sonidos. Se conceden duraciones y extensiones. Se escogen palabras específicas para dar vida a titulares, subtítulos, epígrafes, pies de fotografías. Se califican las situaciones, y también se clasifican. Se ensayan gestos, poses y tonos de voz. Se sugiere, a veces de manera más directa y otras más indirecta, cómo valorar el contenido de lo que se comunica. Todo esto *enmarca* el hecho, que deja de ser transparente para convertirse en una *nota de opinión encubierta*.[332]

Cada nota periodística, aun las que se presentan como «noticias», constituye un ejemplo de *framing*. Casos groseros, pero ilustrativos, los encontramos en el diario argentino *Página/12*. Por ejemplo, una de sus notas titula: «Los antiderechos marchan este sábado en contra de la legalización del aborto».[333] Acompañan el texto con una fotografía de una manifestación, en la que vemos a personas de edad avanzada, acompañadas de un sinfín de imágenes religiosas. De esta manera, el medio toma un hecho (que habrá una manifestación contra la legalización del aborto), pero lo enmarca desde una perspectiva bien concreta (califica de «antiderechos» a quienes se oponen al aborto, caracteriza etariamente al asistente a la manifestación como «un grupo de viejos», y despolitiza su convocatoria mostrándola casi como un rito religioso). Otro ejemplo, un poco más sutil, lo encontramos en el

---

331. Walter Lippmann, *Opinión Pública* (Buenos Aires, Fabril Editora: 1949), p. 14.
332. El poder mediático esconde sus efectos recurriendo a diversas astucias. Entre otras, separa sus propios productos en secciones tales como noticias, entretenimiento y opinión. Esto da lugar a la creencia de que el medio sabe discriminar sus propias opiniones de los hechos objetivos que daría a conocer.
333. «Los antiderechos marchan este sábado en contra de la legalización del aborto», *Página/12*, 28 noviembre 2020, https://www.pagina12.com.ar/308585-los-antiderechos-marchan-este-sabado-en-contra-de-la-legaliz.

diario *Infobae*, que titula una noticia: «Histórico: Mara Gómez fue habilitada y será la primera jugadora trans en el fútbol argentino».[334] Cuando leemos el contenido, advertimos que la periodista de repente explica que esto pone «en tensión las miradas estrictamente biologicistas» frente a las que «amplían el horizonte para aportar perspectivas vinculadas a lo social y a la ampliación de derechos». Según esto, advertir que determinadas hormonas marcan diferencias en el rendimiento deportivo, que los hombres tienen en promedio una cantidad de masa muscular significativamente superior a la de la mujer, además de extremidades más largas, se convierte en un «argumento biologicista» que atenta contra la «ampliación de derechos». O bien atiéndase a un ejemplo político: cuando el candidato republicano José Antonio Kast empezó a disputar los primeros lugares de las encuestas de las elecciones chilenas del año 2021, todos los medios de comunicación hegemónicos comenzaron a calificarlo como «ultraderechista». No bastaba decir que era un candidato de derechas, que llegó a la segunda vuelta contra uno de izquierdas (que, dicho sea de paso, celebraba el asesinato de un famoso constitucionalista chileno perpetrado por un grupo terrorista): José Antonio Kast era un «ultra»,[335] y esa fue la forma de enmarcar su imagen. Y esto ocurre actualmente con cualquier candidato de derechas en casi cualquier parte del mundo.[336] De repente, para los medios existen candidatos de izquierda, de centroizquierda, de centro, de centroderecha y de ultraderecha. La «ultraizquierda» y la «derecha»

---

334. «Histórico: Mara Gómez fue habilitada y será la primera jugadora trans en el fútbol argentino», *Infobae*, 2 diciembre 2020, https://www.infobae.com/deportes/2020/12/02/historico-mara-gomez-fue-habilitada-y-sera-la-primera-jugadora-trans-en-el-futbol-argentino/.

335. Por ejemplo: «El ultraderechista José Antonio Kast irá a la justicia si el resultado es estrecho», *La Vanguardia*, 19 diciembre 2021, https://www.lavanguardia.com/internacional/20211219/7940523/ultraderechista-chileno-kast-ira-justicia-resultado-estrecho.html.

336. Por ejemplo, frente al crecimiento político en Argentina del economista libertario Javier Milei, *El País* de España titula: «La ultraderecha irrumpe en Argentina aupada por los más jóvenes» (21 noviembre 2021, https://elpais.com/internacional/2021-11-21/la-ultraderecha-irrumpe-en-argentina-aupada-por-los-mas-jovenes.html). Lo más curioso de la nota es que en ningún momento se explica cuál sería entonces la «derecha» en Argentina. Si Milei es la «ultraderecha», ¿dónde encontramos a la «derecha» a secas?

han sido removidas de los marcos interpretativos del periodismo político de nuestros días.

Los efectos de poder de los medios de comunicación de masas son inmensos y sumamente variados.[337] Al establecimiento de los marcos interpretativos de la realidad social se suma el establecimiento de los temas públicos de discusión. ¿Qué discute una sociedad? En una medida más que significativa, lo que los medios establecen como temas prioritarios de discusión. «Quizá los medios no dicen a la gente qué tienen que pensar, pero sí los temas sobre los que hay que pensar».[338] Esto se ha denominado *agenda-setting* o «establecimiento de agenda», y se confirmó empíricamente numerosas veces.[339] Los medios de masas tienen la capacidad de *tematizar* la discusión: seleccionan los temas sobre los que la opinión pública ha de expresarse. De esta manera, en tales medios no simplemente se juega el marco interpretativo de un tema, sino *el tema en sí mismo*, en cuanto aparece o desaparece de las pantallas, las páginas y los altavoces.[340] McCombs y Shaw, los descubridores de este efecto en un célebre estudio de 1972, dos décadas después encontraron que lo que los medios transferían no era simplemente la prioridad del tema, sino también sus rasgos, cualidades y atributos.[341] O sea, su *framing*.

Veinte años después de *La sociedad del espectáculo*, Guy Debord revisitó el tema y no dejó de sorprenderse por el avance de la alienación respecto de la realidad producida por los medios de comunicación. A la conformación de una agenda y la manera

---

337. He repasado algunos de ellos en el Capítulo III de mi libro *La batalla cultural*.

338. Bernard Cohen, *The Press and the Foreign Policy* (New Jersey, Princeton University Press: 1963), p. 13.

339. Una recopilación de este tipo de investigaciones puede consultarse en Sádaba, *Framing. Una teoría para los medios de comunicación*.

340. Este efecto se da en cierta medida también en las redes sociales, cuyos directivos sí actúan como editores de información y opinión. Ellos hacen desaparecer tendencias, borran comentarios, bloquean cuentas, suprimen páginas y grupos. En las redes se generan agendas públicas que en última instancia deben pasar ciertos *mecanismos censores* de sus dueños.

341. *Cf.* Maxwell McCombs y Donald Shaw, «The Agenda-Setting Function of the Mass Media», *Public Opinion Quarterly* 36, 1972, pp. 176-187. Además, Maxwell McCombs, «Explorers and Surveyors: Expanding Strategies for Agenda-Setting Research», *Journalism Quarterly* 69 (4), 1992, pp. 813-824. Hay que decir que la magnitud de la influencia de este efecto depende de variables sociológicas, psicológicas, demográficas, etcétera.

de enmarcar sus temas, Debord añade el poder del olvido: los medios *inducen a olvidar*. El ritmo de las agendas mediáticas no soporta la prueba del tiempo. Toda información se vuelve obsoleta demasiado rápido. También por esto, el presentismo marca el ritmo de la vida mediatizada. Ya decía Hegel, en su tiempo, que el periódico matutino era la plegaria del hombre moderno. ¿Cuánto más el espectáculo del multimedio? El problema de esa plegaria es que cambia todos los días, a cada hora, a cada minuto, sin dejar prácticamente rastros en la memoria. Escribe Debord: «El espectáculo organiza con maestría la ignorancia acerca de lo que está pasando, y acto seguido el olvido de cuanto a pesar de todo acaso se haya llegado a saber».[342]

Todo esto hoy resulta de gran importancia porque los medios —tradicionales y digitales— se están convirtiendo en *el principal agente de socialización*. La socialización es el proceso de aprendizaje social a través del cual el individuo incorpora los elementos de una cultura. La socialización implica la adquisición de normas, valores, costumbres, creencias, roles, expectativas, lenguajes y otros conocimientos socioculturales que le permiten al individuo vivir en su sociedad. Así, el animal biológicamente humano se realiza como *ser social*; la socialización actualiza las potencias sociales inscritas en el modo de ser del hombre. Habitualmente, la sociología caracterizaba al grupo familiar como el agente más importante de socialización. La importancia de la figura paterna y materna, y la dedicación de la familia a funciones educativas y formativas, daban razón a aquella caracterización. Pero quizás haya llegado la hora de matizar un poco esta afirmación.

La familia hoy se embota frente a las pantallas. Niños y adultos por igual hacen un uso compulsivo de ellas. El ritmo acelerado del cambio social de nuestra posmodernidad desquicia la continuidad de lo aprendido en los procesos de socialización. La pantalla promete entonces estar *a la orden del día*, socializando y resocializando a todos los miembros del grupo familiar. Papá y mamá, después de trabajar, habitualmente con pantallas, disponen su tiempo libre para seguir mirándolas. Hay demasiado

---

342. Guy Debord, *Comentarios sobre la sociedad del espectáculo* (Barcelona, Anagrama: 1999), p. 26.

hastío y aburrimiento fuera de ellas. Los principios axiológicos del metaverso ya existen y operan desde hace tiempo. La sociedad adolescente vuelve *divertida* la socialización, porque la hace transcurrir en pantallas en las que siempre parece que jugamos. Los niños también se vuelcan a vivir dentro de ellas. Casi al mismo tiempo que empiezan a dar sus primeros pasos, aprenden a usar sus dedos para deslizarlos sobre las pantallas táctiles: en Estados Unidos hay estudios que revelan una utilización media de las pantallas en general de prácticamente 50 minutos diarios entre infantes de 0 a 2 años, y de 2 h 30 min entre los 2 y los 4 años. De los 5 a los 8 años, el uso promedio es de 3 h 5 min diarios, y esta cantidad salta a 4 h 44 min por día de los 8 a los 12 años.[343] También se produce un enorme incremento de los 13 a los 18 años: el tiempo dedicado a las pantallas sube a una media diaria de 7 h 22 min.[344] Entre los padres, solo una minoría dicen estar presentes «siempre» o «la mayoría del tiempo» supervisando el consumo digital de sus hijos. De esta manera, la pantalla se hace cargo de una ausencia preexistente y una defección sistemática.

La socialización tiene su mayor relevancia en los momentos de la infancia porque se vincula al desarrollo social, psíquico y cognitivo del niño. La neuroplasticidad es mayor precisamente en las primeras etapas de la vida. Desde hace ya al menos tres décadas, niños y jóvenes pasan tanto o más tiempo en compañía de los medios de comunicación que con sus familias o incluso, en algunos casos, que en sus escuelas. Es interesante notar que la impresionante cantidad de tiempo dedicada por los niños y los adolescentes a las pantallas que surge de la investigación arriba citada se explica sobre todo como consumo de televisión y videos. Por ejemplo, de las 4 h 44 min que le dedican a la pantalla los niños de 8 a 12 años, el 53 % se va en mirar programas de televisión y videos en distintas plataformas. Entre los infantes de 0 a 8 años, el porcentaje correspondiente es del 73 %.

---

343. *Cf.* Victoria Rideout *et al. The Common Sense Census: Media Use by Kids Age Zero to Eight* (Common Sense Media: 2020).

344. *Cf.* Victoria Rideout *et al. The Common Sense Census: Media Use by Tweens and Teens* (Common Sense Media: 2019). Hay que notar que estos resultados son previos a la pandemia. Los mismos investigadores suponen que, tras los episodios del COVID-19, es probable que estos números hayan aumentado considerablemente.

La ideología de la transparencia de los medios embota a los padres-adolescentes. Automarginados cada vez más del proceso de socialización de sus hijos, confían secretamente en las bondades de la pantalla. Esta se convierte en la *teta digital* de sus hijos. Los «alimenta» una gran cantidad de horas por día, en las que no cesa de transmitirles —de diferentes maneras y en diferentes versiones— sus significaciones. Muchos padres racionalizan esta defección argumentando que la teta digital no simplemente les brinda a sus hijos diversión, sino también «educación». Una inmensa mayoría de padres (72 %) del estudio anteriormente referido considera que los medios de comunicación ayudan al «aprendizaje» de sus hijos. Esta opinión es irreconciliable con los incontables hallazgos científicos de las últimas décadas sobre los daños en el aprendizaje que genera, por ejemplo, la televisión.[345] También se contradice con los hallazgos relacionados con otras pantallas, como el *smartphone*.[346] Sin embargo, los padres siguen confiando, por ejemplo, en que los *cartoons* les enseñen por sí mismos a sus hijos normas, valores, roles, cuidados. Así, la teta digital reemplaza al viejo preceptor o ayo —que quiso encarnar Rousseau respecto de Emilio— al que determinadas clases confiaban a sus hijos para la más completa formación y seguimiento. Pero como

---

345. Por ejemplo, se hizo una investigación con casi mil participantes a los que se estudió durante veinte años para observar la relación entre su exposición a la televisión y su rendimiento escolar y académico. Se encontró que, por cada hora diaria de televisión vista entre los 5 y los 15 años, la probabilidad de que obtuvieran un título universitario caía un 15 % (Robert Hancox *et al.* «Association of Television Viewing During Childhood with Poor Educational Achievement», *Archives of Pediatrics and Adolescent Medicine*, 159, 2005). En otra investigación, con una muestra de 4.500 alumnos de entre 9 y 15 años, se observó que la excelencia de las notas disminuía casi en la misma proporción en que aumentaba el consumo de la televisión. El 49 % de quienes no miraban televisión tenía notas de excelencia («A»), y el porcentaje caía al 24 % cuando se tomaba en cuenta a quienes miraban televisión más de 4 horas diarias (Iman Sharif *et al.* «Association Between Television, Movie, and Video Game Exposure and School Performance», *Pediatrics*, 118, 2006).

346. En un estudio reciente, se instaló en los teléfonos de una muestra de alumnos brasileños una aplicación que medía objetivamente el tiempo de uso del aparato. Este dato, generado a lo largo de dos semanas, fue puesto a su vez en relación con el rendimiento académico medido a través de las notas de los exámenes. Entre los resultados más significativos, los investigadores encontraron que «cada 100 minutos usando el dispositivo en promedio por día, se redujo una posición del estudiante en el *ranking* de la escuela en 6,3 puntos, en un rango de 0 a casi 100» (Daniel Felisoni *et al.*, «Cell Phone Usage and Academic Performance: An Experiment», *Computers & Education*, 117, 2018).

la teta digital se vuelve transversal entre las clases (salvo casos extremos) de las más variadas situaciones económicas, toma cuotas importantes de control. La teta digital, por cierto, más demandada cuanto más se baja en la pirámide de ingresos, «democratiza» así la socialización.

No es poco común enterarse de que muchas veces los padres, cuando prestan atención a sus hijos, terminan desconociendo algunas actitudes que estos manifiestan y que han sido enseñadas por los medios que consumen sin cesar todos los días. Una niña de tres años le dice a su padre: «Pero… ¡qué tonto eres!». Cuando le pregunta a su hija por qué se refiere a él de esa manera, recibe esta respuesta: «Peppa le dice así a Papá Pig». Resultó ser que las caricaturas consumidas por la nena —en este caso, *Peppa Pig*— ridiculizaban la figura paterna y mostraban escenas en las que la protagonista trataba así a su padre.[347] De esta manera, estaban ofreciéndole a la niña una serie de modelos de relación y de comportamiento.[348] También en torno a *Los Muppets* se generaron desconciertos. Muchos padres no entendían por qué de repente sus hijos pequeños querían usar vestidos. Resultó que Gonzo, personaje de los *Muppet Babies* de Disney Juniors, ahora era «género fluido». En un episodio titulado «Gonzorella», Gonzo quiere ponerse un vestido de princesa para el baile. Una rata, convertida en hada madrina, le concede ese deseo. Ataviado con un brilloso vestido azul y zapatos de cristal, «ni siquiera sabrán que eres tú», le dice el hada. Pero al final del episodio, Gonzo decide «salir del clóset» y confesar que él era en verdad la princesa del baile, dando a conocer así la fluidez de su género. Estas categorías resultan a menudo tan extrañas para la mayoría de los padres que los

---

347. *Cf.* «"Padre tonto": los dibujitos se ríen de la figura masculina», *La Nación*, 10 septiembre 2016, https://www.lanacion.com.ar/lifestyle/padre-tonto-los-dibujitos-se-rien-de-la-figura-masculina-nid1936311/.

348. Al momento de mi última corrección de esta parte, me doy con la noticia de que esta serie, una de las más vistas por los niños en el mundo anglosajón, acaba de incluir una pareja de lesbianas que tienen una hija: «Vivo con mi mamá y mi otra mamá. Una mamá es doctora y la otra cocina espaguetis», le dice Penny Polar Bear a Peppa Pig en el episodio titulado *Familias. Cf.* «"Peppa Pig" incluye por primera vez una pareja homosexual», *El País*, 8 septiembre 2022, https://elpais.com/television/2022-09-08/peppa-pig-introduce-por-primera-vez-una-pareja-homosexual.html.

medios de comunicación publican notas para adultos explicando el mensaje de esa caricatura para niños pequeños y aleccionando sobre qué significa «género fluido». Un medio enmarca así la «noticia»: «"Quiero ser yo": Gonzo, de Los Muppets, se declara género fluido y claro que lo aceptamos».[349]

Nunca como antes los medios habían asumido públicamente su voluntad de socializar a los hijos de los demás como hoy. Nunca con tanto descaro y prepotencia. Esto es especialmente visible en los asuntos LGBT, de género y feministas. Es como si los CEO de los grandes medios hegemónicos y las grandes corporaciones del entretenimiento hubieran perdido toda capacidad de disimulo. Ante contraataques recientes que han recibido por parte de políticos que encuentran en esto un abuso de poder, como el gobernador de Florida,[350] las corporaciones del entretenimiento muestran los dientes y dejan de lado el disimulo y la cautela con los que siempre se movieron. En una entrevista sobre la campaña «Reimagine Tomorrow», la directora general de contenido de entretenimiento de Disney, Karey Burke, declara: «A finales de 2022, aproximadamente, la mitad de los personajes de nuestras películas de animación serán LGBTQ+ y pertenecientes a minorías étnicas». Seguidamente, trata de justificar este tipo de decisiones diciendo: «Estoy aquí como madre de dos niños "queer", en realidad, un niño transgénero y uno pansexual».[351] «Pansexual» alude a la atracción sexual a *todo* (*-pan*); a diferencia de «bisexual», que implica la atracción hacia hombres y mujeres, el «pansexual» —según las piruetas explicativas de los promotores de la ideología de género— podría sentir atracción sexual por hombres, mujeres y todo el resto de las imaginativas categorías en boga, sin tomar en consideración los respectivos géneros. ¿Cómo

---

349. *Cf.* «"Quiero ser yo": Gonzo, de Los Muppets, se declara género fluido y claro que lo aceptamos», *Actitud Fem*, https://www.actitudfem.com/guia/cine-y-television/series/gonzo-de-los-muppets-se-declara-genero-no-fluido.

350. El gobernador Ron DeSantis ha combatido el adoctrinamiento en las escuelas en ideología de género. Un ejemplo de ello es la ley HB 1557 de Florida que garantiza derechos de los padres de familia en la educación. Además, el gobernador y los legisladores han revocado el estatus fiscal privilegiado de Disney.

351. «Disney indica que la mitad de personajes en nuevas producciones serán LGBTQ+», *El Sumario*, 18 abril 2022, https://elsumario.com/disney-indica-que-la-mitad-de-personajes-en-nuevas-producciones-seran-lgbtq/.

sabrá Karey Burke que su pequeño niño se siente atraído *sexualmente* por *todo*? Comoquiera que sea, Latoya Raveneau, productora ejecutiva de Disney, agrega sobre la misma campaña:

> Los responsables del *show*, así como los directores, han recibido con los brazos abiertos mi nada secreta agenda gay. Por lo que sentí que ya no era como en el pasado. Que lo están volteando todo y que están yendo duro. Y en ese momento sentí un impulso, una sensación de que no tengo por qué tener miedo de que dos personajes [*queer*] se besen. Simplemente estaba agregando cosas *queer* dondequiera que podía.[352]

En los últimos años, nos enteramos, de repente, de que un sinfín de personajes de caricaturas siempre fueron LGBT, pero nadie se había dado cuenta. En su sitio oficial, Nickelodeon nos ofrece un listado de personajes LGBT, entre los que están Ren y Stimpy de la serie homónima, Korra de *La leyenda de Korra*, Robert Simmons el profesor de *Hey Arnold!*, y Betty de *Rugrats*.[353] Esta última, por ejemplo, es la madre de Phil y Lil, y era esposa de Howard, pero ahora resulta que, en realidad, es lesbiana. También Bob Esponja es actualmente presentado como LGBT. No obstante, Stephen Hillenburg, el creador del personaje, en el año 2005 dio una entrevista donde respondió con contundencia a los señalamientos sobre la presunta homosexualidad del personaje: «No tiene nada que ver con lo que estamos intentando hacer. Nunca intentamos hacerlo gay».[354] En el caso de Cartoon Network, también jugó esta carta con varios caracteres, como Vilma de *Scooby Doo*. El productor Tony Cervone ahora dice que este personaje siempre ha sido lésbico, y que «lo hicimos tan claro como pudimos», y por lo tanto «no hay nada nuevo aquí».[355] Pero lo cierto es que no se esmeraron demasiado, si consideramos que

---

352. Video disponible en https://www.youtube.com/watch?v=LhqGhjiMubQ.

353. *Cf.* «LGBT Characters», *Nickelodeon*, https://nickelodeon.fandom.com/wiki /Category:LGBT_characters.

354. «SpongeBob Asexual, Not Gay: Creator», *People*, 28 enero 2005, https://people .com/celebrity/spongebob-asexual-not-gay-creator/.

355. «Un productor de Scooby Doo afirma que Velma es parte de la comunidad LGBT+», *Vogue*, 14 julio 2020, https://www.vogue.mx/estilo-de-vida/articulo/velma -de-scooby-doo-es-lesbiana-de-acuerdo-a-productor-tony-cervone.

una de las características más notables del personaje original ha sido su tendencia a enamorarse de villanos —todos hombres, por cierto—, como Ben Ravencroft, Gibby Norton, Jamison Steven Ripley y Winsorlas. Es interesante advertir que los mismos que se exasperan denunciando los «estereotipos de género», con arreglo a los cuales se suele asociar determinadas expresiones y formas a determinadas orientaciones sexuales, sean los mismos que, a la hora de elegir qué personaje será redefinido como homosexual, presten toda la atención precisamente a estas características. Resulta previsible que Vilma, y no Daphne, sea lesbiana: esta es muy femenina, mientras que aquella es una intelectual de gafas un tanto viril. Es previsible que Betty y no cualquier otro personaje de *Rugrats* sea lesbiana: le gusta el fútbol y se viste como deportista.

Toda esta insistencia resulta absurda e incluso forzada. A estas alturas es poco creíble que semejante maquinaria propagandística sea puesta al servicio de «luchar contra la discriminación» o «apoyar la inclusión». Ya no queda prácticamente ninguna empresa grande ni mediana, ninguna serie de éxito, ninguna película tanto *mainstream* como *under*, ningún músico del momento, ningún evento cultural o artístico en el que no se despliegue propaganda LGBT. Tampoco quedan prácticamente partidos políticos que no vociferen lugares comunes de «apoyo a la diversidad LGBT». Los gobiernos izan las banderas del arcoíris, pintan sendas peatonales, bancos de parques e incluso cambian los semáforos para acondicionarlos a la simbología LGBT. También convocan oficialmente al «mes del orgullo», que ya no es un mero día, sino treinta días. Las universidades dan vida a departamentos LGBT, inventan asignaturas LGBT, incorporan temas y bibliografía LGBT a las ya existentes, organizan seminarios y congresos LGBT. Las ligas deportivas ceden a la injusticia deportiva en el nombre del LGBT. Las Naciones Unidas, con todas sus agencias especializadas y todas las organizaciones internacionales vinculadas, llevan a todo el globo sus políticas LGBT. Los medios de comunicación sistémicos celebran sin cesar al *lobby* LGBT. Las más importantes ONG crean áreas LGBT, introducen nuevos proyectos LGBT, organizan eventos LGBT, diseñan especialmente sus logotipos con los colores LGBT de cara al mes

LGBT. Si alguien, en cualquier área, esboza alguna duda para con este *lobby*, queda automáticamente cancelado, despedido o incluso perseguido por órganos «antidiscriminación» de los Estados. ¿Cuánta «inclusión» resta por lograr? ¿Cuánta «discriminación» queda por «combatir»? Nada de esto va sobre la discriminación ni sobre la inclusión. Si fuera así, y atendiendo a que en muchos de nuestros países la discriminación por motivos religiosos ocupa los primeros puestos de los *rankings* y supera con mucho a la discriminación por motivos sexuales,[356] ¿qué esperan Disney, Nickelodeon o Cartoon Network para ofrecernos personajes católicos, evangélicos, mormones o adventistas? ¿Qué espera Netflix para dejar de ridiculizar a los creyentes?

El asunto no es la discriminación, sino la sexualidad, que es materia *biopolítica*. Algo tan importante para los procesos de socialización como lo es la sexualidad ha sido asumido sin cortapisas por los medios de comunicación y el entretenimiento. De tanto escuchar que la familia estaba incapacitada incluso para educar sexualmente a los hijos, a nadie le resulta hoy extraño no ya que el Estado se arrogue esta función, sino incluso que lo haga la industria mediática. Hoy los medios desesperan por hablar de sexualidad a los hijos de uno; cultivan una repugnante obsesión en torno al asunto. Asistimos a una *biopolítica sexual mediática*. Un ejemplo a estas alturas paradigmático es la serie *Sex Education* de Netflix, escrita por la feminista Laurie Nunn. Toda la narrativa de esta serie «para chicos» gira en torno a la vida sexual de adolescentes de 16 años. A través de escenas absolutamente explícitas, Netflix nos enseña cómo se hacen sexo oral los unos a los otros, cómo prueban las más diversas posiciones, cómo se preparan dos homosexuales para tener sexo anal, cómo se lamen el ano, cómo se travisten, cómo toman varias pastillas de viagra a la vez, cómo se masturban e incluso cómo eyaculan unos encima de los otros.

---

356. Por ejemplo, la encuesta nacional sobre discriminación en México, que llevó adelante INEGI, reveló que las creencias religiosas eran el tercer motivo más frecuente de discriminación en el país (28,7 %). En cambio, la preferencia sexual era el último motivo del ranking (3,3 %). *Cf.* «Estadísticas a propósito del Día Internacional de la Eliminación de la Discriminación Racial», INEGI, 19 marzo 2020, https://www.inegi.org.mx/contenidos/saladeprensa/aproposito/2020/DISCRIMINAC _NAL.pdf.

En esta serie, los adolescentes descubren de la nada su homosexualidad, van y vienen de un género a otro, e incluso hay personajes que fantasean con animales. Toda la narrativa no es más que sexo; ninguna relación es significativa, ninguna relación va más allá del placer sexual que uno puede recibir del otro. Todos son mirados y tratados como objetos. La mayoría de las veces, al terminar el acto sexual, concluye todo tipo de contacto; no solo de ahí no surge nada, sino que se busca la manera de decir que *no debe surgir nada* para no quedar atado al otro.

Todos los episodios de *Sex Education* abusan de un *framing* LGBT, feminista, abortista y hedonista de lo más evidente. Todo lo que encaje dentro de esas corrientes es exaltado de las más imaginativas maneras; todo lo que se oponga a ellas es ridiculizado y demonizado sin matiz alguno. Tomemos como ejemplo al azar el capítulo 3 de la primera temporada. La protagonista, que ha quedado embarazada tras tener relaciones sexuales ocasionales con un adolescente por el que no tiene interés alguno, acude a una clínica a que le practiquen un aborto. Ella es atractiva, inteligente y, por supuesto, feminista. El aborto no la preocupa en absoluto; se trata de un procedimiento menor, casi como quitarse una verruga. En la puerta, sin embargo, una pareja de cristianos, nada atractivos, mal vestidos, incluso ridículos, la llaman «asesina» y le dicen que se «irá al infierno». Estos cristianos son tan brutos que han escrito mal en sus pancartas la palabra «feto». Se nos dice también que ellos están esperando a casarse para perder la virginidad y así «no engañar a Jesús». La chica cristiana está muy enojada con su novio, porque él perdió la virginidad antes de su conversión religiosa. En cambio, ella sigue siendo virgen, aunque dice con mucho orgullo que tiene gran experiencia, ya que ha practicado desde sexo oral hasta sexo anal, aunque eso realmente «no es sexo» dado que ella «todavía es virgen». Los provida son absurdos, brutos e hipócritas. La protagonista, que es el exacto reverso de aquellos dementes, pasa sin problema alguno a la sala de abortos. Desde luego, no nos muestran el aborto. Netflix no tiene problema alguno en mostrar a adolescentes preparándose el ano para ser penetrados, pero decide no mostrar el aborto. La protagonista es anestesiada, y en la escena siguiente ya la vemos siendo dulcemente despertada por las aborteras. A su lado, una mujer de poco más de cuarenta años también acaba de despertar de un aborto. Está lagrimeando. Por un segundo, podemos pensar que siente culpa por haber matado a su hijo. Pero no; lo que le dirá a nuestra protagonista es lo siguiente: «Tengo tres hijos. Y siento mucha más culpa por los que tuve que por los que decidí no tener. Es mejor no ser madre que ser una mala madre». Nuestra adolescente se conmueve con tan «bellas» palabras, y ya está lista para volver de la clínica a su casa. La acompaña un chico que está interesado en ella. Le lleva flores. Es una de las pocas escenas románticas de la serie, y se da justo después del aborto.[357] Lo que se busca es poner en relación el hecho del aborto con un momento de ternura. De repente, abortar se ha convertido en una cita romántica.

Muchos padres descansan hoy en la «educación» que pueden brindarles las industrias mediáticas y del entretenimiento a sus hijos. *Sex Education* los releva del tedioso trabajo de educarlos ellos mismos. También releva al cuerpo docente en los colegios. La serie ya está siendo usada en clases de «Educación Sexual Integral» en muchos lugares. Así, los chicos pueden «divertirse y educarse» al mismo tiempo, consumiendo morbosamente en la pantalla la obsesión sexual de otros adolescentes como ellos, que, mientras cosifican a los demás, se autorrealizan en sus propios abortos.

En los procesos de socialización se resuelve la manera de *ver y estar en el mundo*. El dominio mediático de la socialización remite a una biopolítica, es decir, a una política de la vida que atiende especialmente a las variables biológicas de las poblaciones, y a una psicopolítica, es decir, a una política de la psique de los individuos. Los medios masivos cuentan hoy con capacidades técnicas para operar en ambos dominios. El manejo de la palabra, la imagen y el sonido, el control de las informaciones, las cogniciones y las emociones, el impacto consciente e inconsciente, conjugado con su alcance masivo, convierte a los medios en los más imponentes dispositivos de socialización de nuestros días.

En los medios masivos se elaboran pautas de conducta a través de la creación de modelos de comportamiento, se juega con

---

357. La referencia es válida para las temporadas uno y dos de la serie, que son las que se han emitido al momento de escribir estas líneas.

la excitación emocional en tanto que energía activadora de esos modelos, se delinean estereotipos, se establecen mecanismos de premios y castigos a través de narraciones que sirven de refuerzo axiológico, se configura el discurso social por medio de la promoción de ciertas palabras o determinadas resignificaciones, se contextualiza la realidad sobre la que la vida transcurre.[358] Todo esto se inmiscuye en nuestra interpretación de la realidad, y ocurre que nuestra acción depende en gran medida de esa interpretación. Cometen un gravísimo error quienes creen que estos enormes aparatos mediáticos de socialización brindan simplemente servicios de información y entretenimiento. Este error es, en realidad, una defección de la inteligencia y de la responsabilidad individual: este error es un síntoma de *idiotez*.

Los medios explotan la idiotez a través de los sentimientos y las emociones. El discurso persuasivo de los medios depende sobre todas las cosas de recursos emotivos. La vía argumentativa del discurso es poco eficiente si se la compara con la emotiva. Al requerir más del receptor, al demandarle el concurso de su razón, esa primera vía se topa con importantes limitaciones. El *idiota* no es afecto a los razonamientos. La emoción, en cambio, puede suscitarse sin esfuerzo alguno. Lo que vale para el dominio de la publicidad vale para el resto de los productos mediáticos: es la carga emocional lo que mejor y más fácilmente cautiva al receptor idiotizado. El argumento, que necesita de *razones* establecidas y concatenadas sobre una base lógica, cede al sentimiento, que postula *transferencias* y *asociaciones* de estados emocionales a objetos o sujetos determinados. En psicología se habla de «transferencia afectiva» para denotar el traslado de un estado afectivo determinado a una persona o una cosa, pero no como parte de una relación causa-efecto, sino con motivo de su contigüidad. Así, suscitando determinadas emociones en contigüidad con determinados contenidos, los medios masivos logran transferencias que se incorporan en los procesos de socialización.

---

358. Una gran cantidad de investigaciones sobre estos efectos pueden encontrarse en Joan Ferrés, *Televisión subliminal. Socialización mediante comunicaciones inadvertidas* (Barcelona: Paidós, 1996).

Un interesante ejemplo reciente de cómo se persigue este efecto en los productos de entretenimiento para niños puede advertirse en la película *Red* (2022) de Pixar. La narración gira en torno a la adolescencia precisamente. La protagonista, Mei Lee, una niña china de 13 años que vive en Canadá, se convierte en un panda rojo cada vez que siente emociones muy fuertes. La primera vez que Mei se convierte en panda ocurre justo en el momento de su primera menstruación. En sus recurrentes peleas con su disciplinaria madre, el mensaje latente siempre resulta ser el mismo: una niña de 13 años debería poder hacer lo que ella quiera. El mundo adulto se dibuja ciertamente miserable. El *filme* termina con una declaración de autonomía, en la que la protagonista le responde a su madre: «Mi panda, mi decisión». En un momento en que el aborto constituye un elemento central de la discusión pública en tantos países, incluido Estados Unidos, esa respuesta constituye una obvia referencia al principal eslogan de los sectores abortistas: «Mi cuerpo, mi decisión». De esta manera, se opera una transferencia afectiva que va de los vaivenes de la vida de la enternecedora niña-panda, con la cual ciertamente se ha empatizado e incluso identificado durante toda la película, a una toma de posición respecto a si es lícito *disponer del propio cuerpo para quitarle la vida a un hijo en plena gestación*.

A diferencia de la vía racional, la emotiva suscita la *apertura indiscriminada* y así esconde sus efectos de poder. «Abrir la mente», tal como hoy se demanda, significa, en realidad, cerrarla; significa desactivar todas las defensas intelectuales. Esta «apertura» sería de un inusitado «mal gusto» para Nietzsche.[359] Para Debord, sería una lisa y llana imbecilidad.[360] El entretenimiento es *positivo* y *transparente*. Uno queda brutalmente desarmado frente al entretenimiento, que se constituye, volviendo a Sartori, en un astuto triunfo del arma sobre la armadura. En efecto, el campo

---

359. «Tener todas las puertas abiertas, estar continuamente dispuestos a introducirnos, a precipitarnos dentro de los demás hombres y de las otras cosas; en suma, la famosa "objetividad" moderna es mal gusto, es falta absoluta de nobleza» (Friedrich Nietzsche, *El ocaso de los ídolos*. Madrid, M. Aguilar Editor: 1932, p. 253).

360. «Los imbéciles creen que todo está claro cuando la televisión les muestra una bonita imagen y la comenta con una mentira descarada» (Debord, *Comentarios sobre la sociedad del espectáculo*, p. 72).

del entretenimiento suele concebirse como ideológica y políticamente inocente. Pero es precisamente este disimulo la clave de su eficiencia política. Donde no se divisa el poder no hay resistencia posible. Un sociólogo dedicado al estudio de los medios de comunicación explica: «El efecto socializador de las emociones televisivas se produce sobre todo cuando el espectador no es consciente de las implicaciones ideológicas y éticas de las emociones».[361] En un sentido todavía más amplio, podría decirse que la socialización se deja en manos de los medios de comunicación de masas cuando no existe consciencia de sus implicaciones ideológicas. *El poder socializador de los medios es directamente proporcional a la eficacia de su disimulo.* En esto, sin embargo, encontramos una pista de su talón de Aquiles. Al depender del disimulo, el poder de los medios de comunicación puede que sea inmenso, pero no es absoluto. Esto significa que puede ser resistido. Hay una armadura capaz de detenerlo. El receptor siempre puede filtrar el contenido, siempre puede volver a levantar sus barreras, proteger y educar conscientemente a los suyos, invocar nuevamente su pensamiento crítico, anteponer el desarrollo de su inteligencia a la estimulación externa y dirigida de sus emociones.

El receptor siempre puede dejar de ser tratado como un idiota.

III- Educación

En uno de los diálogos mayores de Platón, Sócrates se enfrenta en un debate con Protágoras. Este último, que empieza afirmando que la virtud se puede enseñar —pues él mismo decía enseñarla—, decide explicarse a través de un mito. Se trata de un mito sobre la creación de las especies mortales por los dioses. Epimeteo y Prometeo fueron los encargados de otorgar capacidades a cada especie: el primero las distribuiría, mientras que el segundo supervisaría a la postre la distribución.

---

361. Ferrés, *Televisión subliminal*, p. 73.

Así pues, Epimeteo procuró ser justo en la repartija, otorgando capacidades distintas a cada especie de manera que, pese a todo, les permitiera sobrevivir:

> A los unos les concedía la fuerza sin la rapidez y, a los más débiles, los dotaba con la velocidad. A unos los armaba y, a los que les daba una naturaleza inerme, les proveía de alguna otra capacidad para su salvación. A aquellos que envolvía en su pequeñez, les proporcionaba una fuga alada o un habitáculo subterráneo. Y a los que aumentó en tamaño, con esto mismo los ponía a salvo. Y así, equilibrando las demás cosas, hacía su reparto. Planeaba esto con la precaución de que ninguna especie fuese aniquilada.[362]

Fuerzas, habilidades, protecciones, pelajes, dietas específicas: todo fue distribuido de modo que cada especie pudiese sobrevivir. No obstante, Epimeteo no previó que, tras efectuar toda esta distribución, aún le faltaba el hombre por equipar. Resultó entonces que ya no le quedaba nada para él. Así, Prometeo observó que «el hombre estaba desnudo y descalzo y sin coberturas ni armas» y decidió robar a Hefesto y a Atenea su sabiduría profesional y el fuego, y equipó al hombre con ambas cosas. Ahora el hombre tenía el fuego y la técnica. Con esto pudo construir sus casas, conseguir su comida, fabricar su vestimenta, forjar sus herramientas. Pero, dado que los hombres aún no poseían el arte de la política, no podían construir la ciudad: «se dispersaban y perecían». Intervino finalmente Zeus, enviando a Hermes para que llevara «a los hombres el sentido moral y la justicia, para que hubiera orden en las ciudades y ligaduras acordes de amistad».[363] A diferencia de otros conocimientos profesionales, como la medicina, que no es necesario que todos la posean, la política sería otorgada a todos, puesto que la buena salud de la ciudad depende de que todos tengan el sentido moral y de justicia.

Este mito dice muchísimas cosas. Una de las más importantes es que la supervivencia del hombre depende del conocimiento, tanto técnico como político. A diferencia de otras especies, el ser

---

362. Platón, *Protágoras*, 320d-321a.
363. Ibíd., 321c-322b-c.

humano precisa de mucho más tiempo para aprender todo lo que necesita para sobrevivir. El hombre, al llegar al mundo, no es mucho más que el ser desnudo e indefenso que ha dejado Epimeteo tras olvidarse de él en la distribución. Si así se lo dejara, el hombre sería la criatura más débil de todas: difícilmente sobreviviría. Pero, al llegar a un grupo social que ya posee conocimientos técnicos y organización política, puede convertirse en la criatura más poderosa de todas. Sin embargo, para ello, deberá *aprender*.

La educación separa al hombre de la bestia. «Educar», que proviene del latín, significa literalmente «conducir fuera de uno mismo» («ex»: fuera de; «ducere»: guiar, conducir). En este sentido, la educación es una forma de dejar de ser un *idiota* que no da con nada que esté fuera de sí mismo. La educación es una apertura a lo que está más allá de uno mismo, a todas aquellas cosas que no aparecen automáticamente en nosotros. Para conducir a alguien fuera de sí mismo hace falta otro que facilite dicha conducción. Todas las sociedades disponen de mecanismos, artefactos e instituciones que procuran cumplir con esta función. Las variaciones giran en torno a las preguntas de quién educa, a quiénes, sobre qué, de qué manera y para qué. La historia de la pedagogía es la historia de las respuestas a esas preguntas.

Platón, cuyo más importante texto político es en realidad un escrito educativo, tenía plena consciencia de lo delicado del asunto. En el mismo diálogo anteriormente mencionado, Hipócrates le dice a Sócrates que está dispuesto a dar a Protágoras todo lo suyo a cambio de que lo haga sabio. Dado que Protágoras es un famoso sofista, Sócrates reprende a Hipócrates:

> ¿Sabes a qué clase de peligro vas a exponer tu alma? Desde luego si tuvieras que confiar tu cuerpo a alguien, arriesgándote a que se hiciera útil o nocivo, examinarías muchas veces si debías confiarlo o no, y convocarías, para aconsejarte, a tus amigos y parientes, meditándolo durante días enteros. En cambio, lo que estimas en mucho más que el cuerpo, el alma, y de lo que depende el que seas feliz o desgraciado en tu vida, haciéndote tú mismo útil o malvado, respecto de eso, no has tratado con

tu padre ni con tu hermano ni con ningún otro de tus camaradas, si habías de confiar o no tu alma al extranjero ése recién llegado...[364]

La educación es una *operación sobre el alma*. Condiciona la vida entera de la persona. Las dimensiones morales y políticas que la educación involucra repercuten sobre el alma. Pero hace tiempo que hemos perdido esto de vista. Redujimos la educación a una pobrísima instrucción técnica, concebida exclusivamente para satisfacer las necesidades y los deseos del cuerpo. Así, la pregunta de Sócrates resulta hoy ininteligible: «¿Sabes a qué clase de peligro vas a exponer tu alma?». También resultaría extraña la pregunta inversa: «¿Sabes a qué clase de beneficios vas a exponer tu alma?». Los únicos beneficios que hoy se esperan de la educación son el cultivo de algún saber técnico del que proceda alguna ganancia dineraria y nada más.

Grandes filósofos de la era cristiana también entendieron la educación como una operación sobre el alma. En el caso de san Agustín, por ejemplo, el educando es auxiliado por el educador para descubrir lo que en su alma ya habitaba desde el principio. La educación saca a la luz un conocimiento que estaba latente, esperando a emerger. Para ello, el educador se vale de palabras y otros signos, pero como una «invitación» para «consultar» nuestra alma, donde yace la verdad. No obstante, a quien consultamos realmente es a Aquel «del que se dice que habita en el hombre interior, Cristo, es decir, la inmutable virtud de Dios y la eterna sabiduría».[365] Siglos más tarde, santo Tomás, que entenderá la educación como «conducción y promoción de la prole al estado perfecto de hombre en cuanto hombre, que es el estado de la virtud»,[366] responderá a Agustín. Dios ha dado la luz de la razón al hombre, con la que se conocen los primeros principios, y en este sentido «está claro que sólo Dios es quien interior y principalmente enseña». Sin embargo, la aplicación de esos principios debe ser enseñada, y también llamamos «maestro» a quien a ello

---

364. Platón, *Protágoras*, 313a-b.
365. *De magistro*, § 38.
366. *Suppl.*, III, q. 41, a 1.

se aboca. La enseñanza del maestro mundano puede no ser causa eficiente principal del conocimiento, pero sí es causa eficiente auxiliar: «Como se dice que el médico causa la salud en el enfermo, actuando la naturaleza, así se dice que el hombre causa el conocimiento en otro con la operación de la razón natural de aquel. Esto es enseñar».[367] A nuestra empobrecida mentalidad tecnocrática hoy le produce no solo extrañamiento, sino incluso ofuscación, advertir que de la cuestión educativa otros se hayan topado con filosofía del conocimiento, filosofía del lenguaje y teología.

Los filósofos humanistas, por su parte, repararon en la centralidad antropológica de la educación para el hombre en tanto que hombre. A través de la educación, el animal humano deviene hombre-culto. En el siglo XV, León Battista Alberti diferenciaba de manera drástica la herencia y el linaje respecto del cultivo: el hombre, «por muy gentilhombre que sea de sangre, si no tiene letras, de rústico será reputado».[368] Un siglo más tarde, Erasmo será aún más radical: no se puede «considerar hombre a quien carezca de letras».[369] Además, ofrecerá una explicación de las ventajas y desventajas del hombre respecto del resto de las criaturas que recuerda al mito de Epimeteo y Prometeo contado por Protágoras:

> La Naturaleza, madre universal, concedió a los animales irracionales mayor auxilio para sus funciones genuinas; sin embargo, como la providencia divina sólo a un ser animado hízole racional, dejó la mayor parte de su formación a la crianza. [...] Esta misma es la razón por la cual la Naturaleza atribuyó a los restantes animales la ligereza, el vuelo, la vista aguda, la corpulencia y robustez físicas, las escamas, el vello, el pelo, los cuernos, las uñas, el veneno con que puedan defender su indemnidad y proveerse de alimento y educar y sacar sus crías. Solamente al hombre lo alumbró fofo, desnudo, sin defensa. En compensación de todas estas deficiencias, le infundió una mente capacitada para toda suerte de disciplinas, pues en este don solo están

---

367. *De magistro*, a. 1.
368. León Battista Alberti, *Della famiglia*, citado en Nicola Abbagnano y Aldo Visalberghi, *Historia de la pedagogía* (Ciudad de México, FCE: 2016), p. 218.
369. Erasmo de Rotterdam, *De pueris statim ac liberalitar instituendis*, citado en Abbagnano y Visalberghi, *Historia de la pedagogía*, p. 228.

contenidos todos los otros, si se tiene acierto en formarla con ejercicios convenientes.[370]

Erasmo no reduce estas ventajas a los conocimientos técnicos. La educación es, ante todo, una operación sobre el alma. De ahí que merezca la máxima atención y cuidado. Sócrates llamó la atención de Hipócrates precisamente sobre esto. Erasmo hará lo mismo, respecto de un interlocutor suyo, con palabras muy similares:

> Nadie califica de prematuro este cuidado que se pone en la parte inferior del hombre [el cuerpo]. ¿Y por qué razón aquella parte superior por la cual nos cupo en suerte la denominación de hombre queda desatendida tan largo espacio de años? ¿No procedería absurdamente el que se le adornare el sombrero, olvidándose de su cabeza sarnosa y despeinada? Pues digo yo que muy mayor absurdo es poner el cuidado que es razonable que se ponga en el cuerpo mortal, sin tener en cuenta alguna la inmortalidad del alma.[371]

En el siglo XVII, John Locke, advirtiendo que un niño es «como un pliego en blanco o como cera que se puede moldear y labrar según el gusto de cada cual»,[372] elaborará una suerte de manual para educar a un caballero. La modelación de la criatura aparece como una operación sobre su alma. El grueso de los esfuerzos de Locke estriba en formar una persona virtuosa. Esto resulta mucho más importante, incluso, que la mera instrucción, a la que hoy reducimos la operación educativa.[373] Así, el niño debe desarrollar sus facultades racionales, con arreglo a las cuales actuar virtuosamente. La razón puede dominar el influjo de las inclinaciones

---

370. Erasmo de Rotterdam, *De cómo los niños precozmente y desde su mismo nacimiento deben ser iniciados en la virtud y en las buenas letras de manera liberal*, incluido en *Erasmo* (Madrid, Gredos: 2011), p. 332.
371. Erasmo, *De cómo los niños*, p. 331.
372. John Locke, *Pensamientos sobre la educación* (Madrid, Akal: 2017), p. 275.
373. «Lo que todo caballero que se cuide de la educación de su hijo desea para él, además de la fortuna que le deje, se reduce (supongo) a estas cuatro cosas: la virtud, la prudencia, las buenas maneras y la instrucción. [...] Pongo la virtud como la primera y la más necesaria de las cualidades que corresponden a un hombre o a un caballero» (Locke, *Pensamientos sobre la educación*, p. 189).

animales, y esta es la nota distintiva del ser humano civilizado. Todo este lenguaje hoy nos resulta también ininteligible.

Es, pues, la virtud solamente, la única cosa difícil y esencial en la educación, y no una atrevida petulancia, o una habilidad para desenvolverse. Todas las demás consideraciones y cualidades deben ceder y posponerse a ésta. Este es el bien sólido y substancial que el preceptor debe convertir en objeto de sus lecturas y de sus conversaciones, y la labor y el arte de la educación deben llenar de ello el espíritu, y consagrarse a conseguirlo y no cesar hasta que los jóvenes sientan en ello un verdadero placer y coloquen en ello su fuerza, su gloria y su alegría.[374]

También Rousseau, en el siglo XVIII, abordará el tema de la educación. En el *Emilio* nos presenta un experimento mental, en el que recibe a un niño para ser educado desde su nacimiento, y decide conducirlo al margen de las influencias del entorno social. La idea central del mito que contaba Protágoras regresa a primer plano: «Un hombre abandonado desde su nacimiento a sí mismo sería el más desfigurado de los mortales». Al nacer, nos falta todo, pero todo lo que obtenemos en nuestro desarrollo «se nos ha dado por medio de la educación». Rousseau buscará darle a Emilio, apoyándose en la naturaleza, todo eso de lo que este carece. La educación es la *cultivación* del hombre: «Se consiguen las plantas con el cultivo, y los hombres con la educación».[375] Sin educación, por tanto, no damos con el hombre.

Con un método muy distinto del de los humanistas y del de Locke, Rousseau procura sin embargo cosas muy similares. Presenta la educación como un proceso por medio del cual se construye al hombre libre y virtuoso. Este es el que no se deja «arrastrar por las pasiones ni las opiniones de los hombres», el que no está «gobernado por ninguna otra autoridad que no sea la de su propia razón» y el que «cumple con su deber, persiste fiel al orden y nada puede apartarle de él».[376] Ya estamos en tiempos modernos: hete aquí el sujeto autónomo que determina su vida con

---

374. Locke, *Pensamientos sobre la educación*, p. 102.
375. Jean-Jacques Rousseau, *Emilio o la educación* (Barcelona: Gredos, 2015), pp. 9-10.
376. Ibíd., pp. 279 y 504.

arreglo a la razón, producto de una buena educación que posibilita el *dominio de sí*. Este es el sujeto que nuestra posmodernidad ha sepultado hace tiempo ya.

Kant fue un lector entusiasta de Rousseau, y también dejó textos sobre pedagogía en los que la educación adquiere dimensiones antropológicas similares: «El hombre es la única criatura que ha de ser educada», y, más aún, «únicamente por la educación el hombre puede llegar a ser hombre».[377] Esta idea, tan extraña para nosotros, que vemos en la educación una mera instrucción técnica para gozar de una salida laboral, se repite una y otra vez. Así pues, la educación es un proceso por medio del cual el hombre se vuelve «disciplinado», «cultivado», «prudente» y «moral»: estas son las cuatro dimensiones que Kant concibe para la educación.[378] De esta manera, el hombre se aleja de la barbarie, se le instruye en diversos saberes y habilidades, se le enseña a vivir en sociedad y se le proveen criterios para elegir los fines buenos. Las esperanzas de la Ilustración como *progreso* de la humanidad se cifran en el poder de la educación: «Es probable que la educación vaya mejorándose constantemente, y que cada generación dé un paso hacia la perfección de la humanidad».[379] Hoy, lo único que se perfecciona es la técnica. La posmodernidad descansa en la frustración de aquellas esperanzas.

Por siglos, nuestra civilización entrelazó la educación con la metafísica, con la teología, con la antropología, con la estética, con la ética y con la política. Todos estos sentidos *profundos* de la educación están hoy perdidos. En la educación no hay ningún contacto con lo divino, porque Dios ya ha muerto (Nietzsche *dixit*). La educación no forma al hombre como hombre, porque el hombre ha muerto (Foucault *dixit*). La educación no cultiva al hombre, porque todo lo que ha quedado son industrias culturales de la vulgaridad que aniquilaron el sentido fuerte de la palabra cultura. La educación ya no tiene nada que decir sobre el bien y el mal, dado que ya hemos dejado atrás la era de la moral, y hoy debemos conformarnos con una «posmoralidad» (Lipovetsky *dixit*)

---

377. Immanuel Kant, *Pedagogía*. Madrid: Akal, 2003, pp. 29 y 31.
378. *Cf.* Kant, *Pedagogía*, p. 38.
379. Ibíd., p. 32.

sosa y, más aún, vacía. La educación tampoco forma al hombre políticamente, sino que se dedica a adoctrinarlo e idiotizarlo en un mundo que reduce lo político al propio ombligo.

El regalo de Zeus por medio de Hermes, esto es, el sentido de moral y de justicia, casi no tiene sentido ya para la mayoría de las personas. El sentido moral ha sido reemplazado por un relativismo cuyo imperativo consiste en suspender toda valoración moral y dedicarse, sencillamente, a «gozar» (¡qué enormes servicios ha prestado el progresismo a la sociedad de consumo!). Para esto no se precisa ninguna educación; no se aprende a levantar las barreras morales del «goce», sino que, en todo caso, se «desaprende» a ello.[380] Este es el culmen del proceso de idiotización colectiva. Ya no podemos definir el bien; ya no sabemos qué es el mal. Tampoco nos interesa. Hablar de moral hoy suena poco menos que a represión. *Bueno* es suspender todo sentido moral concreto; *malo* es decir que algún valor en concreto resulta absolutamente bueno y que algún mal en concreto resulta absolutamente malo. Cuando el mal es tan flagrante que desgarra nuestra vista, lo máximo que podemos hacer es cambiar nuestra foto de perfil; cuando el bien es tan bueno que nos conmueve, lo más que hacemos es dar un *like*. No cabe deducir ninguna reflexión ulterior de nada.[381]

Por regla general, lo que a todos se impone es una metaética que sostiene que cualquier sistema de valores vale tanto como cualquier otro, pues ya no existen puntos de referencia comunes. De lo que se trata es de celebrar la *diferencia*. Todo lo diferente es *bueno*: tal es el dogma de la metaética dominante. Pero si toda diferencia es buena, entonces el mal, en tanto que *diferencia respecto del bien*, no puede existir. Así, hemos hecho desaparecer el bien

---

380. «La ofensiva contra la oposición moral, precedida de otra contra la oposición de la verdad, impiedad de fondo, allana el terreno a la impiedad cultural en el sentido más vasto, en cuanto que la cultura pierde su significado si viene a menos su cometido formativo o de educación del hombre integral» (Miguel Sciacca, *El oscurecimiento de la inteligencia*. Madrid, Gredos: 1973, pp. 167-168).

381. «El idiota moral puede conseguir imitar o simular una emoción y hacernos creer que tiene buenos sentimientos. Pero no puede comportarse como lo haría un hombre reflexivo sin que haya dejado de ser el idiota que era, lo que ocurriría muy rara vez, o sin que ejecute su papel rematadamente mal, porque pararse a pensar es decididamente lo más extraño a su naturaleza» (Norbert Bilbeny, *El idiotismo moral. La banalidad del mal en el siglo XX*. Barcelona, Anagrama: 1993, p. 78).

y el mal en un mismo movimiento, en el nombre de la «diferencia». Lo valioso, por lo tanto, es cerrar de una buena vez la boca y suspender el juicio. Este dogma de la diferencia, sin embargo, no se aplica realmente a todos por igual: hace bastante que no resultaba tan fácil mofarse de ciertas religiones (las que no decapitan a los burlones), culpar de todos los males a uno de los dos sexos,[382] demonizar en la prensa a la gente señalando el color de su piel o atribuirle responsabilidades criminales contra el clima al fruto de las relaciones heterosexuales.[383] Asistimos, así, a un *idiotismo* moral que ni siquiera es consecuente consigo mismo, mientras repite por doquier que «todo vale lo mismo» y se regocija en la «diferencia».

La moral, que permitía mantener unido al grupo social, articulando la acción social y dando estabilidad a las expectativas sociales, ha sido despojada de la dimensión del deber. El actual hundimiento de las sociedades es, en gran medida, efecto de la desaparición de la moral. Las morales tradicionales, de raigambre teológica, se articularon en torno a un sentido fuerte del deber. Los modernos, que barrieron con el anclaje teológico de la moral y la hicieron descansar en el hombre mismo y su sociedad, mantuvieron por lo general un sentido fuerte del deber. El ejemplo paradigmático al respecto es el de Kant, pero también se puede pensar en Locke, en Rousseau, en Comte, en Durkheim, en Condorcet y otros muchos. El individuo autónomo se debe a sí mismo y a los demás; los derechos son acompañados por obligaciones, que constituyen la contracara de una misma moneda. Si en la escuela reposa la esperanza del progreso para los ilustrados,[384] eso es porque el individuo autónomo es el producto de una educación

---

382. *Cf.* «¿El cambio climático te da igual? Probablemente seas un hombre», *El Confidencial*, 25 julio 2022, https://blogs.elconfidencial.com/espana/segundo-parrafo/2022-07-25/cambio-climatico-te-da-igual-seas-un-hombre_3466083/.

383. *Cf.* «Having a child is the grandest act of climate destruction», *The Spectator*, 16 octubre 2021, https://www.spectator.co.uk/article/having-a-child-is-the-grandest-act-of-climate-destruction.

384. «Los progresos de las ciencias aseguran los del arte de instruir, que a su vez aceleran luego los de las ciencias; y esta influencia recíproca, cuya acción se renueva incesantemente, debe colocarse entre el número de las causas más activas y más poderosas del perfeccionamiento de la especie humana» (Condorcet, *Bosquejo de un cuadro histórico de los progresos del espíritu humano*. Madrid: Editora Nacional, 1980, p. 244).

que lo cultiva verdaderamente, y que le enseña por tanto a cumplir con sus obligaciones morales. No hay ilustración allí donde no se educan los deberes del hombre.[385] Los órdenes liberales que surgen al unísono descansan también en una moral fuerte, como por ejemplo la puritana. Es precisamente en virtud de esa moral fuerte como pueden mantener un Estado reducido: al existir obligaciones comunes que están más allá de la ley escrita, esta puede reducirse a la protección de la vida, la libertad y la propiedad. En cambio, nuestros sistemas morales mutilados, a los que correctamente se los ha denominado «posmoralidad»,[386] reemplazan el lugar del deber por la exaltación del deseo. *La única obligación pasa a ser el cumplimiento del propio deseo.* De ahí que la moral estalle en mil pedazos, porque le falta la dimensión del deber compartido que articula la acción social y da estabilidad a las expectativas sociales.

En el actual contexto, el otro regalo de Zeus —el sentido de la justicia— no puede referir más que a las disposiciones de los Estados. Si la única obligación moral estriba en el cumplimiento del propio deseo, la vida social dependerá como nunca de la maquinaria estatal. En el nombre de la «ampliación de derechos», el Estado deberá hacerse cargo de la consumación de los deseos muchas veces incompatibles de los individuos, y de su difícil convivencia. La justicia se reemplaza así por el capricho de quien grite más y tenga mayor poder de *lobby*. Sin educación política, además, las personas pierden de vista de dónde surgen las disposiciones estatales que, no obstante, les han enseñado a respetar en tanto que necesariamente «justas»: desconocen su carácter histórico, la relación de fuerzas involucradas, y se alienan respecto de ellas. La justicia deja de ser una virtud y se convierte en mera burocracia. Sin ciudadanos que cultiven la virtud de la justicia, embotados como están con la mera satisfacción del propio deseo y del propio capricho, los aparatos estatales represivos deben intensificar su labor para mantener algo de orden en una sociedad en completa

---

385. «La *ilustración del pueblo* consiste en la instrucción pública del mismo acerca de sus deberes y derechos con respecto al Estado al que pertenece» (Immanuel Kant, *El conflicto de las Facultades*. Madrid: Alianza, 2003, p. 165).
386. Gilles Lipovetsky, *El crepúsculo del deber. La ética indolora de los nuevos tiempos democráticos* (Barcelona: Anagrama, 1996).

descomposición. Hemos rechazado los regalos de Zeus, pero aún nos mantenemos unidos gracias a una organización impersonal que, monopolizando el uso de los instrumentos coercitivos, procura a la fuerza nuestra unidad.

El Estado moderno también ha monopolizado la educación. Así, ha procurado barrer con toda instancia educativa que no se someta a su más estricto control. Incluso las escuelas y universidades privadas, en las que muchos suponen que hallarán libertad, se deben en última instancia al cumplimiento de requisitos curriculares y burocráticos. De ahí que esos ambientes resulten, por lo general, igualmente asfixiantes. La más perniciosa de todas estas instituciones educativas para el Estado ha sido la familia, a la que hoy todos los gobiernos progresistas la combaten sin descanso. La última excusa para estas embestidas ha sido de índole sexual (y no podía ser de otra manera). En el nombre de los «derechos sexuales» y de la «educación sexual», que es algo que se supone, *a priori*, que los padres de familia no pueden otorgar, *los hijos han sido estatizados*. Con lenguaje encantador, al niño estatizado se le llama «sujeto de derecho» y, en el nombre de los «derechos» (tampoco podía ser de otra manera), la casta política da rienda suelta al adoctrinamiento más deleznable contra los hijos de los demás.

Es evidente que, al habernos quedado sin alma, y al llamarnos al silencio respecto de la ética y la política y resultarnos estos mismos dominios tan desconcertantes, todo lo que podamos hacer es hablar del pedazo de carne al que hemos sido reducidos. La educación es la gestión pretendidamente liberadora del pedazo de carne deseante que somos. La ética es la apertura indiscriminada a la diversidad de los otros pedazos de carne y sus deseos. La política es el juego schmittiano que hace amigos a ciertos pedazos de carne y enemigos a otros pedazos de carne, de acuerdo con el tipo de carne que a su vez desean, o de acuerdo con el tipo de carne que tienen entre las piernas. Esto es todo lo que se tiene para decir sobre estos asuntos. Todo lo demás suscita, en el mejor de los casos, desconcierto, y en el peor, risas soberbias. Si he presentado algunas ideas pedagógicas antiguas, medievales y modernas, es para imaginar el tipo de desconcierto y de burlas que ellas podrían hoy generar por parte de ese pedazo de carne que es el idiota.

Todo lo que se ha discutido en los últimos años sobre educación ha sido, en realidad, sobre sexo. El asunto del sexo, y sus
consecuencias reproductivas, ha sido una obsesión para Naciones
Unidas al menos desde la Conferencia Internacional sobre Población y Desarrollo de 1974 celebrada en Bucarest.[387] En la edición
de 1994 de la misma conferencia convocada en El Cairo, se solicitó a todos los Estados, además de aborto legal, políticas educativas
para reducir la natalidad.[388] En 1995, Naciones Unidas pidió que
todos los Estados se comprometieran de manera transversal con
la llamada «perspectiva de género», que es la forma amable de referirse a la ideología de género.[389] Hoy, la llamada «Agenda 2030»
de Naciones Unidas prácticamente no deja objetivo alguno sin
relacionar con el género y, concretamente en su objetivo 4, denominado «Educación de Calidad», hace de la ideología de género
un pilar educativo fundamental.[390] Así, la obsesión del sexo fue
transmitida a los Estados por parte de las organizaciones internacionales que los manejan. Esta obsesión sexual sería propiamente
adolescente, de no ser porque lo suyo es en verdad una biopolítica
ataviada de banderas multicolor. Las élites políticas se disfrazan
así de adolescentes para disimular, frente a una sociedad ciertamente adolescente, sus tejemanejes de fondo.

La ideología de género se ha convertido, así, en un dogma
escolar. Incluso contra la voluntad educativa de sus propias familias, violentando sus creencias y valores, los niños son sometidos a adoctrinamientos de lo más repulsivos en el nombre de

---

387. *Cf.* ONU, «World Population Plan of Action», Bucarest, 19-30 agosto 1974,
     https://www.un.org/en/development/desa/population/migration/generalassembly
     /docs/globalcompact/E_CONF.60_19_Plan.pdf.
388. *Cf.* UNFPA, «Informe de la Conferencia Internacional sobre la Población y el
     Desarrollo», El Cairo, 5-13 septiembre 1994, https://www.unfpa.org/sites/default
     /files/pub-pdf/icpd_spa.pdf.
389. *Cf.* ONU, «Informe de la Cuarta Conferencia Mundial sobre la Mujer», Bei-
     jín, 4-15 septiembre 1995, https://www.un.org/womenwatch/daw/beijing/pdf
     /Beijing%20full%20report%20S.pdf. Lo mismo se solicitará cinco años más tarde:
     Cf. ONU, «Declaración política y documentos resultados de Beijín+5», https://www
     .unwomen.org/sites/default/files/Headquarters/Attachments/Sections/CSW
     /BPA_S_Final_WEB.pdf.
390. *Cf.* ONU, «La Asamblea General adopta la Agenda 2030 para el Desarrollo
     Sostenible», https://www.un.org/sustainabledevelopment/es/2015/09/la-asamblea
     -general-adopta-la-agenda-2030-para-el-desarrollo-sostenible/.

la «educación sexual integral».[391] Maestros bien adiestrados por el Estado se obsesionan con enseñarles a masturbarse, a utilizar juguetes sexuales, a disfrazarse de Drag Queen, a practicar sexo oral,[392] a prepararse para mantener relaciones anales, a creer que la identidad sexual es una «construcción» abierta a infinitas posibilidades, a recurrir a un aborto de distintas maneras si lo desean, a acceder a bloqueadores hormonales y hormonas sintéticas si pretenden «cambiar su sexo».[393] A la vez que se les habla sobre «los

---

391. Es interesante advertir que ciertos sectores libertarios con corazón progresista se hagan los idiotas con la afrenta de la «educación sexual integral», que no es más que el *cliché* con que el Estado expande su soberanía educativa sobre áreas que deberían estarle vedadas. Murray Rothbard, uno de los principales referentes intelectuales del libertarismo, se había percatado muy bien de esta estrategia discursiva: «La idea de que la escuela no debería solo enseñar asignaturas, sino que debería educar al "niño completo" en todas las fases de la vida, es evidentemente un intento de arrogar al Estado todas las funciones del hogar» (*Educación: libre y obligatoria*. Madrid, Unión Editorial: 2019, p. 95). Hoy, muchos de los que dicen seguir las ideas libertarias en general, y de Rothbard en particular, se hacen los distraídos respecto de la «educación sexual integral», ¡no vaya a ser que los acusen de «conservadores»!

392. Nuevos casos se denuncian todos los días. En mi última corrección de esta parte, me avisan que, en una localidad de Barcelona, el ayuntamiento organizó una competición para niños (de 11 años en adelante) repleta de desafíos sexuales. En una de las actividades, debían colocar un condón en un plátano con la boca, untarlo con miel y nata y lamerlo. En otra actividad, dos niñas debían hacer posiciones de kama sutra, aplastando un globo hasta reventarlo. En otro de los juegos, se les mostraban drogas a los niños y se les preguntaba si se inyectaban o se inhalaban, y si la respuesta dada era incorrecta, se les echaba agua y harina. *Cf.* «Una "gincana sexual" con menores organizada por el ayuntamiento indigna a los padres de una localidad barcelonesa», *20 Minutos*, 5 agosto 2022, https://www.20minutos.es/noticia/5038600/0/una-gincana-sexual-con-menores-organizada-por-el-ayuntamiento-indigna-a-los-padres-de-una-localidad-barcelonesa/.

393. *Cf.* «Children as young as SIX are to be given compulsory self-touching lessons that critics say are sexualising youngsters», *Daily Mail*, 23 septiembre 2019, https://www.dailymail.co.uk/news/article-7490415/Children-young-SIX-given-compulsory-self-touching-lessons.html. «Sexpresan», Gobierno de Canarias, https://www3.gobiernodecanarias.org/medusa/ecoescuela/recursosdigitales/2015/03/22/sexpresan/. «"Mamá, estoy traumada": la clase de educación sexual que desató un escándalo», *Diario Popular*, 5 agosto 2018, https://www.diariopopular.com.ar/nota-destacada/mama-estoy-traumada-la-clase-educacion-sexual-que-desato-un-escandalo-n361261. «Sanidad y Educación promocionan el sexo anal entre niños de 15 años», *Libertad Digital*, 6 marzo 2010, https://www.libertaddigital.com/sociedad/juego-subvencionado-por-sanidad-sexo-anal-y-juguetes-sexuales-para-alumnos-de-15-anos-1276386502/. «Despite pushback from parents, publicly-funded "Drag Queen Story Hour" expands into NYC Middle Schools – "Performers" teach children «How to put on drag makeup», *Fox Metro News*, 25 mayo 2022, https://foxmetronews.com/news/despite-pushback-from-parents-publicly-funded-drag-queen-story-hour-expands-into-nyc-middle-schools-performers-teach-children-how-to-put-on-drag-makeup/.

derechos de las mujeres» y se les alecciona contra el «patriarcado opresor», se les insiste en que la biología no determina en ningún sentido su identidad, sin advertir la flagrante contradicción entre ambas aseveraciones. Estos profesores han perdido la capacidad de definir qué es un hombre y qué es una mujer, y al mismo tiempo repiten sin descanso que los hombres oprimen a las mujeres. Si se les exigiera una definición sobre qué quieren decir en concreto con «hombres» y qué quieren decir con «mujeres», como muchas veces se ha hecho, no se obtendrían más que balbuceos nerviosos.

Muchos países del continente americano, en su afán «deconstructivo», adoptaron para niños en edad preescolar y jardín de infantes el llamado «unicornio de género». Se trata de un dibujo adorable, diseñado para ganar el cariño y la confianza de los pequeños, a los que guiará en la tarea de autoseleccionar su identidad de género, su expresión de género y su orientación sexual (dividida en «atracción física» y «atracción emocional»).[394] En efecto, estas son las categorías con las que el unicornio les presenta el sinfín de combinaciones para autoconstruirse a gusto. Junto a esas categorías, también se encuentra la antipática «sexo asignado al nacer», que supone en su propia configuración discursiva que incluso lo que llamamos «sexo» no corresponde a ninguna dimensión biológica dada naturalmente, sino que también se trata de una «asignación» más (por parte del médico, de los padres, de la sociedad, etcétera). Así, un niño cuyo «sexo asignado» es «varón», por ejemplo, podría tener una «identidad de género» mujer (o sea, ser una «niña trans»), pero podría al mismo tiempo sentir atracción física por las mujeres (con lo cual, mantendría en rigor su heterosexualidad), pero tener atracción emocional por los varones, además de mantener una «expresión de género» masculina. O bien podríamos tener una niña cuyo «sexo asignado» es «femenino», pero cuya «identidad de género» es fluida (o sea, cambia constantemente), a la que a su vez le atraen física y emocionalmente las mujeres (o sea, lesbiana), pero cuya expresión de género es «andrógina». Las combinaciones, en rigor, son tan ilimitadas como absurdas. Este es el juego con el que hoy se

---

394. *Cf.* «LGBTQ: Gender & Sexuality Resources: Gender Identity Resources», Madison College, https://libguides.madisoncollege.edu/LGBTQ/gender.

adoctrina a niños de edad preescolar en muchos países, que todavía no saben leer ni escribir, no saben amarrar los cordones de sus zapatos, no saben siquiera dónde viven, pero deben construir su «identidad de género», su «orientación sexual» y su «expresión de género» desde el jardín de infantes.

El Estado se ha propuesto «deconstruir» la manera de ser niño o de ser niña; su objetivo es minar la identidad, gestionándola a través de fragmentos en constante expansión categorial. En esto consiste su biopolítica. Y la lleva adelante, por supuesto, orientado por los esfuerzos de las organizaciones internacionales y sus recursos. Entre ellas, destacan la Unesco y el Unfpa, que confeccionan manuales de «educación sexual» para distintos países. Uno de ellos, diseñado para Guatemala, luego de decir que la feminidad y la masculinidad constituyen simplemente «deberes, expectativas y prohibiciones» (o sea, un conjunto de elementos esencialmente negativos) construidos por la sociedad, interroga a los niños: «¿Crees que estos roles se pueden cambiar y ser hombre y mujer de forma diferente?».[395] En una guía para la implementación de la «educación sexual integral» del Estado peruano, en la sección «identidad de género», luego de brindarle distintas herramientas «deconstructivas» al docente, se le pregunta: «¿Qué podría hacer el profesor para que los y las estudiantes cambien sus estereotipos de género?».[396] En otro manual, se les pide a los docentes que muestren juguetes a los niños y les pregunten con cuáles les gustaría jugar: «Con seguridad, la mayoría de las niñas y de los niños van a responder de acuerdo al género», pero «nuestra labor en Educación Sexual Integral es, sin embargo, contribuir a que se superen esas pautas culturales».[397] Esta técnica también se está utilizando hace varios años ya en distintos países con la vestimenta y los accesorios: desde el preescolar, incluso, se anima a

---

395. *Cf.* «¿Qué es la sexualidad?», Unfpa, https://guatemala.unfpa.org/sites/default/files/pub-pdf/Que%20es%20la%20sexualidad%20compressed.pdf.

396. *Cf.* «Guía para implementar la educación sexual integral», Ministerio de Educación de Perú, https://repositorio.minedu.gob.pe/bitstream/handle/20.500.12799/7640/ (visitado en diciembre del 2021).

397. *Cf.* «Manual de educación sexual integral para el personal del nivel de educación inicial», Ministerio de Educación de Perú, https://www.spaj.org.pe/wp-content/uploads/2016/05/Manual_sexual_inicial.pdf (visitado en diciembre del 2021).

los niños a usar vestidos típicamente femeninos, colocarse aretes, collares, maquillarse, etcétera.

En Argentina, mientras las pruebas internacionales muestran una y otra vez las enormes deficiencias educacionales de los niños —que carecen de habilidades básicas de comprensión lectora, matemáticas y ciencias—,[398] la obsesión con la sexualidad y el género en los colegios raya el absurdo. En un manual para docentes del ministerio de Educación, se insta a que se cancelen «las historias de amor heterosexual romántico de ciertos cuentos, poemas y canciones», que se critiquen las «clases y ejercicios diferenciados en Educación Física», que incluso se revean «los enunciados de algunos problemas matemáticos» y que «se identifique la persistencia de sesgos heteronormados» en la enseñanza en general. Además, se llama a problematizar «la noción del amor romántico que se instala en la modernidad capitalista patriarcal, cis, heteronormada y los efectos que esta noción tiene en los modos de vincularnos y en la naturalización de las violencias de género». Entre los recursos que se brinda al docente para dar su clase de educación sexual, se encuentra una entrevista a un transexual: «Yo pienso que el género no es algo natural, es una construcción social, somos personas que nacemos con un cuerpo […] pero en esta sociedad tiene mucha carga eso porque hay un rol social asignado al cuerpo que tenemos». (Pero si el cuerpo no es significativo realmente, ¿por qué este entrevistado ha decidido someterlo a hormonas y cirugías para que se parezca al de una mujer?). Así

---

398. Por ejemplo, en las últimas pruebas PISA al momento de escribir este libro, Argentina había caído en el *ranking* educativo mundial: de los 79 países evaluados, Argentina se encontraba en el puesto 63 en lectura, 71 en matemáticas y 65 en ciencias. En estas tres categorías, el país se ubicó por debajo del promedio de América Latina. Si se comparan los resultados de 2019 con los de 2012, en la mayoría de los indicadores son peores. También en el Estudio Regional Comparativo y Explicativo (ERCE) de 2019, donde se evalúa lectura, matemáticas y ciencias, se obtuvieron peores resultados que en la edición anterior, del año 2013. En la mayoría de los indicadores, Argentina quedó por debajo del promedio regional. *Cf.* «Prueba PISA: Argentina cayó en ranking educativo mundial y matemática sigue dando la nota», *Ámbito*, 3 diciembre 2019, https://www.ambito.com/informacion-general /aprender/prueba-pisa-argentina-cayo-ranking-educativo-mundial-y-matematica -sigue-dando-la-nota-n5068994. «La Argentina obtuvo el peor resultado de su historia en una prueba educativa realizada por la Unesco», *La Nación*, 30 noviembre 2021, https://www.lanacion.com.ar/sociedad/la-argentina-obtuvo-el-peor-resultado -de-su-historia-en-una-prueba-educativa-realizada-por-la-unesco-nid30112021/.

pues, «mi propuesta es que empecemos a construir una sociedad donde realmente algún día no existan géneros»[399] (mientras busca desesperadamente acondicionar su cuerpo a la materialidad binaria de ellos). O sea, hay que negar la naturaleza y deconstruir la cultura. A continuación, se ofrece para los alumnos un poema que idealiza la borradura de la identidad:

Yo, reivindico mi derecho a ser un
monstruo
ni varón ni mujer
ni XXI ni H2o
Yo solo llevo las prendas de mis
cerillas
el rostro de mi mirar
el tacto de lo escuchado y el gesto
avispa del besar
y tendré una teta obscena de la luna
más perra en mi cintura
y el pene erecto de las guarritas
alondras
y 7 lunares
77 lunares
qué digo: 777 lunares de mi
endiablada señal de Crear
mi bella monstruosidad
mi ejercicio de inventora
de ramera de las torcazas
mi ser yo entre tanto parecido
entre tanto domesticado
entre tanto metido «de los pelos» en
algo
otro nuevo título que cargar
baño: de ¿Damas? o ¿Caballeros?
o nuevos rincones para inventar
Yo: trans... pirada.[400]

399. «Colección Derechos Humanos, Género y ESI en la escuela», Ministerio de Educación de Argentina, 2021, https://www.educ.ar/recursos/157473/genero/download/inline.
400. Susy Shok, «Yo, monstruo mío», citado en «Colección Derechos Humanos, Género y ESI en la escuela».

En esta misma línea, un manual para niños enseña por su parte que «la identidad de género no corresponde nunca a lo que dicen o señalan terceros, sino que es siempre una autodefinición». Esta atomización de la identidad es un idiotismo a todas luces. Para lograrlo, continúa el texto, «se pueden ingerir hormonas recetadas por un médico y se puede hacer una reasignación de sexo con intervenciones quirúrgicas». La tarea práctica que los alumnos deben hacer en esta sección del manual se denomina «El género opuesto», y consiste en «un ejercicio de cambio de identidad: nos ponemos un nombre, una edad y una orientación sexual diferente a la actual».[401] Así, los niños quedan obligados, en el nombre de la «educación sexual», a mutilar su propia identidad en el aula durante el horario de clase. Esta es la índole del adoctrinamiento y la ingeniería cultural que hoy se pone en marcha en prácticamente todas las escuelas de occidente.

Todo esto tiene su perfecta continuidad en el mundo de la «educación superior». La mayoría de las universidades juegan con la cabecita del idiota a gusto: primero destruyen lo poco que venía allí dentro, para después vomitarle lo que venga en gana. Si bien el progresismo ha dominado ideológicamente el aula desde hace muchas décadas,[402] el grado de hegemonía hoy conseguida convierte a las universidades en ambientes cerrados e irrespirables. Así, se oscurece aquello por lo que definíamos a la universidad como un lugar abierto al debate de ideas. La formación del conocimiento demanda un tipo de intercambio dialógico en el

---

401. *Cf.* «Derechos sexuales y reproductivos», Ministerio de Salud de Argentina, https://laesienjuego.com.ar/wp-content/uploads/2020/05/0000000395cnt-08 -Modulo_1.pdf.

402. Ludwig von Mises ya advertía en 1956 que «las nuevas generaciones se educan en un ambiente preñado de socialismo» (*La mentalidad anticapitalista*. Buenos Aires: Unión Editorial, 2013, p. 50). También en la segunda mitad del siglo XX, el sociólogo canadiense Dennis Wrong escribía: «también yo comparto la posición liberal de izquierda de la mayoría de los científicos sociales» («La tendencia política y las ciencias sociales», en Irving Louis Horowitz, *Historia y elementos de la sociología del conocimiento*, Buenos Aires, EUDEBA: 1964, p. 183). Respecto de Francia, en 1984 el sociólogo Pierre Bourdieu publicaba un trabajo sobre el ambiente universitario en el que reconocía que «la izquierda está mucho más fuertemente representada, y por lo tanto es mucho más visible». Además, establecía que «cuanto más cerca del polo "intelectual" del campo universitario, […] tanto más a la izquierda» (*Homo academicus*. Buenos Aires, Siglo XXI: 2013, p. 93).

que posturas distintas se atrevan a colisionar, pero lo que hoy la mayoría de las universidades requiere es acatamiento acrítico, no debates. La universidad se vuelve *oscurantista*.

En la mayoría de las universidades de hoy existen dogmas sagrados que nadie puede cuestionar. Cualquier estudiante sabe de los riesgos que corre por defender, por ejemplo, la reducción del tamaño del Estado y la necesidad de mayores libertades económicas. Rápidamente quedará estigmatizado como «neoliberal». También para cualquiera resulta obvio que se meterá en graves problemas si cuestiona las versiones oficiales de los relatos históricos, como, por ejemplo, la insoportable pleitesía que se le rinde habitualmente a las organizaciones guerrilleras que asolaron al continente en las décadas de 1960 y 1980. Rápidamente será reprendido por «defender las dictaduras genocidas» que las combatieron. Del mismo modo, todo estudiante sabe que se enfrentará a situaciones muy desagradables si osara defender el derecho de los seres humanos en gestación a seguir viviendo, si dijera que el sexo biológico es importante para determinar nuestra identidad, o si pusiera en cuestión la existencia del «patriarcado» mostrando la enorme cantidad de «brechas de género» (que maliciosamente se ocultan) donde el perjudicado resulta ser el hombre y no la mujer. Rápidamente será patologizado con alguna «fobia» y rotulado como «misógino» y «antiderechos».

Para los estudiantes que piensan distinto de lo que se espera de ellos, el paso por la universidad puede ser insoportable. El campo universitario está compuesto por un sistema de premios y castigos muy complejo, por medio del cual se va forzando al estudiante a una adhesión incondicional a la ideología dominante. El subsistema más evidente de todos es la calificación, cuando se utiliza no para medir la adquisición de los conocimientos impartidos, sino el ajuste a la ideología del docente. En la instancia evaluativa, el profesor puede beneficiar injustamente a aquellos estudiantes que se muestran dóciles a sus imposiciones ideológicas y perjudicar a quienes no. Esta es una práctica sumamente habitual, sobre todo en facultades de ciencias sociales y humanidades. El tipo de exámenes a desarrollar, con preguntas por lo general abiertas, en las que es difícil establecer métodos objetivos de evaluación, abre las puertas a sesgos ideológicos que apalancan premios y castigos de acuerdo con la sumisión o insubordinación ideológica del examinado. En casos extremos, que me ha tocado presenciar y padecer, los profesores incluso pueden eximir de ser evaluados a los estudiantes que se comprometan políticamente con las causas del docente.[403]

Más extremos aún son los casos en los que las calificaciones fueron modificadas, e incluso lo que era un examen aprobado se convirtió súbitamente en suspendido, a causa de alguna manifestación política posterior. Uno de ellos tuvo lugar en Argentina, donde un alumno, que acababa de aprobar el trabajo final de su carrera, celebró de una manera que a la universidad le desagradó. En concreto, sus amigos lo ataviaron con un pañuelo verde y le colocaron un cartel con la letra del himno feminista, en claro gesto paródico (que obedecía al hecho de que el mismo alumno *se definía como feminista y proaborto*). Esta actitud burlesca para con el feminismo se hizo pública en redes sociales, y la universidad decidió sancionar al estudiante —que acababa de finalizar sus estudios— bajo la normativa de «infracción grave» porque «considera que el hecho atenta contra las mujeres y los valores de la casa de estudio». La rectora de la universidad explicó a los medios que el estudiante «queda en condición de "libre". Va a tener que recursar la materia final y volver a presentar la tesis. Además, tendrá que cursar la materia optativa Diversidad de Género».[404] Mientras reviso estas líneas, Christian Fernando Cortez, un joven mexicano recién egresado de Psicología de la Universidad Autónoma de Baja California, se enfrenta a la posibilidad de que su flamante título le sea retirado. El motivo es que su discurso en la ceremonia de graduación incluyó pasajes donde se defendía la vida desde la concepción y se criticaba la ideología de género. Esto despertó la

---

403. En mi primer año de la carrera de Ciencia Política, los docentes de una asignatura ofrecían a los alumnos ser eximidos de una parte muy importante del examen final si aceptaban participar en actividades políticas en barrios pobres, a los que había que concurrir para difundir consignas izquierdistas y resentir social y políticamente a la gente del lugar.

404. «Dejaron "libre" al alumno que terminó la facultad y festejó con una burla a la lucha feminista», *Clarín*, 7 diciembre 2019, https://www.clarin.com/sociedad/polemica-universidad-privada-egresado-burlo-festejo-lucha-feminista_0_xHZzdj0-.html.

indignación de docentes y militantes, que están solicitando tanto a la universidad como al colegio de psicólogos que su título sea dado de baja. Por cierto, Cortez había sido elegido para brindar el discurso final por su promedio de excelencia: 9,9 sobre 10.[405]

Menos evidentes que el subsistema evaluativo resultan el condicionamiento curricular y el diseño mismo de la estructura y contenido de las asignaturas. En ciencias sociales y humanidades, sobre todo, donde las voces y los paradigmas son enormemente variados, los recortes temáticos son inevitables. Pero dichos recortes pueden estar motivados ideológicamente, en el sentido de ocultar adrede enfoques contradictorios, corrientes y autores que le brinden al estudiante una perspectiva distinta a la dominante. No es una casualidad, por ejemplo, que determinadas corrientes económicas, como la Escuela Austríaca de Economía, estén casi del todo ausentes incluso en los programas de Ciencias Económicas, o que determinados enfoques sobre la historia estén prácticamente prohibidos en las asignaturas relacionadas con esta disciplina. Tampoco es poco frecuente que, a la hora de sopesar el material estudiado a lo largo de una carrera de Ciencia Política, Sociología o Antropología, por ejemplo, nos encontremos con que la inmensa mayoría de los autores y paradigmas se enrolan en el espectro de las izquierdas políticas y culturales. Nunca escuché, por otra parte, de alguna cátedra universitaria de feminismo donde se estudien enfoques y autores disidentes, ni siquiera a las propias feministas disidentes, como puede ser el caso de Camile Paglia o Christina Hoff Sommers. De esta manera, quien diseña una asignatura tiene un enorme poder para que los temas, los enfoques y los autores seleccionados no dejen lugar a ningún cuestionamiento real, a ninguna visión alternativa.

Existen otros mecanismos de premios y castigos que también suelen utilizarse para reproducir las ideologías del cuerpo docente. Por ejemplo, los requisitos informales para recibir el estatus de «ayudante-alumno»: una buena relación con el profesor que, en

---

405. *Cf.* «Acosan a un graduado en la Universidad de Baja California por defender la vida», *La Gaceta de la Iberósfera*, 4 julio 2022, https://gaceta.es/iberosfera /intentan-cancelar-a-un-egresado-de-la-universidad-de-baja-california-por -defender-la-vida-y-la-familia-en-su-discurso-de-graduacion-20220704-2317/.

muchos casos, se traduce en una relación de *subordinación ideológica*. Es poco frecuente encontrar profesores que seleccionen como ayudante-alumno a estudiantes que contraríen *públicamente* sus propias posiciones. La armonía ideológica entre profesor y ayudante-alumno puede concebirse en muchos casos como la base más firme sobre la cual estabilizar la relación en cuestión. Aquí el sistema premia a quienes mejor internalizan la ideología del cuerpo docente. Y como el título «ayudante-alumno» suele ser el primer paso en la formación de un futuro docente, la reproducción ideológica queda así asegurada a largo plazo.

También los llamados «grupos de investigación», que generalmente están institucionalizados, pueden funcionar con estos mismos incentivos. Sus estructuras son siempre jerárquicas, y van desde el director del grupo hasta los alumnos-pasantes que trabajan *ad honorem* para el grupo. Estos últimos deben pasar, por supuesto, por un proceso de selección y admisión. La entrada al grupo de investigación no es libre; está vigilada, entre otras cosas, por criterios ideológicos que aseguren la coherencia y cohesión del grupo en cuestión. Muchos alumnos se ven motivados a colaborar en grupos de este tipo por una sencilla razón: para ellos se trata de un espacio fundamental de aprendizaje. Sobre todo, en carreras de ciencias sociales y humanidades, donde el estudio de la teoría prevalece en tanta medida por sobre la práctica, estos espacios tienen el especial atractivo de acercar al alumno a la puesta en práctica profesional de lo que en las cátedras se limita a estudiar casi siempre sobre terrenos teóricos. Asimismo, puede con ello sentar sus primeros precedentes en su *curriculum vitae*, de momento vacío, además de ir cultivando una red de contactos que eventualmente le será indispensable para conseguir un empleo remunerado. Por todo esto, el ingreso a un grupo de investigación está visto como un premio que ofrece el campo universitario a ciertos estudiantes que, además de cumplir requisitos formales tales como el buen desempeño académico, deben cumplir también el requisito no oficial de adherirse a la ideología del grupo en cuestión. No es concebible la existencia de ningún grupo de investigación donde los que están en lo más bajo de la estructura jerárquica, esto es, los estudiantes que trabajan allí *ad honorem*, cuestionen ideológicamente, de manera pública, a quienes se encuentran más arriba. Y si así lo hicieran, su permanencia en el grupo se vería seriamente amenazada, pues sobrevendría la desconfianza de sus pares y, sobre todo, de sus superiores. Así, el cultivo de la confianza dentro de un grupo de investigación depende, entre otras cosas, de la comunión ideológica de sus miembros, y es por ello por lo que, si el estudiante desea ingresar en un grupo de este tipo, debe demostrar su subordinación ideológica desde el inicio.

Los mecanismos de premios y castigos también pueden operar en los sistemas de becas y en los intercambios universitarios. La posibilidad de estudiar en una universidad extranjera durante un determinado tiempo, gracias a un programa de becas de la universidad actual del alumno, constituye un premio en sí mismo no solo por el aprendizaje, sino también por la experiencia. En estos casos, la ideología no puede entrometerse siempre con tanta facilidad; la obtención de este tipo de becas suele estar bien formalizada por reglas claras y bastante exhaustivas. No obstante, que no haya facilidad no quiere decir que haya imposibilidad. Los requisitos ideológicos pueden operar aun en las reglas mejor formalizadas, como, por ejemplo, la de conseguir cartas de recomendación de docentes, requisito formal muy utilizado en estos procesos. ¿Estarán dispuestos esos docentes a redactar y firmar una carta de recomendación para aquel alumno que alguna vez osó desafiar públicamente sus posiciones ideológicas? Muchos, ciertamente no. Y en general, estarían mejor dispuestos, naturalmente, a recomendar a aquellos estudiantes que, o bien no desafiaron públicamente sus posiciones ideológicas, o mejor todavía, se sumaron públicamente a ellas. La reproducción ideológica del cuerpo docente es, de tal suerte, reforzada con el requisito de conseguir estas cartas que operan como bendición para conseguir una beca.

Para el estudiante, sobrevivir en el campo universitario no solo significa ajustarse ideológicamente al cuerpo docente; también debe ajustarse a sus pares, es decir, a las ideologías dominantes entre los demás estudiantes, que suelen ser, no por casualidad sino por lo que hemos venido explicando, las de los círculos ideológicamente dominantes del cuerpo docente. En las facultades de ciencias sociales y humanidades, el criterio ideológico es importante para la formación de los grupos de estudiantes. Amigos, compañeros de trabajos grupales y agrupaciones estudiantiles suelen ser los tres tipos de grupo estudiantil que pueden formarse. Si bien el criterio ideológico suele estar presente en los tres tipos, los he ordenado en un sentido ascendente. Cuando un estudiante busca formar un grupo de amigos en su facultad, es probable que se sienta más atraído a conversar y relacionarse con quienes piensan parecido a él. Cuando lo que procura es formar parte de un grupo de compañeros para trabajos grupales, es todavía más probable que necesite de una mayor cohesión ideológica con sus pares para cumplir eficientemente con la meta del grupo: lograr calidad en los trabajos grupales. Y cuando lo que persigue es formar parte de una agrupación estudiantil, la cohesión ideológica ha de ser prácticamente total, toda vez que son los incentivos ideológicos los que están en la base de la formación y subsistencia de este tipo de grupos. De esta forma, la necesidad de pertenencia del estudiante a grupos estudiantiles va de la mano con la necesidad de ajuste a las ideologías que en ellos dominan, que suelen ser las dominantes entre el cuerpo docente (cuando esto no ocurre, sobreviene una crisis marcada por un distanciamiento cada vez más profundo entre profesores y estudiantes). Es por ello por lo que un estudiante que desee integrarse con facilidad entre sus pares debe ser, también, un estudiante que reproduzca la ideología dominante del campo universitario.

Además de todo esto, hay incentivos sociales y económicos de carácter profesional. La construcción de una carrera profesional vinculada a las ciencias sociales y a las humanidades, por lo general, no está tan vinculada al mercado como al Estado. Sociología, Antropología, Ciencia Política, Historia, Filosofía…, en el mercado hay muy poca demanda de profesionales de estas carreras. Es el Estado, más bien, el que puede remunerar su trabajo y brindarles posibilidades de llevar una vida más o menos digna. Esto se les enseña oportunamente, aunque de manera más o menos embozada, justo en este tipo de carreras, donde los estudiantes suelen inclinarse a valorar los mecanismos estatales de distribución por encima de los mecanismos de mercado. ¿Y cómo podría ser de otra manera, si su supervivencia depende de los primeros? Las facultades humanísticas enseñan a sus estudiantes a reconocer, de esta manera, sus intereses materiales, aunque lo hagan bajo la bendición de «grandes principios» —«Justicia Social», «Igualdad», «Revolución», etc.— que no reconocen en sí, a simple vista, el directo interés que un intelectual que vive del Estado puede tener en ellos. Al contrario, se le presentan al estudiante como nociones bondadosas y solidarias *per se*, alentadas por un altruismo que, en el fondo, esconde las pulsiones egoístas de quien necesita apoyar el mecanismo distributivo que le puede dar de comer, porque en el mercado hay muy pocos que estén dispuestos a pagar por su trabajo.

Son demasiados los mecanismos de premios y castigos susceptibles de una instrumentalización ideológica con los que el estudiante se topa en las universidades. Para poder resistir a ellos, el estudiante debe tener una firme convicción sobre sus ideas y valores, además de desarrollar su sentido de la valentía. Ciertamente, este camino es muy difícil. Quienes lo emprenden se fortalecen actitudinal e intelectualmente, pero sienten en el alma misma cómo esos mecanismos procuran destrozarlos por dentro y por fuera. No es poco a lo que se exponen. Recientemente, por ejemplo, la estudiante escocesa Lisa Keogh fue investigada por la Universidad Abertay por decir en un seminario sobre temas LGBT que «las mujeres tienen vagina». Sus propios compañeros la denunciaron por «comentarios inapropiados». Así, durante dos meses, la estudiante estuvo sometida a un proceso disciplinario justo cuando debía realizar los últimos exámenes de su carrera.[406] Un caso muy similar es el del estudiante Owen Stevens, que resultó suspendido por la Universidad Estatal de Nueva York a causa de un video que subió en sus redes sociales, en el que decía: «No importa lo que sientas por dentro, eso es irrelevante respecto de tu estatus biológico. No cambia la biología. La biología es muy clara. Y es binaria». Las autoridades universitarias entendieron que esta afirmación, científicamente válida, cuestiona sin embargo su capacidad para «mantener un ambiente de clase que proteja

---

406. *Cf.* «Law student, 29, sues university for dragging her through disciplinary after she said "women have vaginas" during seminar on transgender issues», *Daily Mail*, 20 octubre 2021, https://www.dailymail.co.uk/news/article-10112163/Law-student-29-sues-university-women-vaginas-row.html.

el bienestar mental y emocional de todos sus estudiantes». (¿Pero se puede adjudicar «bienestar mental y emocional» a quien se vea comprometido mental y emocionalmente al escuchar que sus sentimientos no modifican su biología?). Así, si Stevens deseaba continuar con sus estudios, debía someterse a una suerte de «plan de reeducación» y eliminar aquellos contenidos de sus redes sociales: o sea, autocensurarse.[407] Hay que destacar que fue la valentía lo que salvó tanto a Keogh como Stevens, que dieron una lucha contra sus propias universidades y salieron victoriosos.[408]

No solo los estudiantes, sino en muchos casos también los profesores están sujetos a estos mecanismos de premios y castigos. Las ideologías dominantes no solo son impuestas por el cuerpo docente, sino que también se le imponen a este de diversas maneras. Así, a veces se les van de las manos y se vuelven contra sus primeros cultores. Juana Gallego, profesora de un máster de género de la Universidad Autónoma de Barcelona, fue cancelada por las propias estudiantes. La razón fue que la docente no asumió la doctrina *queer*: «Si estás fuera del dogma "trans" te excluyen de la universidad», se descargó posteriormente.[409] De esta forma, las ideologías adquieren una inercia propia que escapa al control de quienes creían dominarlas.

Hay muchos otros casos de docentes de otros tipos de asignaturas, que procuran resistir a todas estas manipulaciones, que han recibido numerosos ataques por no adecuar su lenguaje a las exigencias de la ideología de género. Uno de los más paradigmáticos es el del profesor Jordan Peterson, cuyos problemas comenzaron

---

407. *Cf.* «Student suspended from education program for saying, "A man is a man, a woman is a woman"», *Daily Wire*, 26 febrero 2021, https://www.dailywire.com /news/student-suspended-from-education-program-for-saying-a-man-is-a-man.

408. Keogh está ahora en un pleito contra su universidad por la violación de la Ley de Igualdad de 2010, al perseguirla por «expresar sus creencias críticas de género» y por el «estrés causado en la parte más crucial de mi carrera universitaria». Stevens, que dijo estar dispuesto a dar batalla en los tribunales por conservar su derecho a decir que «un hombre es un hombre y una mujer es una mujer», logró revertir la suspensión. El dolor que infligen estas persecuciones queda ilustrado en las declaraciones del estudiante: esta victoria «no significa que no siga doliendo, o que no me mate por dentro que tanta gente quiera verme desamparado y desarmado por mis creencias».

409. «Las alumnas de un máster de género cancelan a una profesora feminista por no asumir la doctrina "queer"», *El Mundo*, 16 marzo 2022, https://www.elmundo.es /espana/2022/03/16/6231fc66e4d4d8ad2b8b45ce.html.

cuando criticó que el Estado pretendiera obligar a las personas a utilizar determinados pronombres de acuerdo con la autopercepción de los demás. Peterson ha terminado dimitiendo como profesor numerario de Psicología en la Universidad de Toronto tras ser atacado durante años de todas las maneras posibles. En su carta de dimisión, deja ver la perversidad de los mecanismos de poder que aplastan la autonomía de profesores y alumnos disidentes:

> La posibilidad de que mis estudiantes de postgrado varones, blancos y heterosexuales —tengo muchos otros, por cierto—, extraordinariamente cualificados y preparados, reciban una oferta para un puesto de investigación en la universidad son mínimas, a pesar de sus brillantes currículos científicos. [...] Mis alumnos resultan también en parte inaceptables precisamente porque son mis alumnos, y, en el ámbito académico, yo soy persona *non grata* por mis inaceptables planteamientos filosóficos.[410]

Incluso hay casos de profesores de escuelas, que al no utilizar «pronombres de género» de acuerdo con la presunta «identidad de género autopercibida» de los niños, resultaron expulsados de sus instituciones. Uno de los tantos ejemplos es el de Byron Cross, de Estados Unidos, que fue dado de baja del colegio donde enseñaba por haberse mostrado en contra de la idea de obligar a los docentes a modificar los pronombres que utilizan.[411] Otro profesor, el español Jesús Luis Barrón López, que llevaba más de 25 años ejerciendo la docencia en un instituto público, fue suspendido por decir que «solo existen dos sexos» y que «los hombres nacen con cromosomas XY y las mujeres con cromosomas XX». El profesor de biología se defendió: «Es como si me juzgaran por decir que la Tierra es redonda».[412] En México, Alan Capetillo, un

---

410. «Jordan Peterson: Why I am no longer a tenured professor at the University of Toronto», *National Post*, 19 enero 2022, https://nationalpost.com/opinion/jordan -peterson-why-i-am-no-longer-a-tenured-professor-at-the-university-of-toronto.

411. *Cf.* «Dan de baja a un profesor de EEUU por no dirigirse a los alumnos por el pronombre de su identidad de género, *Europa Press*, 7 junio 2021, https://www .europapress.es/internacional/noticia-dan-baja-profesor-eeuu-no-dirigirse-alumnos -pronombre-identidad-genero-20210601201748.html.

412. «Suspenden a un profesor por decir que sólo existen dos sexos: femenino y masculino», *Clarín*, 2 julio 2021, https://www.clarin.com/internacional/espana

profesor titular que llevaba una década dando clases en la Universidad de Aguascalientes, fue suspendido por haber criticado en sus redes sociales una manifestación feminista que terminó destruyendo iglesias, comercios y casas de vecinos en su ciudad.[413] Mientras escribo esto, en Irlanda, el maestro Enoch Burke acaba de ser enviado a prisión tras haberse negado a usar un pronombre neutro («they») para un estudiante trans, haber sido suspendido, y haber continuado con sus clases.[414] Tratado como el peor de los criminales por los reyes de la «tolerancia», la «inclusión» y la «diversidad», Burke está luchando tras las rejas por su libertad de expresión y de conciencia.

El panorama educativo es ciertamente complicado. El adoctrinamiento y la persecución reemplazaron al cultivo de las facultades humanas y a la apertura dialógica. Homogeneización, cerrazón, idiotismo: distintas caras de un mismo proceso. Al perder de vista que la educación era, sobre todas las cosas, una *operación sobre el alma*, hemos perdido de vista lo que en colegios y universidades se está jugando en este mismo instante.

IV- Excurso: Resistir

Descomposición del vínculo familiar, manipulación de los medios de comunicación de masas, adoctrinamiento de colegios y universidades: la resistencia a estas lacras se articula en una y la misma operación, a saber, *un esfuerzo de educación radical.*

Aquí, «radical» tiene que ver con *raíz*. La falta de educación real, debidamente aprovechada y estimulada por los poderes fácticos está en la raíz misma de la vulnerabilidad de la familia y

---

/suspenden-profesor-decir-solo-existen-sexos-femenino-masculino_0_ozd0_0HTw
.html.

413. *Cf.* «Suspenden a maestro por ofender a feministas», *El Universal*, 19 febrero 2020, https://www.eluniversal.com.mx/estados/universidad-de-aguascalientes
-suspende-maestro-por-ofender-feministas.

414. *Cf.* «Suspenden a maestro por no decirle «elle» a estudiante; sigue dando clases y lo encarcelan», *Televisa*, 6 septiembre 2022, https://noticieros.televisa.com/historia
/maestro-enoch-burke-es-llevado-a-la-carcel-por-no-decirle-elle-a-estudiante-en
-irlanda/.

la penetración de las industrias mediáticas y «educativas». Que los padres de familia no posean ya una visión consistente del mundo, un sentido profundo de la existencia o una serie de valores coherentes que transmitir a sus hijos, se puede interpretar como una renuncia, en primer término, a su propia educación. Que las personas se vuelvan tan vulnerables a la propaganda y al adoctrinamiento es la contracara de una falta absoluta de buena educación.

Hace ya tiempo que la educación fue absorbida por el conocimiento técnico. Educarse supone exclusivamente dedicar algunos años a algún estudio que luego permita alguna salida laboral en el mundo de la producción económica. La racionalidad instrumental se hizo así con la educación. En este contexto, el mundo de las humanidades supone, cuando mucho, un «conocimiento inútil». Nadie sabe bien qué se hace con esos conocimientos, pues no están «orientados a fines», sino a «valores», en la terminología de Weber. Las apasionadas discusiones sobre la verdad, la justicia, el bien, el mal, la belleza, la fealdad, no resultan «útiles» según los parámetros actuales. Pero eran estos conocimientos, precisamente, los que nos equipaban para desarrollar nuestras capacidades críticas y defendernos del medio: a través de estos conocimientos aprendíamos a *pensar*. Hoy solo aprendemos a producir.

Una educación radical implica una serie de esfuerzos autogestionados que esquivan los tentáculos del sistema y procuran recuperar lo que este escamotea. Se trata de atreverse a bucear en la historia sin ser necesariamente historiador; saltar al abismo de la filosofía sin ser necesariamente filósofo; abrirse a la antropología sin ser necesariamente antropólogo; escudriñar en la ciencia política sin ser necesariamente politólogo; hacerse de categorías sociológicas sin ser necesariamente sociólogo; husmear en la literatura sin ser necesariamente un lingüista o un literato. Una educación radical de resistencia niega la utilidad de la hiperespecialización en la que nos han sumergido.

Nunca como antes se ha tenido a disposición tanto material de estudio a tan bajo costo. Nunca hemos tenido —aunque nos excusemos diciendo lo contrario— tanto tiempo liberado para el cultivo del espíritu. Justo en el momento en que las máquinas se encargan de trabajos que antes llevaban mucho tiempo, las mismas máquinas se convierten en una adicción y dispersan nuestra atención. En Iberoamérica, el promedio de uso de redes sociales es de 212 minutos por día, o sea, más de 3 horas y media.[415] Pero una educación radical no tiene que ver ni con TikTok, ni con Twitter ni con YouTube. Una educación radical supone una *vuelta al libro*. Hacerse amigo de los libros, entablar una nueva relación con ellos, rastrear aquellos títulos que el sistema educativo condena y que la industria mediática cancela. Para lograr todo esto, hay que empezar por reordenar el uso del propio tiempo. Una serie menos, un libro más.

Una educación radical no equivale a acumulación de datos. *El dato no mata al relato.* Más bien, el dato es un soporte empírico del relato. La educación técnica ha hecho creer a las personas que los debates se ganan a base de estadísticas y números. Lo único que terminan entendiendo de un debate que miran por YouTube es que uno brindó más datos que otro. Todo lo demás se les escapa con facilidad. Lo que no pueden ver es que esos datos son simplemente un soporte para el despliegue de algo mucho mayor, que es la idea apalancada por el argumento. *El dato no es un argumento.* El argumento depende más de la formación que de la información. La formación es el fruto del *aprender a pensar.*

La formación sirve como un par de lentes cuyo aumento es directamente proporcional a la calidad de aquella. La formación es lo que permite, en primer lugar, advertir el significado de tal o cual dato, que se incorpora así al argumento que ha de presentarse. Sin formación andamos a ciegas, coleccionando datos que no están unidos ni muestran nada muy concreto. Una educación radical es un esfuerzo por lograr pulir los lentes, es decir, por formarse para *ver mejor* lo que ocurre en el mundo. Solo así uno puede verdaderamente resistir.

Sin educación, los padres no educan, sino que, en el mejor de los casos, *se limitan a criar.* Esto no es muy distinto de lo

---

415. *Cf.* Fernando Duarte, «Los países en los que la gente pasa más tiempo en las redes sociales (y los líderes en América Latina)», *BBC,* 9 septiembre 2019, https://www.bbc.com/mundo/noticias-49634612.

que hacen los animales, que tampoco están educados, sino, en el mejor de los casos, domesticados. La destrucción de la familia es paralela a la destrucción de la educación. No me refiero a la destrucción de la educación formal, que en realidad no es más que mera instrucción (en el mejor de los casos): nunca habíamos pasado tanto por instituciones formales de educación. Más bien, me refiero a una total desorientación, ignorancia e indiferencia respecto a sus propias creencias, a la historia de la sociedad y del mundo que habitan, a los valores que rigen su acción, a las costumbres que estabilizan sus vidas, a lo que efectivamente ocurre a su alrededor. Todo eso también es educación, aunque hoy entendamos por educación, sencilla y pobremente, «aquello que nos hará ganar dinero». La ausencia de esos elementos cuya indiferencia e ignorancia denuncio es un hándicap tremendo en la educación: es una *carencia de cultura*. Por eso Mead puede decir que los adultos de nuestra posmodernidad deben rendirse a una *cultura prefigurativa*, que es en realidad la negación misma de la cultura: un adulto sin nada que transmitir es un adulto que no ha cultivado en sí mismo absolutamente nada. La prefiguración que defiende Mead no es tanto el fruto de las nuevas tecnologías como el resultado de la aniquilación de la cultura y la educación significativa.

En la década de 1980, Allan Bloom se lamentaba por la pobreza intelectual y existencial de los estudiantes que llegaban a sus clases en las mejores universidades norteamericanas. Encontraba, por empezar, un enorme problema dentro de la misma familia: «Las personas cenan juntas, juegan juntas, viajan juntas, pero no piensan juntas. Apenas si algún hogar tiene la más mínima vida intelectual, y mucho menos una que moldee los intereses vitales de la existencia».[416] Comer juntos, desplazarnos juntos, compartir juntos la recreación... ¿no es esto mismo lo que hacen las manadas de animales? La familia, si no piensa junta, si no desarrolla una vida intelectual y moral propia, se reduce a pequeña manada. Es lamentable advertir que, pudiendo creíblemente considerar a la familia como aquel grupo social en el que sus miembros, por

---

416. Bloom, *El cierre de la mente moderna* (Barcelona: Plaza y Janés Editores, 1989), p. 58.

regla general, estarían dispuestos a dar la vida por otro miembro del mismo grupo, no nos resulte creíble pensar que, sin embargo, esos mismos miembros estarían dispuestos a comprometerse con su propia educación para cultivar la de los demás miembros. Dar la vida, sí; educarse, no.[417] El idiotismo se ha vuelto irresistible para muchos, y por eso mismo esos muchos ya no pueden resistir. Ni siquiera son capaces de avizorar por qué o contra qué deberían hacerlo. Las únicas batallas que libran son las de los videojuegos.

> No hay ni pobreza, trabajos ni respetos humanos que le dispensen de mantener a sus hijos y de educarlos por sí mismos. Lectores, me podéis creer. Yo pronostico que cualquiera que tenga entrañas y abandone tan sacrosantos deberes, derramará durante mucho tiempo amargas lágrimas por su error y jamás hallará consuelo.[418]

Hay muchos padres de familia que, por otra parte, se quedaron a mitad de camino. Sí que han tenido la inteligencia para advertir los ataques que su propia familia estaba recibiendo, pero experimentan una impotencia desgarradora respecto de sus propias capacidades para proteger a los suyos. Siento mucha tristeza cuando recibo mensajes de padres de familia desesperados porque su hija de 20 años llegó con un pañuelo verde abortista a la casa, o porque su hijo de 25 se volvió, «de repente», progresista. Siempre les pregunto si dedicaron alguna vez algún tiempo a la educación política de la familia. Habitualmente, no saben muy bien ni qué les estoy preguntando. Pensaron que la familia podía mantenerse al margen de la política sin sufrir ninguna consecuencia. Creyeron que existía una especie de burbuja en la que sus hijos se mantendrían incontaminados. Pero la verdad, en el fondo, es que ni siquiera ellos se dedicaron a su propia formación política. Entonces, ¿qué se supone que transmitieran a sus hijos al respecto? Uno no puede dar aquello de lo que carece. «¿Cómo puede un

---

417. Erasmo advertía ya que había padres de familia que lo darían todo por sus hijos, pero que paradójicamente descuidan su educación: «En conclusión, en todas tus posesiones no hay otra cosa que tengas más descuidada que aquella que tiene más precio que ninguna otra y a la cual lo destinas todo» (*Erasmo*, p. 335).
418. Rousseau, *Emilio*, p. 24.

niño ser bien educado por quien no ha sido bien educado?»,[419] se preguntaba Rousseau. Si uno no ha hecho nada por educar a su hijo en política, poco puede después quejarse porque este haya sido adoctrinado políticamente por otras instancias sociales. Aun así, nunca es demasiado tarde para recuperar el control; nunca es demasiado tarde para comprometerse con una educación radical.

Lo mejor, indudablemente, es formar a los propios hijos de pequeños, hacerlos partícipes de lo que ocurre en el mundo, prepararlos para las batallas culturales y políticas que deberán afrontar. «Mientras más tiempo le dejéis los ojos vendados, menos capaz será de ver claro cuando sea arrojado a plena luz»,[420] anotaba Locke. Se trata de apagar de una buena vez la serie, la película, el videojuego, y abrirse a una socialización política y cultural radical dentro de la propia familia. Los hijos deben saber lo que está ocurriendo, deben saber incluso, por boca de sus propios padres, lo que las industrias mediáticas y «educativas» les dirán. Anticipándose al adoctrinamiento, reconociendo su vocabulario, sus marcos y astucias, los jóvenes podrán resistir mejor. Aprender a conversar en familia sobre temas relevantes, debatir ideas y acontecimientos en familia, revisar y discutir el contenido de lo que a los hijos se les está diciendo en el colegio, analizar críticamente los contenidos mediáticos que se consumen, compartir la lectura de libros. Las batallas culturales empiezan en el hogar.

En un mundo donde la vulgaridad y la idiotez son la regla general, los hijos deberían sentir admiración por la formación cultural de sus padres. Esto demanda de los segundos un compromiso cultural consigo mismos y con los suyos. ¿En qué se basa la admiración que espera un padre de su hijo? ¿Acaso no ha reparado nunca en ello? ¿O no espera admiración alguna? Muchos esperan ser admirados por el automóvil que han podido comprar; otros, por determinadas habilidades técnicas que poseen; otros no esperan ninguna clase de admiración. No creo que sean muchos los que esperen recibir de sus hijos admiración de tipo cultural. Por eso, le ceden gratuitamente las funciones del desarrollo cultural al entorno. Pero cuando un hijo no admira en estos términos

---

419. Ibíd., p. 25.
420. Locke, *Pensamientos sobre la educación*, p. 129.

a sus padres, no tiene razón alguna para seguir sus enseñanzas. Así, se termina orientando por la cultura dominante, que no es cultura en un sentido fuerte, sino vulgaridad.

Reintroducir una cultura fuerte en la familia implica reintroducir el libro como fuente de cultura y volver a una acepción antigua de la palabra «ocio». Un hijo que observa que la única actividad ociosa de su padre consiste en mirar televisión, deslizar la pantalla en su *smartphone* o jugar videojuegos, reducirá su propio ocio a estas actividades empobrecedoras. Así, desconocerá la *potencia cultural* del ocio, en la que el hombre se realiza al margen de las exigencias del trabajo diario. Aristóteles habla en su *Política* del ocio como «libertarse de la necesidad de trabajar».[421] En la lengua de este último, *scholê* significa ocio, y es la raíz de la voz latina *schola*, de la que proviene a su vez nuestra palabra «escuela». El ocio no equivale aquí a descanso o mera diversión, sino que se presenta como tiempo para el *aprendizaje* liberado de las exigencias del trabajo. En la lengua de Aristóteles, el prefijo «*a-*» funciona como negación, y *ascholia* significa, precisamente, trabajo (no-ocio). El ocio es un tiempo libre para aprender, reflexionar, contemplar: tiempo para cultivarse. El ocio es el *fundamento de la cultura*.[422] Por eso Séneca podría más tarde afirmar que «los únicos ociosos son los que se dedican a la sabiduría; ellos son los únicos que viven, pues no solamente aprovechan bien el tiempo de su existencia, sino que a la suya añaden la de otras edades; todos los años, antes de ellos transcurridos, son por ellos asimilados».[423]

Un hijo debería ver a su padre cultivándose en sus momentos de ocio. Así, procuraría imitarlo. Que lo vea leyendo libros significativos, que lo vea yendo a conferencias, que lo escuche reflexionando sobre temas importantes. Que sepa que todo eso corresponde al mundo adulto, pero que él debe prepararse desde ahora en ese mismo sentido para ser culto como sus padres. Locke apostaba a que los padres transmitieran amor por las letras a los hijos desde niños: «dejadle creer que es un juego de personas

---

421. Aristóteles, *Política*, 1269a.
422. *Cf.* Josef Pieper, *El ocio: fundamento de la cultura* (Buenos Aires: Librería Córdoba, 2010).
423. Séneca, *De la brevedad de la vida* (San Juan: Universidad de Puerto Rico, 2007), p. 51.

de más edad que él».[424] Así, aprenderán a leer jugando, y se entusiasmarán con el mundo de las letras, creyendo que imitan los juegos de los mayores. Los niños quieren ser como los adultos, piensa Locke, y por eso propone esa estrategia. Hay mucho de verdad en esto. En definitiva, la calidad de ocio de los padres será la calidad de ocio de los hijos.

Pero una educación radical no es una propuesta dirigida exclusivamente al mundo adulto. La educación radical es también una invitación para la juventud. Muchos jóvenes hoy giran a la derecha, por muchas razones. Pero se conforman con memes, *reels*, tuits o debates de YouTube. Una educación radical es todo menos conformismo. El contenido que fluye en las redes sociales no debe verse como formación, sino simplemente como difusión. Las redes son un espacio para la propaganda; la formación se da en otro lado. Hay que difundir, por supuesto, pero también hay que formarse. ¿Qué difundiremos, si no?

Los jóvenes de derechas quieren ser mejores que sus pares del progresismo, que se dejan influir por la farándula, Hollywood y Netflix. El progresismo está tan trillado que con no poca frecuencia es posible ponerlo en aprietos con alguna idea-fuerza recibida por redes sociales. Esto hace creer a los jóvenes de derechas que ya están formados, que ya están «ganando» sus debates. Muchos de ellos me escriben y me cuentan que han debatido con compañeros, amigos e incluso familiares, y que han salido victoriosos gracias a «mis videos». No suelen mencionar ningún libro. El problema aparece, no obstante, cuando deben debatir con sus profesores. Ahí sufren la falta de lectura, la falta de profundidad.

«Es que los libros son aburridos». Así es como responden, sin ningún tapujo, a mi insistencia en lo importante que es su formación a través de la lectura. Los videos de YouTube se presentan con sonidos incrustados, con cambios rápidos de imágenes, con lentes negros en el rostro del presunto ganador del debate, y con música *hip hop*. Nada de eso aparece en los libros, cuyo desarrollo es lento y requieren una concentración dedicada: exigen más que unos minutos y jamás se ven los anteojos negros en el ganador. Sin darse cuenta, estos jóvenes han caído también presos

---

424. Locke, *Pensamientos sobre la educación*, p. 210.

del imperativo de diversión que caracteriza al idiotismo: no están dispuestos a hacer nada que no les resulte divertido.

Una educación radical no tiene por qué ser divertida. Es reconfortante, interesante, iluminadora, pero no tiene por qué ser divertida. Los jóvenes que realmente quieran resistir, que realmente quieran salvarse del idiotismo, deben aprender a vivir una gama de placeres mucho más profundos y permanentes que la mera diversión. Una educación radical implica esfuerzos que no quedan sin recompensas. En su *Metafísica*, Aristóteles comienza encontrando en el amor y el placer un motor natural del saber: «Todos los hombres por naturaleza desean saber. Señal de ello es el amor a las sensaciones. Éstas, en efecto, son amadas por sí mismas, incluso al margen de su utilidad...».[425] Que las sensaciones reporten amor al margen de su utilidad indica que el saber lo reporta en sí mismo. ¿Pero cuántos conocen hoy el placer del saber? El hastío que el conocimiento les genera es producto de buscarlo no como fin en sí, sino como medio para el éxito económico.

La educación radical la lleva a cabo uno mismo para el cultivo de su propia persona. En este sentido, es una *educación radicalmente libre*. No recibimos educación radical ni en el colegio ni en la universidad. Allí recibimos, en la mayoría de los casos, educación sistémica, que hoy es lo mismo que instrucción técnica. Vamos al colegio y a la universidad no tanto para aprender, no tanto para cultivarnos, como para obtener un certificado que nos abra paso a la obtención de un trabajo que nos deje dinero. Por eso nos hastiamos y nos desinteresamos con facilidad: porque no es el saber en sí lo que nos cautivó en un primer momento. Pero la educación radical es una cosa completamente distinta. No existen horarios, no existen exámenes, no hay currículos predefinidos. La persona misma va escogiendo los temas que más le atraen, los autores que más lo deslumbran, y se ve a sí misma estudiando por el amor al saber mismo, sin tener que someterse a ningún examen, sin esperar calificaciones ni instrucciones posteriores. La educación radical es *radicalmente antisistema*.

Que el joven arme su propia educación radical en paralelo a su educación formal. De esta manera, tendrá una ventaja

---

425. Aristóteles, *Metafísica*, 980a.

inconmensurable respecto de sus pares. Sabrá lo que ellos también saben (y que después del examen olvidarán), lo que el profesor les ha hecho estudiar en el aula, pero sabrá también mucho más que eso: sabrá lo que él mismo se ha esforzado por saber, y que por eso mismo perdurará. Que el joven cultive su propia biblioteca, que conozca sus autores a fondo, y también a sus adversarios. Difícilmente será derrotado en los debates que le tocará afrontar en el colegio y en la universidad. Ya no tendrá que decir que tal o cual cosa la sabe porque la vio por YouTube o por Instagram; tal o cual cosa la sabe porque realmente la ha conocido a través de los libros que se ha esforzado por leer. ¿Quién lo derrotará?

¿Seremos capaces de encontrar sentido todavía a lo que Alberti escribía hace seis siglos?

> Ninguna fatiga más remuneradora, si fatiga puede llamársela más bien que deleite y recreo de ánimo e intelecto, que la de leer y repasar cosas buenas: resulta uno abundante en ejemplos, copioso en sentencias, rico en persuasiones, fuerte en argumentos y razones; se hace uno oír; está entre conciudadanos y se le escucha de buen talante, se le admira, se le ama. No prosigo, que sería largo el decir cuánto sean las letras no digo útiles, sino necesarias a quien rige y gobierna las cosas; ni describo hasta qué punto son ornamento de la república.[426]

Reencontrándose con los libros, el joven se salvará del idiotismo, porque desarrollará un sinfín de facultades intelectuales y cognitivas que no se cultivan de ninguna otra manera. Su capacidad de análisis, de síntesis, sus astucias críticas, su imaginación, incluso su rapidez para establecer conexiones lógicas, unir datos, relacionar marcos teóricos…, nada de eso se logra en las redes sociales. Los libros —los buenos libros— le demandarán tiempo y esfuerzo, pero experimentará en sí el desarrollo de su propia formación: cada vez le resultarán más accesibles, más digeribles y apasionantes. Tal como ocurre con el gimnasio, que con constancia somos capaces de levantar más peso y ganar resistencia,

---

426. Alberti, *Della famiglia*, citado en Abbagnano y Visalberghi, *Historia de la pedagogía*, p. 218.

con los libros ganamos músculo intelectual y nuestra relación con ellos se torna cada vez más fácil cuando nos habituamos a leerlos.

Cuando ese joven que ha dedicado tiempo y esfuerzo a una educación radical, al cultivo de sí, tenga familia e hijos, tendrá algo valioso que legarles. Podrá ya no solamente defenderse a sí mismo, sino también defender a los suyos. Ya no será tan sencillo para las instituciones educativas del sistema y para los medios de comunicación de masas agredir a los suyos. Su familia ya no solo cenará junta, viajará junta y se divertirá junta, sino que también *pensará junta*.

CAPÍTULO V

POLÍTICA EN LA SOCIEDAD ADOLESCENTE

Ciencia Política fue una decisión muy difícil. Entre otras cosas, porque esa carrera únicamente se daba, por entonces, en la universidad más cara de mi ciudad. Mi familia no podía pagarla, de modo que debí trabajar y estudiar al mismo tiempo. Así, tuve varios trabajos a tiempo parcial: acomodador en un estadio, planillero en canchas de fútbol, diseñador de páginas web, limpiador de hoteles. Además, las ventas de mis libros producían algunos ingresos, sumado a algo que entraba de una revista digital que bautizamos *La prensa popular*.

El asunto económico me atormentaba muy a menudo. Recuerdo las conversaciones que tenía al respecto con mi entrañable amigo y maestro Nicolás Márquez, un escritor bohemio de derechas que lograba convencerme, mientras tomábamos cervezas en algún bar marplatense, de que el dinero estaba sobrevalorado.

La mayoría de los jóvenes (¡no todos!)[427] que estudiaban en mi facultad no solo no trabajaba, sino que nunca había trabajado.

---

427. Debo decir que hice un gran grupo de amigos en la facultad. Cuando pienso en ellos, me doy cuenta de que, como yo, la mayoría luchaba por salir adelante y no les sobraba un peso. No sé si esto fue una coincidencia o de qué se trataba todo aquello. Asimismo, la mayoría de ellos giró rápidamente a la derecha. Pronto fuimos reconocidos como los «de derechas» de la facultad, toda una rareza para la tradición de una institución acostumbrada a que sus alumnos fueran habitualmente de izquierdas. Mis amigos incluso crearon un centro de estudiantes, y ganaron dos o tres años consecutivos las elecciones. Los zurdos explotaban de la ira. ¡Qué recuerdos!

La cosa se les presentaba más fácil. Casi todos ellos provenían de familias con buena situación económica. Contaban con su cuota abonada a tiempo, un auto obsequiado por los padres para llegar a las clases, y su mensualidad para la cantina y para la fiesta del fin de semana. En muchos casos, a esto se agregaba un departamento debidamente equipado, con servicio de limpieza incluido, listo para el estudiante. Todo se les daba hecho. Pero nada de esto me generaba envidia. Lo que me generaba era el más absoluto desconcierto. Nunca pude dejar de preguntarme por qué casi todos ellos eran de izquierdas.

¿Por qué es tan fácil que un niño rico se vuelva de izquierdas? Más aún: «¿Por qué hay tantos niños ricos de izquierda?». Así titulé a fines del año 2014 una columna que, para mi sorpresa, terminó publicada en la revista *Forbes* en español. Inútil resulta buscarla: *Forbes* decidió borrarla hace tiempo. Lo que recuerdo con cariño es la molestia que generó en más de uno de estos niños ricos de izquierdas que me cruzaba a diario en los pasillos de la facultad. No me decían nada de frente, pero los rumores siempre llegaban. En todo caso, se desquitaban en sus muros de Facebook. Valientes del teclado.

Mi argumento, en aquel escrito, se basaba en el hecho de que los principios de justicia socialista, según los cuales a cada uno se le debe proveer de acuerdo con su necesidad, en el mundo moderno solo resultan apropiados para regir órdenes sociales muy pequeños, tales como las familias o los grupos de amistad. En efecto, hace justicia la madre que da a sus hijos según sus necesidades y urgencias, y no según otros criterios como podrían ser el mérito o la retribución. Ahora bien, si intentáramos aplicar hasta las últimas consecuencias el principio de la necesidad como criterio de justicia en un orden extenso, de ello solo podría derivarse una situación de incompleta injusticia e ineficiencia. El legítimo altruismo familiar devendría en ilegítimo saqueo social por parte de una autoridad planificadora que acabaría a la postre con toda

---

¡Cuánta diversión! Yo, que no tenía un minuto libre, me conformaba con mirarlo desde afuera, como quien disfruta una buena película en la que ocurren cosas excepcionales.

libertad individual y socavaría los incentivos productivos y el sistema de precios.

Lo que ocurre con estos niños ricos de izquierdas es que su propia experiencia de vida los lleva a extrapolar al orden extenso la moralidad propia del orden reducido. El joven ha aprendido a vivir mediante el esfuerzo de otros (sus progenitores), y ve que su vida es buena, y quiere lo mismo para los demás.[428] Su vida ha sido tan fácil y cómoda, en virtud de su pertenencia a una familia de holgura económica, que pretende hacer de la sociedad un reflejo de su familia y del Estado un reflejo de su padre. Puede tratarse de un sentimiento bueno y sincero, pero completamente errado en tanto que descuida algo fundamental: que sus padres jamás hubieran mantenido de la misma forma y en la misma medida a un completo desconocido que formara parte del orden extenso en el cual se asienta el grupo familiar.

Vista con la distancia del tiempo, este argumento explica cosas, pero no tantas como creía por entonces. No importa. Lo que ahora me importa es el recuerdo de cómo se alteraron los humores de muchos de los niños ricos de izquierdas. Podía sentir su furia por los pasillos, aunque no decían nada en voz alta. Incluso le pidieron a un profesor que me contestara, por las redes sociales, claro. También recuerdo que, una de las últimas veces que pisé la facultad, a las pocas horas de irme me mandaron un tuit de alguien que decía: «¡Qué asco! Laje se me sentó al lado hoy en la facultad, tenía ganas de vomitar, me tuve que ir». Los niños ricos de izquierdas estaban siempre alterados, siempre biempensantes, siempre políticamente correctos, repitiendo lo que había que repetir. Escuchar algo que los incomodara les provocaba, literalmente, náuseas. Recuerdo todavía a varios de ellos. Los recuerdo, a pesar de todo, con cariño. Esos privilegiados del capitalismo de papá y mamá que estudiaban Ciencia Política con el sueño de

---

428. Leyendo viejos escritos de la pedagogía renacentista, encuentro: «Los jóvenes son especialmente generosos y liberales por naturaleza porque no han experimentado necesidad y no han buscado riqueza para sí mismos por su propio esfuerzo; es inusual que alguien que ha acumulado riqueza con sus propios esfuerzos la desperdicie precipitadamente» (Pier Paolo Vergerio, «The Character and Studies Befitting a Free-Born Youth», en Craig W. Kallendorf, Ed., *Humanist Educational Treatises*, Londres: Harvard University Press, 2002, p. 15).

hacer la revolución. ¡Adolescentes del mundo, uníos! Una ternura. Esos rebeldes que se creían con el derecho de convertirse en las niñeras de la sociedad, que estudiaban para decidir sobre la vida y la propiedad de los demás. De vivir del padre a vivir de los impuestos del ciudadano: ese ha sido todo el progreso que muchos han logrado.

¿A qué niños estarán cuidando hoy?

I- Estado niñera

Alexis de Tocqueville, en un pasaje célebre de *La democracia en América*, trata de imaginarse la forma que tomará el poder despótico en el mundo venidero. Para ello, primero debe reparar en el tipo de hombre que habrá de ser gobernado. Sus palabras, que son de 1835, constituyen una anticipación muy precisa de nuestra sociedad actual:

> Si quiero imaginar bajo qué rasgos nuevos podría producirse el despotismo en el mundo, veo una multitud innumerable de hombres semejantes e iguales que giran sin descanso sobre sí mismos para procurarse pequeños y vulgares placeres con los que llenan su alma. Cada uno de ellos, retirado aparte, es extraño al destino de todos los demás. Sus hijos y sus amigos particulares forman para él toda la especie humana. En cuanto al resto de sus conciudadanos, están a su lado pero no los ve; los toca pero no los siente, no existe más que en sí mismo y para sí mismo, y si todavía le queda una familia, se puede al menos decir que no tiene patria.[429]

En estas palabras, el *idios* griego es pintado de cuerpo entero. Ensimismado, se sustrae de todo lo que no corresponda a su diminuto círculo. Nuestro *idios*, que además de patria tampoco tiene ya familia, está más miniaturizado de lo que pronosticaba Tocqueville. El diminuto círculo se reduce cada vez más. Cuando el *idios* se convierte en el sujeto promedio de la sociedad (tal como

---

429. Alexis de Tocqueville, *La democracia en América* (Madrid, Trotta: 2018), pp. 1151-1152.

anticipa el pronóstico tocquevillano), tenemos la forma-masa que describía Ortega y Gasset. Lo amorfo de la masa es producto de la atomización, seguida por la recomposición de las partículas en productos siempre maleables. Así, Tocqueville nos habla a su manera del *idiota*.[430] Pero, otra vez, su asunto es determinar de qué manera este sujeto será gobernado en lo venidero. Y así continúa:

> Por encima de ellos se alza un poder inmenso y tutelar que se encarga por sí solo de asegurar sus goces y de vigilar su suerte. Es absoluto, minucioso, regular, previsor y benigno. Se parecería al poder paterno si, como él, tuviese por objeto preparar a los hombres para la edad viril, pero, al contrario, no intenta más que fijarlos irrevocablemente en la infancia. Quiere que los ciudadanos gocen con tal de que solo piensen en gozar. Trabaja con gusto para su felicidad, pero quiere ser su único agente y solo árbitro; se ocupa de su seguridad, prevé y asegura sus necesidades, facilita sus placeres, dirige sus principales asuntos, gobierna su industria, regula sus sucesiones, divide sus herencias, ¿no puede quitarles por entero la dificultad de pensar y la pena de vivir?[431]

La astucia del «inmenso poder» que Tocqueville ve alzarse consiste, pues, en infantilizar a sus súbditos. Esto constituye el exacto reverso de las esperanzas de los ilustrados, que especulaban con que el poder educara para la autonomía. Si la Ilustración era, siguiendo a Kant, el esfuerzo por medio del cual el hombre se hace «mayor de edad», el despotismo («administrativo») que pronostica Tocqueville basará su poder en desbaratar esos esfuerzos.

Así, el súbdito debe ser mantenido en un estado permanente de *minoría de edad*. Por eso, la forma de este poder se le presenta a Tocqueville como distinta de la figura del padre. Este último tiene por objeto «preparar a los hombres para la edad viril», pero a la nueva forma de despotismo político le resulta conveniente detener para siempre al individuo en instancias infantiles de su desarrollo. Para esto, el poder debe ser más *amable* que disciplinador: más que ordenar, el poder debe *hacer gozar*. Esta es la única

---

430. Tocqueville no se ahorra adjetivos para calificarlo en este sentido: «pusilánimes», «lánguidos», «imbéciles» (*La democracia en América*, pp. 1160 y 1172).
431. Ibíd., pp. 1152-1153.

manera de lograr que el ciudadano desee su propia infantilización y no quiera salir de ella jamás. Por eso, la figura del padre resulta inadecuada como metáfora, puesto que su disciplina y su orden tienen fecha de vencimiento a la vuelta de la esquina, y en torno a ella gira la eficacia de su función. La índole de la paternidad descansa en la consecución de la mayoría de edad de los hijos. La del nuevo despotismo descansa, según Tocqueville, exactamente en lo contrario.

La libertad, de autonomía, pasa a ser, cuando mucho, «espontaneidad». La mayoría de edad se vuelve un estorbo para el goce, puesto que implica reglas y responsabilidades. A diferencia del niño que cumple las reglas de su padre, y a diferencia del padre entendido como mayor de edad que se da reglas a sí mismo, el adolescente se quiere por fuera de toda regla: «No soy libre cuando me doy libremente una regla de conducta, sino cuando me desembarazo de toda regla».[432] El Estado convertido en niñera, reglando y tutelando hasta el final la vida del súbdito, dictaminando y repartiendo «derechos» al por mayor, lo hará de modo que este no pueda salirse de su estadio adolescente, creyendo el muy idiota que está «liberándose de las reglas», cuando no deja de hipotecar su vida a una maquinaria que no ha dejado de crecer desde su advenimiento con el mundo moderno. Desembarazado de las reglas de la moral, de las normas de la costumbre, de las exigencias de sus lazos sociales y de su mismísima razón, el idiota «liberado» no tendrá ninguna opción frente a un Estado que continúa monopolizando la fuerza, que continúa sacándole el fruto de su trabajo, que lo desarma, lo adoctrina, lo embrutece, al mismo tiempo que lo acaricia, lo consuela, lo incluye y procura proveerle todos sus goces.

Más que el padre, la niñera. Más que el niño, el adolescente. *El Estado es una niñera de adolescentes en constante ebullición.* La figura del niño es demasiado inocente como para asemejarla a una plétora de idiotas. El «Estado gendarme» del liberalismo clásico, ocupado de garantizar la seguridad y el orden económico basado en la propiedad, es cosa de tiempos decimonónicos. El «Estado de

---

432. *Cf.* Régis Debray, *El Estado seductor. Las revoluciones mediológicas del poder* (Buenos Aires: Manantial, 1995), p. 103.

bienestar», decidido a la «redistribución de la riqueza» y la atención de las necesidades (sanitarias, educativas, alimenticias y habitacionales) de la ciudadanía, muy propio del siglo XX, también ha quedado chico para describir las funciones que actualmente el Estado demanda para sí. Los nuestros son más bien «Estados niñera» que, como razón primordial de su legitimidad, inscriben no ya la seguridad, ni siquiera la atención de necesidades de primer orden, sino la consecución del «goce» y de los «deseos», además de una amorosa «vigilancia sobre la suerte». Al igual que la niñera pierde su trabajo cuando el retoño madura, el Estado niñera tiene interés en que su ciudadano nunca deje de ser un adolescente.

El Estado paternalista ha quedado atrás, y solo sobrevive en cuanto que asiste económicamente a sus súbditos. En esto, pero solo en esto, sigue siendo un *Gran Padre*. En todo lo demás, su forma-niñera es lo que impera. Es suave, inclusivo, simpático: sus circunstanciales ocupantes deben ser todo menos gruñones. Sus ornamentos, decoraciones, ritos y símbolos deben ajustarse permanentemente a la moda del momento. Hasta las fuerzas armadas y de seguridad deberían mostrar su lado más encantador (que, ciertamente, no es el uso de la fuerza, sino algún baile por TikTok o alguna ocurrencia viral). El Estado niñera debe divertir, debe entretener, debe conmover y emocionar, debe enseñar a hablar, a tener sexo, a incluir, a besar, a consumir, a vigilar las calorías y los azúcares, a drogarse y a cuidar la salud. Pensando en términos de Max Weber, el Estado niñera es la organización de base territorial que detenta el monopolio de los instrumentos coercitivos, aunque puestos ahora al servicio del goce de la sociedad adolescente.

La política subversiva, para Foucault, pasa por la liberación de los placeres de los dispositivos subyugantes; para Deleuze, todo se cifra en los deseos de agenciamientos y las «desterritorializaciones». Tales son dos de los más potentes filósofos de la progresía contemporánea. Placeres y deseos deben ser liberados del maniatamiento y las permanentes producciones que operan sobre ellos los más variados dispositivos de poder, de control y «reterritorialización». Pero todo eso ya no resulta subversivo, sino que, en su práctica más concreta y actual, es absolutamente sistémico. Más aún, es *hegemónico*. Foucault y Deleuze pueden ser hoy redefinidos como pensadores del sistema establecido, lo que ciertamente los incomodaría mucho.[433] Mejor que ellos, Baudrillard.[434] Según Baudrillard, la ansiada «liberación» ya ha tenido lugar, y el panorama ahora es demasiado sombrío.[435] Por fin, hemos sido liberados de todos los lazos sociales significativos, de las costumbres, tradiciones, valores, normas y creencias. La técnica promete liberarnos a su vez de cualquier negatividad, cualquier dolencia, incluso de la muerte misma. Ahora que no creemos en nada ni nada nos une a nada, ni siquiera nuestro propio cuerpo, la dominación ha dejado su lugar a la hegemonía, sobre la que resulta imposible operar una fuerza contraria desde la negatividad: «La liberación total, la resolución de los conflictos y la libre disposición de uno mismo nos han llevado a someternos al orden mundial hegemónico».[436]

La inteligencia de la hegemonía, a diferencia de la mera «dominación» a secas, estriba en el levantamiento de las prohibiciones y el cumplimiento de todos los goces. El poder que abre el espacio del goce se vuelve goce para sus súbditos, que se regocijan y siempre demandan más de él. En la sociedad adolescente, cuya más consecuente encarnación individual es el idiota, el poder se apalanca en el goce. Por eso mismo, la visión de Baudrillard resulta certera:

---

433. *Cf.* François Bousquet, *El puto san Foucault* (Madrid, Ediciones Insólitas: 2019). Además, hace no mucho se desclasificaron archivos de la CIA entre los que se encontraron elogios que la Agencia profería a Foucault. *Cf.* Claudia Peiró, «Cuando la CIA elogiaba al filósofo Michel Foucault por considerarlo funcional al sistema», *Infobae*, 26 septiembre 2020, https://www.infobae.com/america/mundo/2020/09/26/cuando-la-cia-elogiaba-al-filosofo-michel-foucault-por-considerarlo-funcional-al-sistema/

434. «Y Foucault no habrá hecho más que darnos la última palabra en el momento en que eso ya no tiene sentido» (Jean Baudrillard, *Olvidar a Foucault*. Valencia, Pre-textos: 1994, p. 19).

435. «La orgía es todo el momento explosivo de la modernidad, el de la liberación en todos los campos. Liberación política, liberación sexual, liberación de las fuerzas productivas, liberación de las fuerzas destructivas, liberación de la mujer, del niño, de las pulsiones inconscientes, liberación del arte. [...] Hoy todo está liberado, las cartas están echadas y nos reencontramos colectivamente ante la pregunta crucial: ¿qué hacer después de la orgía?» (Jean Baudrillard, *La transparencia del mal. Ensayo sobre los fenómenos extremos*. Barcelona, Anagrama: 1993, p. 9).

436. Jean Baudrillard, *La agonía del poder* (Madrid, Ediciones Pensamiento: 2021), p. 38.

Ya no estamos sometidos a la opresión, a la desposesión o a la alienación, sino a la profusión y al tutelaje incondicional. Sucumbimos al poder de quienes deciden soberanamente sobre nuestro bienestar y nos colman de favores —seguridad, prosperidad, convivialidad, *welfare*— que nos abruman con una deuda infinita, imposible de saldar.[437]

La deuda que mantenemos con el Estado niñera, que es la encarnadura política y nacional de esta hegemonía global, es ciertamente infinita. Ya no esperamos de él que mantenga la seguridad del orden social, ni siquiera que se ocupe de nuestras necesidades en situaciones de penuria, sino que le demandamos un tutelaje gozoso de todos nuestros asuntos. La «liberación», finalmente, fue sencillamente un *despojo*: despojo de valores, despojo de principios, despojo de costumbres, despojo de lazos significativos, despojo del sexo, despojo de la identidad, despojo del yo. Allí donde antes el Estado se abocaba a operar el valor, a seleccionar la costumbre, a contribuir a la formación de la identidad, hoy apuesta por el total despojo (muy placentero, por cierto). Por eso mismo precisamente, la deuda es imposible de saldar; y es que ya no tenemos siquiera cómo negarla, no queda base sobre la cual hacerlo. La fuerza de los principios, la fuerza de los valores y las creencias, con arreglo a la cual se podría negar no solo esta deuda, sino la forma misma de este poder, se extingue en el preciso instante en que el único principio y valor posibles descansan en gozar. Insisto, esto es lo que se ha dado en llamar «liberación», que coincide paradójicamente con una hegemonía sin brechas a la vista. El hedonismo, que en algún momento fue subversivo, cuando se vuelve sistémico, cuando se convierte en cultura dominante, en ideología por defecto del sistema de consumo y del Estado niñera, inhibe toda negatividad. ¿En nombre de qué resiste al gozo del poder aquel que actúa bajo el único imperativo de gozar?

La disciplina, como forma molecular de la biopolítica en Foucault, no era una forma gozosa del poder. Enderezaba el cuerpo, cronometraba los tiempos, pulía los modos y las formas,

---

437. Baudrillard, *La agonía del poder*, pp. 40-41.

vigilaba el discurso, controlaba la eficacia del desempeño. La disciplina no se gozaba, sino que se sufría. Sus representantes más cabales eran todos personajes antipáticos: el carcelero, el psiquiatra, el maestro, el patrón, el sacerdote. En el malestar, sin embargo, todavía podían germinar fuerzas negativas de rebelión e incluso de revolución: «donde hay poder hay resistencia»,[438] escribía Foucault. Pero hoy, que ya no vivimos tiempos disciplinarios, y que la biopolítica es asistida por una psicopolítica que hurga en el consciente y el inconsciente de los súbditos, la única rebelión a la vista es aquella que demanda más goce y más cumplimiento de los deseos (rebelión contra lo que queda de moral, contra lo que queda de identidad, de creencias, de definiciones y convenciones).[439] No obstante, esto es todo menos rebelión. Con ello, el principio del poder, lejos de menoscabarse, se refuerza constantemente: la «pena de vivir», con la que ironizaba Tocqueville, sugiriendo que podría ser también encomendada al Estado, no se nos presenta hoy como una ironía en absoluto, sino como una concesión ya consumada, a la que podríamos agregar los medios mismos de nuestra muerte.[440]

La felicidad, a toda costa, se convirtió en una función gubernamental. Analicemos un ejemplo significativo. Cass Sunstein es un teórico y un técnico al servicio del Estado niñera. Es profesor de Harvard, y fue director de la Oficina de Información y Asuntos Regulatorios de la administración Obama. Hace no mucho, lanzó un libro bastante aclamado, en el que defiende un modelo de política en el que «el gobierno no cree que las elecciones de la gente proveerán su propio bienestar, y adopta acciones para influir o alterar dichas elecciones por el bien de la gente».[441] Estas

---

438. Michel Foucault, *Historia de la sexualidad. La voluntad de saber* (Buenos Aires, FCE: 2019), p. 91. Esto puede interpretarse de varias maneras. También podría decirse que el poder necesita construir sus propias resistencias: necesita su «disidencia controlada».

439. Frases de moda como «definirme me limita», «toda identidad es una cárcel», entre otras, dan cuenta de este *ethos* pseudorrebelde contemporáneo.

440. *Cf.* «¿Canadá usa la ley de eutanasia para acabar con sus pobres?: debate nacional por dos mujeres sin hogar que pidieron el suicidio asistido», Infobae, 11 mayo 2022, https://www.infobae.com/america/mundo/2022/05/11/canada-usa-la-ley -de-eutanasia-para-acabar-con-sus-pobres-debate-nacional-por-dos-mujeres -sin-hogar-que-pidieron-el-suicidio-asistido/.

441. Cass R. Sunstein, *Paternalismo libertario* (Barcelona, Herder: 2017), p. 78.

elecciones pueden remitir tanto a fines como a medios; a Sunstein le importan más estos últimos, y en esto precisamente su modelo no es tan *paternalista* como *niñerista*.

Sunstein está encantado con los avances de la psicología social y cognitiva, además de la economía conductual, que permiten entender mejor cómo deciden las personas sus cursos de acción, para poder interferir gubernamentalmente en ellos de forma «suave» con el fin de hacerlas «más felices». A esto Sunstein lo llama «empujoncitos»: medidas psicopolíticas más o menos disimuladas, que buscan influir sobre las elecciones de los ciudadanos. Así, por ejemplo, interviniendo en la arquitectura de la elección (¡prohibido poner en el mostrador de su comercio las cajas de cigarrillos!), jugando con los costes emocionales y psíquicos (¡ponga la foto de ese órgano canceroso en la etiqueta de cigarrillos!), modificando los significados sociales (¡usted, que tiene muchos hijos, será muy infeliz, no le conviene, piénselo bien!), enseñando a cumplir mejor los deseos (¡dróguese, pero hágalo bien, en este folleto le enseño cómo, y también le proveo jeringas!), generando reglas por defecto (¡si no quiere donar sus órganos cuando muera, venga a quitarse del listado porque su nombre ya está aquí!), y en algunos casos también imponiendo sanciones económicas (¡pague esta multa por dejar el salero en la mesa de su restaurante!).

Estos absurdos micropolíticos toman nuestra vida como objeto de gestión en el nombre del cumplimiento de nuestros *verdaderos deseos* y de los *medios más eficientes* para conseguirlos. Aun dejándonos elegir lo que deseamos, los funcionarios-niñeras estarán vigilando sin descanso distintos factores contextuales y psicosociales con el objetivo de que todo vaya bien para el ciudadano-adolescente. No es represión, sino niñerismo; más que prohibición, manipulación. No se trata tanto de decir «no lo haga», sino más bien «hágalo, pero de esta manera, que nosotros sabemos que es mejor para que cumpla eficientemente sus deseos».

Dos ejemplos. Hace algunos años ya, Michael Bloomberg, alcalde de Nueva York, prohibió los envases de refrescos de más de 470 ml. Lo hizo porque se vio que los individuos tienden a consumir el producto completo, de modo que el consumo calórico podía reducirse reduciendo el tamaño de los envases. De manera similar, también se ordenó reducir un 25 % la sal en los alimentos.[442] Así, no se prohíbe el consumo, sino que se lo encauza «por el propio bien del consumidor». Por otro lado, hace mucho menos, en Argentina, un municipio distribuyó folletos para enseñar a la ciudadanía a drogarse correctamente: «Porro: las flores son mejores que el prensado. Conseguilo de fuentes confiables», «Cocaína y pastillas: Andá de a poco y despacio. Tomá poquito para ver cómo reacciona tu cuerpo. Si te detienen, tenés derecho a un abogadx», «Si salís de joda cuidá tu salud».[443]

Este modelo político no va sobre las externalidades negativas del mercado que —según la teoría de fallos del mercado— pueden afectar a los demás, sino sobre las «malas elecciones» a las que los individuos con libertad de elegir se enfrentarían en términos de su propio bienestar si no contaran con el apoyo del Estado niñera. Sunstein se lamenta porque «los seres humanos pueden ser miopes e impulsivos», pueden otorgar «un peso indebido al corto plazo», también «procrastinan y como resultado a veces sufren», y porque «la gente puede ser optimista de un modo irreal».[444] El adolescente asoma tras la descripción de Sunstein. Semejantes condiciones exponen al individuo a malas decisiones. Sencillamente, «la gente a veces no es buena eligiendo, hace que su vida empeore (y consigue acortarla)».[445] Y dado que los ciudadanos muchas veces no eligen bien, el Estado niñera debiera encargarse del entorno decisional para garantizar la felicidad del pobre diablo en cuestión. La clave del éxito son los conocimientos conductuales que se han logrado y que se seguirán logrando, y las cantidades siempre crecientes de información que es posible obtener del ciudadano gracias al poder digital:

---

442. *Cf.* «El alcalde de Nueva York quiere prohibir las bebidas azucaradas gigantes», *El Mundo*, 31 mayo 2012, https://www.elmundo.es/america/2012/05/31/estados_unidos/1338473227.html. «Nueva York ordena reducir un 25% la sal de los alimentos», El País, 13 enero 2010, https://elpais.com/diario/2010/01/13/sociedad/1263337206_850215.html.

443. «Polémica por un folleto sobre drogas de la Municipalidad de Morón», *Perfil*, 25 abril 2022, https://www.perfil.com/noticias/politica/polemica-por-un-folleto-sobre-drogas-de-la-municipalidad-de-moron-toma-poquito-para-ver-como-reacciona-tu-cuerpo.phtml.

444. Sunstein, *Paternalismo libertario*, pp. 25-26.

445. Ibíd., p. 42.

Si la información suficiente sobre las elecciones pasadas de las personas o su situación personal está disponible, podrían diseñarse para esa persona reglas por defecto con respecto a los ahorros, el seguro de salud, la privacidad, acuerdos de alquiler de coche, la configuración del ordenador, y todo lo demás.[446]

Todo lo demás: a más información, mayor extensión de la intervención psicopolítica. Ningún límite a la vista: *todo lo demás*, en el nombre de la felicidad individual. *Todo lo demás* debería incluir hasta las compras de regalos de Navidad, con los que también muchas veces erramos.[447] Tocqueville: «¿no puede quitarles por entero la dificultad de pensar y la pena de vivir?». En efecto, lo importante es que no haya penas, que no se cometan tropiezos (y, por tanto, que no surja de ello ningún aprendizaje), que nuestros ciudadanos adolescentes sean siempre felices y cada vez necesiten más de los iluminados que representa Sunstein para conducir hasta lo más minúsculo de sus vidas, como la cantidad de sal en la comida (que mejorará la salud) o fumar flores en lugar de prensado (que mejorará el «viaje»). La libertad no será más que una palabra vacía, que ha de ser considerada solo en cuanto puede aumentar el bienestar del pobre diablo: «lo que realmente importa y debería hacerlo es el bienestar, por lo que las reivindicaciones de la autonomía son entendidas más bien como una heurística».[448] De esta manera, a Sunstein le resulta ininteligible la idea de que la libertad sea *intrínseca a la dignidad humana*, que constituya una realidad que no quisiéramos perder por más que se nos prometan elecciones supuestamente mejores, pero tomadas por otros. Sunstein se marea: «La versión densa del argumento de la autonomía no se centra en cuestiones empíricas, y esto, en cierto sentido, es un problema serio».[449] Es un problema serio, en efecto, para quien solo puede atender a argumentos empíricos; pero la libertad, en

---

446. Sunstein, *Paternalismo libertario.*, p. 123.
447. «Consideremos el descubrimiento de que la gente a menudo elige malos regalos de navidad para aquellos que ama y, por lo tanto, produce pérdidas por miles de millones de dólares cada año. La gente podría creer que cierto resultado incrementará su estatus o su sentido de propósito o significado, pero también podría estar equivocada» (Ibíd., p. 135).
448. Ibíd., p. 158.
449. Ibíd., p. 157.

la medida en que signifique algo relevante, no puede presentarse como una mera cuestión empírica. La libertad no es susceptible de ocupar una columna de Excel o un gráfico de barras. La libertad es un problema filosófico, no tecnocrático. Por eso, Sunstein no puede contra el argumento de la libertad en su «versión densa»: queremos libertad porque nuestra dignidad la exige; queremos libertad porque es la manera en la que el hombre vive como hombre; queremos libertad porque la autonomía es la conquista de la «mayoría de edad»; queremos libertad porque es la manera en que dejaremos de ser tratados como adolescentes idiotas.

La constante supervisión del cumplimiento de todos nuestros deseos y nuestra felicidad está también en relación con el hecho de que la política, en los días que corren, no puede pensarse más allá de la noción de «derechos», y ya ni siquiera generales, ya ni siquiera «derechos del hombre» o «derechos humanos», sino de «derechos» de esta o aquella minoría cada vez más fragmentada y fragmentaria. Desde luego, todos estos derechos hiperparticularizados continúan revistiéndose con el *marketing* de los «derechos humanos» cada vez que lo precisan. Pero, en la medida en que no reposan realmente en la humanidad del sujeto del derecho, sino en su más irrisoria particularidad, ese revestimiento opera como farsa. En consecuencia, la política se muestra ante nosotros simplemente como una carrera por la «conquista de derechos» que no dejan de germinar por doquier, que colisionan unos contra otros, que se contradicen mutuamente.

A una moral cuyo único imperativo consiste en gozar le corresponde una política cuyas demandas adquieren sin cesar el nombre de «derechos». De aquello de «toda necesidad genera un derecho» hemos pasado a «todo deseo genera un derecho». El derecho es un *producto de consumo más* (de ahí que a las grandes marcas les resulte tan fácil hablar de ellos en sus publicidades: emplean, en rigor, un mismo idioma). Pero, dado que los deseos son potencialmente infinitos, resulta ahora que los derechos también lo son. De esta manera, la noción de derecho queda indeterminada en su misma infinitud; el derecho pierde todo significado estable, pierde cualquier anclaje concreto y se convierte en el «significante vacío» en torno al que se legitima todo nuestro sistema político. Proderechos/antiderechos, esta es la forma actual del par de opuestos amigo/enemigo. Como nota la filósofa Montserrat Herrero, en nuestros tiempos «el espacio político hay que entenderlo como una trama lingüística en la que diversos actores luchan por apoderarse de los significados de las palabras».[450] Pero la palabra central del espacio político ha llegado a ser la palabra «derecho», y de ahí que toda política consista en sobrecargar de contenidos ese significante. Todavía más que disputas, hay adiciones. Ya nadie puede decir qué es un derecho, pero todos reclaman el suyo.

En primer lugar, es el poder el que ha perdido todas sus referencias: Dios, Comunidad, Razón, Pueblo. Tras esta pérdida, ¿de qué cabe pensar que pueda depender la noción de «derechos»?, ¿hay algún «régimen de verdad» que se sostenga más allá de la tecnocracia? En realidad, no queda punto de anclaje que no sea el del cumplimiento de los deseos. Ya prácticamente nadie cree que algún derecho emane de Dios, de la Comunidad, de la Razón o del Pueblo. Los derechos hoy emanan de los deseos, que son el *producto político de la sociedad de consumo.* De aquellos deseos que, claro, se inscriben en una constelación de fuerzas que les permiten revestirse del discurso de los derechos; de aquellos deseos que se revisten de fuerza cultural y política (*marketing ideológico*). Deseo, pues, como carencia, pero también como *agenciamiento.* Así, «derecho a la identidad de género», «derechos sexuales y reproductivos», «derechos menstruales», «derecho al orgasmo», «derecho a la autorrealización», «derecho a gustar», «derecho a gustarme», «derecho a la belleza», «derecho al talento», «derecho a la recreación», «derecho al deporte», «derecho a ver fútbol por televisión abierta», «derecho a las drogas», «derecho a un ambiente libre de humo», «derecho al aborto», «derecho a morir» en caso de que la vida resulte un calvario.[451] Todo esto constituye

---

450. Montserrat Herrero, *Poder, gobierno, autoridad. La condición saludable de la vida política* (Madrid: Centro de Estudios Políticos y Constitucionales, 2015), p. 22.
451. Por ejemplo, Amnistía Internacional está haciendo hincapié en lo que llama «derechos menstruales», que en realidad se refieren al derecho a la salud, pero presentado de una forma hiperparticular. *Cf.* «La menstruación y los derechos humanos», *Amnistía Internacional*, 28 mayo 2022, https://www.es.amnesty.org /en-que-estamos/blog/historia/articulo/la-menstruacion-y-los-derechos-humanos/. La misma organización insiste en el «derecho al placer sexual» y al «autoerotismo». *Cf.* «Declaración universal de los derechos sexuales», Amnistía Internacional,

el exacto reverso de la «búsqueda de la felicidad» a la que aspiraba la celebrada Declaración de Independencia de Estados Unidos, pues búsqueda no es provisión, ni gestión, ni prescripción ni consecución asegurada. Hoy, la felicidad también se reclama, sin embargo, como «derecho».[452]

Resistir, en este contexto, resulta muy difícil. El Estado niñera se postula como el garante de nuestra felicidad y bienestar. Se ha despojado de toda otra referencia en el nombre de la cual pudiera presentársele resistencia. ¿En el nombre de qué se le resiste? ¿De nuestra felicidad y bienestar? Pero ¿y si realmente las actuales técnicas psicopolíticas pudieran incrementar nuestra felicidad y bienestar? Esta desnudez tecnocrática, en la que no ha quedado más nada que la «felicidad» y el «bienestar», desmoviliza por doquier. ¿En nombre de qué se nos gobierna, si no de nuestra propia «felicidad» y «bienestar»? Desnudez absoluta. Junto con las referencias de Dios, Comunidad, Razón y Pueblo, también se han extinguido

---

29 febrero 2020, https://blogs.es.amnesty.org/comunidad-valenciana/2020/02/29/se-conocen-los-derechos-sexuales/. En España, Irene Montero se inventó a su vez el «derecho a la belleza». *Cf.* «Irene Montero posa para "Vanity Fair": "El acceso a la belleza es un derecho"», *Antena 3*, 23 septiembre 2020, https://www.antena3.com/noticias/espana/irene-montero-posa-para-vanity-fair-el-acceso-a-la-belleza-es-un-derecho_202009235f6b315941cb490001f0f1f7.html. En el mismo país, se creó el «derecho a la custodia compartida de la mascota» en caso de separación de la pareja dueña del animal. *Cf.* «Las mascotas se consideran ya por ley seres sintientes y habrá que tener en cuenta su bienestar en caso de separación», *El País*, 5 enero 2022, https://elpais.com/clima-y-medio-ambiente/2022-01-05/las-mascotas-se-consideran-ya-por-ley-seres-sintientes-y-habra-que-tener-en-cuenta-su-bienestar-en-caso-de-separacion.html. En Argentina, el secretario de Comercio defendió la existencia del «derecho al vino en las fiestas». *Cf.* «Roberto Feletti defendió la inclusión de alcohol en la lista: "¿El trabajador no tiene derecho a tomarse un vino?"», *Clarín*, 22 octubre 2021, https://www.clarin.com/economia/roberto-feletti-defendio-inclusion-alcohol-lista-trabajador-derecho-tomarse-vino-_0_TuSpEaU0D.html. También en Argentina, los políticos sostienen que existe el «derecho a ver fútbol de manera gratuita por televisión». *Cf.* «El Fútbol para Todos es un derecho», *Página 12*, 25 septiembre 2016, https://www.pagina12.com.ar/diario/deportes/8-310196-2016-09-25.html. Desde Naciones Unidas, hace tiempo que se viene insistiendo en los «derechos a las hormonas y cirugías de cambio de género». *Cf.* «Un experto en salud de la ONU para promover el aborto en la Asamblea General», *Center for Family & Human Rights*, 15 octubre 2021, https://c-fam.org/friday_fax/un-experto-en-salud-de-la-onu-para-promover-el-aborto-en-la-asamblea-general/.

452. Venezuela tiene su Viceministerio para la Suprema Felicidad del Pueblo. *Cf.*, «Maduro crea un Viceministerio para la Suprema Felicidad del Pueblo», BBC, 24 octubre 2013, https://www.bbc.com/mundo/ultimas_noticias/2013/10/131024_ultnot_venezuela_viceministerio_suprema_felicidad_az.

todos los ritos, todos los símbolos y ornamentos del poder. Estos señalaban en nombre de qué, con referencia a qué trascendencia, *quieren* ser gobernados los hombres. Jurar sobre una Biblia, jurar sobre una Constitución, besar una insignia, ponerse este o aquel distintivo, recibir el «bastón» de mando..., todavía miramos estos simulacros por televisión, les damos un «me gusta» por redes sociales, pero sabemos bien que carecen de toda eficacia. En la forma misma en que los medios masivos los transmiten advertimos su más brutal vacío: qué cosa besó quién, y qué demonios se supone que significa eso que besó; qué ropaje ceremonial se puso este otro, y qué demonios se supone que representa eso que se puso; sobre qué juró aquel, y qué demonios se supone que contiene su letra. Esta traducción constante de los símbolos y los ritos políticos constituye la más patente acta de su defunción.

Ya sin ropajes, el nuestro es un poder *pornográfico*. Ninguna trascendencia, pura trasparencia. ¡El rey está desnudo! Pero ningún caso tiene ya señalarlo; ningún efecto político sobreviene. Todos lo saben, todos lo aceptan, todos se han acostumbrado a ello. El momento del *striptease* ya pasó, y todo lo que quedó fue su desnudez más patente, su total obscenidad, que demanda a su vez la nuestra. ¡El rey está desnudo, pero nosotros también! Si las referencias del poder, que apuntan a aquello por lo que los hombres *quieren* ser gobernados, han quedado vacías, es que los hombres mismos están vacíos, pero continúan siendo gobernados.

La transparencia del poder es su mejor ideología; paradójicamente, es su mejor ocultamiento. De esta manera, la conspiración queda extirpada de la política. Conspirar, que proviene de *con* (unión) y *spirare* (respirar), es en realidad algo intrínseco a la política: aspirar coordinados, en voz baja, *respirar juntos*. Toda esta dimensión negativa, secretista, oculta de la política se esconde tras la ideología de la transparencia. Amamos tanto esta *apariencia* de transparencia, esta pornografía obscena del poder, que nos exasperamos frente a la más mínima «teoría de la conspiración» que sugiera que el poder no es, por necesidad, absolutamente visible. Al contrario, nos regocijamos en un rey que quiere que veamos que su traje es transparente. En esto consiste su astucia, en ponerse un traje transparente, sabiendo que es transparente, mostrándonos cuán transparente es su traje. Nada mejor para él que ser apreciado desnudo, pues llegamos a creer que no tiene nada que ocultar. Su desnudez ya no resulta ridícula. Nada peor para él que ser advertido en sus zonas no visibles, en su *deep state*, en sus élites e intereses no declarados, en su adhesión a agendas globalistas, que resultan en ridículas «teorías de la conspiración» de las que hay que mofarse con la información de CNN en la mano. ¿Recordamos todavía, acaso, cuando nos decían que la isla del señor Epstein, verdadero punto de encuentro de élites para la corrupción de menores, era solo una «teoría de la conspiración» de absurdos derechistas que ya no sabían cómo ensuciar a la familia Clinton?[453]

El Estado niñera *es obsceno, no seductor*. Se las arregla muy bien sin todos esos signos de poder. La obscenidad es suya, pero también nuestra. El Estado niñera depende de la sobrecarga de deseos transfigurados en demandas, que caen bajo la dirección tecnocrática. Esto engendra una acción política, una «política del deseo» en la que «lo personal es político», en la que el deseo se convierte en una exigencia de tipo político que tira de la falda del Estado niñera y le lloriquea por la más inmediata consecución de sus caprichos. Esa enorme obscenidad que es el Estado se muestra entonces como un depósito de deseos y nada más que eso; una máquina que captura y procesa deseos, y que quita «la pena de vivir». Pero la visibilidad que precisa el deseo para volverse político lo torna a su vez necesariamente obsceno, lo sustrae de toda seducción («la obscenidad quema y consume su objeto», dice Baudrillard),[454] que implica siempre disimulos, intrigas, expectaciones que refuerzan la intensidad del deseo mismo.

El político de hoy *es obsceno, como el porno; no seductor.* Lipovetsky, que lo cree un seductor, no percibe la obscenidad

---

453. Los documentos probatorios que se presentaron recientemente en el juicio contra la madama Ghislaine Maxwell prueban que Bill Clinton sí viajó a la isla Little St. James, bautizada como la «isla de los pedófilos». Además, Clinton ha tenido que confesar que voló «cuatro veces» en el Lolita Express, el avión privado de Epstein con el que habitualmente se conducía a invitados VIP a la isla. Las acusaciones dicen que la cantidad de vuelos fueron, en realidad, veintiséis. *Cf.* «Bill Clinton, invitado VIP a la isla de las orgías de Epstein», *ABC*, 1 agosto 2020, https://www.abc .es/estilo/gente/abci-bill-clinton-invitado-isla-orgias-epstein-202008010106 _noticia.html.

454. Jean Baudrillard, *De la seducción* (Madrid, Cátedra: 1981), p. 33.

que se levanta frente a sus ojos.[455] La regla de mostrarlo todo, de abrir las puertas de sus casas y de «sus corazones», de enseñar sus *hobbies*, sus vacaciones, sus relaciones íntimas, sus gustos, sus vulgaridades y nimiedades, es la regla de la transparencia total, que no es del orden de la seducción, sino de la obscenidad. Claro que los políticos necesitan, hoy más que nunca, asesores de imagen, maquilladores experimentados, camas solares, *coiffeurs* reconocidos, profesionales de la edición, diseñadores creativos, *personal trainers* y mucho más. Pero esto no atestigua una seducción de la política, sino más bien su bancarrota. Ya hemos atravesado el fin de los grandes discursos, de las ideologías sistemáticas, de las retóricas encendidas. Eso era seducción política: el desciframiento de una doctrina, la discusión de un programa, el debate en torno a un acontecimiento, la colisión entre significantes políticos fuertes. La seducción no es nunca transparente, sino que juega con sombras y zonas vedadas; no es inmediata, sino que demora los procesos; no es estrecha, sino que se intensifica en las distancias justas; no es simple ni animal, sino ritualmente compleja y llena de carga simbólica; de ahí que no sea unívoca, sino que suscite juegos de interpretaciones múltiples; no resulta inmovilizadora, sino que llama a la acción; no es superficial, sino que invita a sumergirse en las profundidades de las expectaciones.

Nada de esto consiguen —ni, por otra parte, procuran— los políticos del Estado niñera. Lo suyo es la transparencia, la estrechez, lo unívoco y simplón, lo superficial y desmovilizador. Las campañas políticas se convierten, de esta manera, en esfuerzos de *marketing* que en nada difieren de los del mercado. Publicidad más que propaganda. El objetivo no consiste en vender ideas o proyectos, sino una personalidad, y no en lo que ella tiene de política, sino en lo que tiene de banal. En México, se dice que la clave del triunfo electoral de uno de sus presidentes fue el color claro de sus ojos. En Chile, Gabriel Boric generó expectativas a causa de su juventud. En Argentina, cuando el equipo de campaña de Alberto Fernández entendió que el perro del candidato era más presentable que su hijo *queer*, se armaron redes sociales para aquel vistoso

---

455. *Cf.* Gilles Lipovetsky, *Gustar y emocionar. Ensayo sobre la sociedad de seducción* (Barcelona, Anagrama: 2020), cap. VIII.

colie, en torno al cual también se demandaron votos. Antes que las propuestas políticas concretas, lo que atrae de los candidatos son sus apariencias, sus entornos, sus gustos y preferencias. Del político se quiere todo menos política: cuál es su equipo de fútbol de preferencia, qué música escucha, cuál es su serie favorita, cuál está mirando en este preciso momento, qué bromas sabe hacer, qué comida disfruta, qué opina de la cotidianeidad, quiénes son sus hijos, quién es su esposa. Habitualmente, estos políticos se casan (por segunda o tercera vez) con mujeres atractivas, más jóvenes que ellos, con las que es posible recrear una novela pública que enganche al ciudadano-adolescente. Los dos últimos presidentes de Argentina, por ejemplo, así lo hicieron: Macri tuvo a su hija Antonia con María Juliana Awada, quince años menor que él, y mientras escribo estas líneas, el país entero se encuentra hablando del embarazo de la actual novia de Alberto Fernández, veintitrés años menor que él (y menos desagradable también).

En el plano de las acciones, el giro personalista se manifiesta como preeminencia de las formas visibles de la personalidad por sobre los contenidos políticos concretos. Así, valoramos la «sensibilidad» del candidato, nos enamoramos de él cuando lo vemos «quebrarse» por televisión, lo aplaudimos cuando constatamos que, ciertamente, estamos frente a un ser «empático» (¡como nosotros, *seres de luz!*). A diferencia de las grandes formas del poder, no exigimos de nuestros políticos formas distintivas que den cuenta del lugar que ocupan, sino mundanas y vulgares que nos den a entender que el lugar que ocupan no es muy diferente del ocupado por el farandulero de turno. Queremos verlos comiendo una hamburguesa,[456] tocando la guitarra o paseándose por la playa en traje de baño: ¡humanos, demasiado humanos! La inteligencia y la preparación del candidato, frente a la posibilidad de verlo comiendo una *cheeseburger* o pateando una pelota de fútbol, pasa a un segundo plano, porque reconocerlas es en sí mismo un esfuerzo de la inteligencia y de la preparación política al que no deseamos abocarnos. Con que el candidato se muestre

---

456. *Cf.* «La hamburguesa Barack Obama que se come en Harvard», *El País*, 27 enero 2013, https://elpais.com/elviajero/2013/01/24/actualidad/1359065639_269456 .html.

«empático», nos agrade en sus formas y nos «caiga bien» resulta de sobra suficiente. ¿Por qué no podríamos juzgar su capacidad política de la misma manera que juzgamos la «empatía» de Miss Universo? ¿Es que en los discursos que esta pronuncia para ganar su corona y los que aquel pronuncia para ganar nuestros votos hay alguna diferencia sustancial?

Piénsese en los libros que publican los políticos. Prácticamente no hay política en sus páginas. Cuando tras una empalagosa lectura vemos, por fin, que la política aparece en el libro del político, rápidamente desaparece entre tanto edulcorante y tanto repertorio de anécdotas desprovistas de importancia política. Hace algunas décadas, Regis Debray escribía que para el nuevo político «el libro es una táctica y la imagen una estrategia; la primera enteramente subordinada a la segunda».[457] En efecto, el libro político hoy importa solo como un medio para reforzar los significantes de la imagen personal, que no son políticos, sino enteramente banales. El gran *bestseller* político de los últimos años es *Una tierra prometida*, las memorias de Barack Obama. Las ventas superan los 3,3 millones de copias, y se convirtió en el libro más vendido del 2021 en Estados Unidos.[458] Es muy difícil identificar en sus páginas el contenido propiamente político, porque en todas partes está sumergido por debajo de cuestiones de índole personal sin significado político real. Por ejemplo, allí se nos relatará cómo Cornell McClellan, un entrenador deportivo, ponía en forma a la familia presidencial: «nos torturaba con sentadillas, pesos muertos, *burpees* y *lunge walks*». Por supuesto, «Michelle era la alumna estrella de Cornell: ella completaba rápidamente sus entrenamientos con precisión certera, mientras que Sam y yo éramos decididamente más lentos y nos tomábamos descansos más largos entre las series». Además, Barack y Sam se distraían «con acalorados debates» que, desde luego, no eran políticos: «Jordan o Kobe, Tom Hanks o Denzel Washington». Adicionalmente, en el libro podremos enterarnos de cosas tan interesantes como

---

457. Debray, *El Estado seductor*, p. 131.
458. *Cf.* «Obama bestseller: sus memorias venden 3,3 millones de copias en Norteamérica», *La Tercera*, 13 enero 2021, https://www.latercera.com/la-tercera-pm/noticia/obama-bestseller-sus-memorias-venden-33-millones-de-copias-en-norteamerica/XOMVNANPJBGY3CNOMTZ7UZ4SEI/.

cuántos cigarrillos fumaba Obama al día; de qué discutían Barack y Michelle durante su noviazgo («yo llegaba a ser muy arrogante, pero ella no daba nunca el brazo a torcer»); cómo se enteró Obama de que iba a ser padre, y las medidas que rápidamente emprendió («ir a clases de preparación del parto, intentar averiguar cómo se monta una cuna, leer el libro *Qué se puede esperar cuando se está esperando* lápiz en mano para subrayar los pasajes clave»).[459]

Michelle Obama también ha escrito su propio libro: *Mi historia*. Mucha gente lo consume como un «libro sobre política». Allí nos enteraremos también de cosas muy interesantes. Por ejemplo, de cómo llevó a Barack a una *happy hour*, pero él «no estaba hecho para la *happy hour*». O bien que Barack tenía un «cuestionable sentido del estilo», pero que aun así era todo un «partidazo». Seguramente nos sorprenderemos al enterarnos de que el mismo Obama, «de adolescente, había fumado marihuana en las verdes laderas volcánicas de Oahu». Al mismo tiempo, nos conmoveremos leyendo sobre una de sus primeras citas. Vale la pena una transcripción *in extenso*:

> El aire me acariciaba la piel. Había un Baskin-Robbins a una manzana del edificio donde Barack vivía; pedimos dos cucuruchos [de helado] y nos sentamos en la acera para comérnoslos. Nos colocamos muy juntos, con las rodillas en alto, cansados pero complacidos tras un día al aire libre, y dimos buena cuenta de nuestro helado, con rapidez y en silencio, intentando acabar antes de que se derritiera. A lo mejor Barack lo advirtió en la expresión de mi cara o lo intuyó en mi postura: para mí todo había empezado a soltarse y desplegarse. Me miraba con curiosidad y un atisbo de sonrisa. —¿Puedo besarte? —preguntó. Y entonces me incliné hacia él y todo cobró claridad.[460]

Idiotismo político: lo que importa no es lo político de la política, sino lo privado, lo íntimo, el *idios* de la política (si cabe el oxímoron). La dimensión privada de la personalidad —y aquí reside la enorme diferencia con anteriores formas de veneración de la personalidad— es lo que mejor vende en política; lo personal se

---

459. Barack Obama, *Una tierra prometida* (Madrid: Debolsillo, 2022).
460. Michelle Obama, *Mi historia* (Madrid: Plaza & Janés Editores, 2018).

convierte en la marca de lo político. «No me convencen sus formas», «Tiene un no sé qué que no me llega», «Le falta *onda*», estos son los clichés de la crítica política de nuestros días, frecuentes no solo en el ciudadano de a pie, sino también en el periodismo político, cuya índole ya resulta prácticamente indistinguible de la del periodismo de espectáculos y chismes. Mientras escribo esto, un capo cómico argentino que habitualmente opina de política tuvo un muy justificado ataque de ira en un programa político de la televisión cuando se percató de que todo lo que había para discutir era cómo estaban vestidos los políticos. Golpeó entonces la mesa y abandonó el estudio a los gritos, diciendo que los periodistas, en connivencia con la casta política, tratan de idiotas a las personas, mientras se enriquecen por hacerlo.[461]

Idiotismo político, idiotización política: este es el oxímoron con el que hoy debemos lidiar, que despierta la más sana ira en quienes advierten la fatal paradoja.

II- Rebeldía política: el modelo de la Nueva Izquierda

La *rebeldía* es una fuerza potencialmente política que surge de una predisposición actitudinal a la negación. Por eso es, sobre todo, una fuerza de *oposición*. El rebelde se define no tanto por lo que acepta, sino más bien por lo que rechaza. Más que un «sí», el rebelde profiere la palabra «no». Aún más: sus «sí», cuando existen, están subordinados a sus «no», es decir, sus adhesiones resultan rebeldes solo por la inconmensurable distancia que las separa de aquello que, por la misma índole de la afirmación que se hace, se niega.[462]

---

461. *Cf.* «Alfredo Casero estalló de furia en el programa de Majul y abandonó el estudio de LN+», *La Nación*, 7 mayo 2022, https://www.lanacion.com.ar/politica /alfredo-casero-estallo-de-furia-en-ln-y-abandono-el-estudio-a-los-gritos -nid06052022/.

462. «Los niños tienen pene, las niñas tienen vagina. Que no te engañen», decía un autobús de la asociación HazteOír. Esta afirmación funcionó como una negación de la ideología de género dominante. Por eso, el Estado persiguió administrativa y judicialmente a la organización en cuestión, y los militantes del género destruyeron el autobús por donde este pasó.

Para que una negación pueda recubrirse de la fuerza política de la rebeldía, su índole debe ser antisistema. El rebelde no es el que niega aquello que el mismo sistema dominante niega, sino aquel que se atreve a negar lo que el sistema dominante afirma. En esta disonancia política respecto de lo establecido consiste precisamente su rebeldía. Cuanto más medular resulta para el sistema la afirmación sistémica que el rebelde niega, más notoria se hace la naturaleza de la rebeldía. O, lo que es lo mismo, cuanto más discordante con el sistema resulta una afirmación, más evidente se hace la rebeldía que la inspira. La rebeldía constituye siempre una posición de *exterioridad* respecto del sistema establecido.

Si esto es así, la rebeldía no debiera asociarse necesariamente a un paradigma político-ideológico, o a un movimiento filosófico restringido. La rebeldía política, lejos de ser una ideología determinada, es la negación que cualquiera de ellas puede desplegar contra cualquier tipo de *statu quo*. Albert Camus, sin embargo, en su libro sobre la materia, limita demasiado al rebelde. En efecto, este sería, necesariamente, un modernizador: «La actualidad del problema de la rebelión depende únicamente del hecho de que sociedades enteras han querido diferenciarse con respecto a lo sagrado».[463] Pero hoy, cuando lo sagrado ha desaparecido, y cuando el sistema establecido depende de que nada sea sagrado más que él mismo, la rebelión no pierde actualidad, sino que cambia de dirección.

La figura del rebelde ha sido asociada habitualmente con la juventud. ¿Acaso porque los jóvenes están menos arraigados a un sistema dado? ¿Porque tienen menos experiencia? ¿Porque están menos acostumbrados y, por tanto, menos cansados? ¿Porque tienen menos que perder? Comoquiera que sea, en los jóvenes ha sido depositada una rebeldía que, en términos políticos, se ha venido traduciendo desde la década de 1960 hasta nuestros días como la otra cara de los distintos izquierdismos. Juventud, rebeldía, izquierda: estos términos coagularon en una misma ecuación en la que se presentaron, incluso, casi como términos equivalentes. («Si tienes 20 años y no eres de izquierdas es que no tienes corazón; si tienes 40 años y no eres de derechas es que no tienes cerebro», decía un conocido chiste político).

---

463. Albert Camus, *El hombre rebelde* (Buenos Aires: Losada, 2003), p. 29.

Donde el psicoanálisis dice: «Deteneos, recobrad vuestro yo»,
habría que decir: «Vayamos todavía más lejos, todavía no hemos encontrado nuestro cuerpo sin órganos, deshecho suficientemente nuestro yo». Sustituid la anamnesis por el olvido, la interpretación por la experimentación. Encontrad vuestro cuerpo
sin órganos, sed capaces de hacerlo, es una cuestión de vida o de
muerte, de juventud o de vejez, de tristeza o de alegría. Todo se
juega a ese nivel.[464]

Gilles Deleuze y Félix Guattari llaman de esta manera a hacer «cuerpos sin órganos» como una tarea micropolítica en la que
está en juego la *juventud*. Ellos ofrecen el ejemplo cabal del *ethos*
rebelde del progresismo *woke* y la Nueva Izquierda que nos acompaña hasta hoy. La suya es una filosofía del *desorden* y la *inmanencia* deudora de 1968. Mayo de 1968, por cierto, fue la revuelta
de una juventud que *demandaba lo imposible* («¡Seamos realistas,
demandemos lo imposible!»), como Deleuze y Guattari ahora demandarán algo que saben de entrada que es imposible: un cuerpo
sin órganos.[465]

El cuerpo sin órganos representa un límite, un punto de llegada ideal en el que todo sucumbe al más entero desorden y la inmanencia resulta total. El cuerpo sin órganos es «como el huevo lleno
anterior a la extensión del organismo y a la organización de los
órganos, anterior a la formación de los estratos».[466] Al huevo no
lo define ninguna actualización, ninguna organización, ninguna
extensión, en él nada ha tomado aún ninguna función ni lugar en
concreto. El huevo es una pura potencia, sus diferencias son del
orden de la intensidad y no de la extensión: todo y nada yace ahí
al mismo tiempo; todo puede devenir cualquier cosa. A nosotros,
en cambio, nos han estratificado en un organismo, en una serie
de significaciones y subjetivaciones. A diferencia del huevo, nuestras diferencias han sido especificadas por sistemas significantes
y subjetivantes: nos han hecho lo que somos, allí donde podríamos haber sido otra cosa. Así pues, hacerse un cuerpo sin órganos

---

464. Gilles Deleuze y Félix Guattari, *Mil mesetas* (Valencia, Pre-textos: 2020), p. 198.
465. «El Cuerpo sin Órganos no hay quien lo consiga, no se puede conseguir, nunca
    se acaba de acceder a él, es un límite» (Ibíd., p. 197).
466. Ibíd., p. 201.

supone *desestratificarse* o *desarticularse*: el *mainstream* hoy diría, más bien, «deconstruirse».

La rebeldía de Deleuze y Guattari se presenta como una máquina de guerra contra el organismo, la significación y la subjetivación. Se trata de ir destruyendo de a poco, *progresivamente*, los «estratos» que nos anclaron en un organismo que funciona de una determinada manera, en significaciones que operan determinadas interpretaciones y en nuestra sujeción a una determinada identidad. Se trata entonces de acariciar ese límite que es el cuerpo sin órganos, rechazar lo recibido, abrirse a múltiples conexiones novedosas, a toda experimentación posible, negar toda costumbre, todo hábito, toda tradición, todo rol y relación coagulada. Deshacerse, deshacerse progresivamente de todo; rechazar órdenes y jerarquías, rechazar todo lo que tenga la forma de un *árbol*:

> Estamos cansados del árbol. No debemos seguir creyendo en los árboles, en las raíces o en las raicillas, nos han hecho sufrir demasiado. Toda la cultura arborescente está basada en ellos, desde la biología hasta la lingüística. No hay nada más bello, más amoroso, más político que los tallos subterráneos y las raíces aéreas, la adventicia y el rizoma.[467]

Así pues, ¡haga un cuerpo sin órganos y rechace el organismo!, ¡abrace al nómada en detrimento del sedentario que lleva dentro!, ¡haga rizoma y rechace el árbol! Se trata de evitar todo aquello que lo deje a uno en un lugar estable, en el que se reconozca a sí mismo y a los demás de manera definida: «No hacer nunca raíz, ni plantarla, aunque sea muy difícil no caer en esos viejos procedimientos».[468] Se trata, incluso, de entender el propio rostro como un lugar de inscripción de los significados y subjetivaciones del entorno: el rostro también debe ser borrado. «Sí, el rostro tiene un gran futuro a condición de que sea destruido, deshecho. En camino hacia lo asignificante, hacia lo asubjetivo».[469] ¡Deshágase,

---

467. Gilles Deleuze, Félix Guattari, *Rizoma. Introducción,* Valencia: Pre-Textos, 2005, p. 25
468. Ibíd., p. 52.
469. Deleuze y Guattari, *Mil mesetas*, p. 225.

pues, de su rostro! ¡Reniegue de todo lo que pueda inscribir en él alguna significación, reniegue de toda subjetividad inscripta en el rostro![470] Es interesante que esta cruzada por la inmanencia responda a órdenes y gritos de guerra tan trascendentes como los de Deleuze y Guattari.

Con un estilo oscuro y radical, Deleuze y Guattari dan vida al *modelo de rebeldía* que hoy asociamos a las juventudes idiotizadas que abrazan ideas de izquierdas y progresistas. No es que, por lo general, estas se hayan ocupado de leerlos a aquellos; por lo general, no leen prácticamente nada. Estas nociones, en cambio, les llegan actualmente como *sentido común*, casi como un conjunto de eslóganes debidamente mediatizados y derramados por profesores, periodistas, estrellas de la música y la farándula, al mismo tiempo. ¿Miley Cyrus se habrá acercado al «cuerpo sin órganos» al rechazar cualquier estabilización de los significantes sexuales? La estrella *pop* incluso rechaza la palabra «bisexual» porque la «mete dentro de una caja» y por eso mismo prefiere ser «pansexual», o sea, escoge la indefinición más absoluta (que, no obstante, sigue siendo una manera de definirse): «Tengo 22 años, cambio mi estilo cada dos semanas»,[471] dice con aires de rebeldía en los medios hegemónicos. ¿Demi Lovato también estará armando su «cuerpo sin órganos», estará acaso «haciendo rizoma» cuando los micrófonos y las cámaras de los más importantes medios de comunicación del mundo se encienden para que nos revele que también es pansexual (¡vaya originalidad!) y que «ahora soy muy

---

470. La cantidad de cobertura mediática de la que gozan actualmente aquellos que destrozan sus rostros es asombrosa. Son noticia a cada rato. *Cf.* «El antes y después de "El demonio humano", el hombre que se implantó cuernos y se modificó la nariz», *La Nación*, 6 julio 2021, https://www.lanacion.com.ar/el-mundo/el-antes-y-despues-de-el-demonio-humano-el-hombre-que-se-implanto-cuernos-y-se-modifico-la-nariz-nid06072021/; «Gastó 250 mil dólares para parecerse a un reptil: Erik Sprague, "El hombre lagarto"», *Clarín*, 5 febrero 2022, https://www.clarin.com/internacional/gasto-250-mil-dolares-parecerse-reptil-erik-sprague-hombre-lagarto-_0_mC9PZ483mZ.html; «El hombre que quiere ser un alien: se quita la nariz y las orejas y se coloca lengua bífida», *El Confidencial*, 24 septiembre 2020, https://www.elconfidencial.com/alma-corazon-vida/2020-09-24/hombre-transformacion-alien-anthony-loffredo_2760799/.

471. «Miley Cyrus On Sexuality, The New Frontier», *ELLE*, 21 septiembre 2015, https://www.elle.com/uk/life-and-culture/news/a27520/miley-cyrus-interview-october-2015/.

fluida»?[472] ¿Es que acaso Bad Bunny habrá «desestratificado», habrá «desarticulado» y «deconstruido» las ligaduras vestimenta/sexo al usar faldas y vestido de Burberry en el Met Gala 2022, por los que recibió entusiastas aclamaciones de la revista *Vogue*?[473] ¿Y qué pensar de Shiloh, la hija de Brad Pitt y Angelina Jolie, que luego pasó a llamarse John porque con apenas dos años ya se «autopercibía varón» (sí, todavía no iba al baño sola, pero ya determinaba su «identidad de género») y fue sometida a tratamientos hormonales, pero que no hace mucho ha vuelto a aparecer con un *look* y una apariencia indistinguiblemente femenina con la que se especula sobre la «fluidez» de su «género»? ¿Qué pensar, en efecto, de Shiloh, o John, o comoquiera que pida que la llamemos? ¿Se encontrará también construyendo su «cuerpo sin órganos», haciendo «rizoma» y demás sandeces?[474]

Estos ejemplos, banales, por cierto, dan cuenta de hasta qué punto se han extendido este tipo de ideas, trasladadas en versiones *cool* a las masas adictas a las novedades. Todo esto se convierte rápidamente en insumo de los *mass media* que se dedican a celebrar sin cortapisas estas idioteces; en estrategias de *marketing* e imagen con las que las industrias culturales y sus corporaciones se aseguran precisamente de que los *mass media* hablen bien de las celebridades que representan; en guiones de series y películas, en letras de canciones y escenificaciones teatrales del *mainstream* farandulero, con los que se espera recibir algún premio *woke*. En tiempos de Deleuze y Guattari todo esto podía resultar una verdadera provocación, pero cuando lo vemos por CNN, Disney, Hollywood y Netflix las veinticuatro horas del día, más que a rebeldía huele a sistema establecido. Pero si no agradan estos ejemplos tan banales, volvamos a la filosofía.

---

472. «Primero se definió bisexual, luego homosexual, y ahora Demi Lovato dice ser pansexual», *Clarín*, 30 marzo 2021, https://www.clarin.com/espectaculos/musica/primero-definio-bisexual-luego-homosexual-ahora-demi-lovato-dice-pansexual_0_u5RvmwnE9.html.
473. *Cf.* «Bad Bunny demuestra que los vestidos (y las tiaras) también son para los hombres en la Met Gala 2022», *Vogue*, 3 mayo 2022, https://www.vogue.es/moda/articulos/bad-bunny-met-gala-2022-vestido-burberry.
474. *Cf.* «Angelina Jolie: su "hije" Shiloh vuelve a ser aparentemente una chica», *El Mundo*, 24 octubre 2021, https://www.elmundo.es/loc/celebrities/2021/10/24/61729784e4d4d8e2358b4671.html.

Beatriz Preciado (o Paul B. Preciado, según su nuevo nombre legal) es una muy celebrada filósofa que sigue las ideas de Deleuze y Guattari en nuestros días. Proviene de la Universidad de Princeton y ha enseñado en la Universidad París VIII y en la Universidad de Nueva York. Su *Manifiesto contrasexual* recuerda al cuerpo sin órganos. La voluntad de deshacer el orden que corresponde al organismo, con sus significaciones y subjetivaciones, atraviesa todas sus páginas. La tesis general de Preciado gira en torno a la idea de que la heterosexualidad es un régimen político que identificó los órganos reproductivos con los órganos sexuales. Así, el pene y la vagina, que son órganos reproductivos, son biopolíticamente identificados también como órganos sexuales por un régimen que quiere asegurar la reproducción:

> El sistema heterosexual es un aparato social de producción de feminidad y masculinidad que opera por división y fragmentación del cuerpo: recorta órganos y genera zonas de alta intensidad sensitiva y motriz (visual, táctil, olfativa…) que después identifica como centros naturales y anatómicos de la diferencia sexual.[475]

De esta manera, ya no solo los roles y expresiones sociales que habitualmente se llaman «género», sino también el mismo cuerpo resulta ser el producto de una serie de discursos y tecnologías biopolíticas que se dedican a imponernos una «verdad» sexual que el rebelde debería rechazar. La contrasexualidad que propone Preciado reivindica la rebeldía como fuerza política: el significante «rebelión» está muy presente en su pluma. El cuerpo sin órganos de la contrasexualidad es el fruto de una guerra contra el organismo y del repudio de las significaciones y subjetividades que giran en torno a las categorías varón/mujer y masculino/femenino. Eso que aspira a ser un «cuerpo sin órganos» es bautizado por Preciado como un «cuerpo hablante»:

> En el marco del contrato contrasexual, los cuerpos se reconocen a sí mismos no como hombres o mujeres sino como cuerpos

---

475. Paul B. Preciado, *Manifiesto contrasexual* (Barcelona: Anagrama, 2022), p. 51.

hablantes [...]. Se reconocen a sí mismos la posibilidad de acceder a todas las prácticas significantes, así como a todas las posiciones de enunciación, en tanto sujetos, que la historia ha determinado como masculinas, femeninas o perversas.[476]

Rebeldía contrasexual: devenir «cuerpo hablante», firmar «contratos» con otros «cuerpos hablantes», embarcados en deshacer el orden «heteronormado» que asignó funciones a las partes de sus cuerpos y que estableció identidades sujetas a esas partes y sus funciones. Siguiendo a Deleuze y Guattari, en todos estos esfuerzos se inmiscuye una obsesión política por el ano: según aquellos, el ano fue «el primero de todos los órganos en ser privatizado, colocado fuera del campo social».[477] Según Preciado, y por esto mismo, una recuperación del ano como *locus* de las transformaciones políticas resultará crucial para la contrasexualidad. No se trata de una broma. Si esta parte del cuerpo le resulta tan relevante, es porque «el trabajo del ano no apunta a la reproducción ni se funda en el establecimiento de un nexo romántico».[478] La reproducción es el mandato heterosexual, y el nexo romántico es su coartada. Además, resulta ser que el ano es «igualador» porque es «compartido por todos», «no tiene género»; deshace el rostro porque en él y con él no nos vemos; la «máquina anal» establece asimismo una «conexión no jerárquica de los órganos»; más aún, «la redistribución pública del placer y la colectivización del ano anuncia un "comunismo sexual" por venir».[479] Así, la rebelión contra la heteronormatividad instituida por el capitalismo pasa por la recuperación (contra)sexual y política del ano: *rebelión anal*.

Todo esto puede resultar tan ridículo como desagradable, pero es representativo de las formas de rebeldía política que en última instancia tienen para ofrecer hoy las nuevas izquierdas y la basura *woke*. Ya no hay diferencia entre una manifestación progresista y la rebeldía onanística de los personajes de *Sex Education*.[480] Por

---

476. Preciado, *Manifiesto contrasexual*, p. 47.
477. Gilles Deleuze y Félix Guattari, *El anti-Edipo* (Barcelona: Paidós, 1985), p. 148.
478. Preciado, *Manifiesto contrasexual*, p. 58.
479. Beatriz Preciado, *Terror anal* (Sta. Cruz de Tenerife: Melusina, 2009), pp. 170-172.
480. Al momento de mi última corrección de esta parte, veo en las noticias que, en un acto político a favor del nuevo texto constitucional chileno, un grupo de activistas ofreció una «performance» en la que se introdujeron la bandera chilena en

eso, conviene avanzar un poco más. Sigamos entonces con la profesora Preciado. La emancipación que propone tiene la forma de un consolador o dildo. En efecto, los dildos pueden ser usados como «tecnologías de resistencia».[481] Su *Manifiesto* ofrece ejercicios contrasexuales prácticos, que todo rebelde contrasexual debería experimentar. Por ejemplo, una «citación de un dildo sobre unos zapatos con tacones de aguja, seguida de una autopenetración anal».[482] Esto haría peligrar la hegemonía del pene y la vagina como órganos sexuales. O bien «masturbar un brazo: citación de un dildo sobre un antebrazo».[483] Allí mismo, donde se nos explica cómo dibujar un pene en el antebrazo y frotarlo como si se lo masturbara, se nos explicará también que «la meta de esta práctica contrasexual consiste en aprender a subvertir los órganos sexuales y sus reacciones biopolíticas».[484]

Poco después del *Manifiesto*, Preciado publicará otro texto aclamado, *Testo yonqui*, donde relatará la construcción de su propio cuerpo sin órganos. En concreto, Preciado va haciendo filosofía *queer* mientras cuenta cómo se autoadministra testosterona sintética. El fin, que es ciertamente masculinizarse, procura sin embargo esconderse tras una concepción del género como ficción discursiva y tecnológica, y del sexo como una asignación biopolítica que puede subvertirse con prótesis y hormonas. Lo suyo sería, de este modo, una pura rebeldía:

> No tomo testosterona para convertirme en un hombre, ni siquiera para transexualizar mi cuerpo, simplemente para traicionar lo que la sociedad ha querido hacer de mí, para escribir, para follar, para sentir una forma pospornográfica de placer,

---

el ano. ¿Serían acaso buenos lectores de Preciado? ¿O buenos consumidores de *Sex Education*? *Cf*. «Condena transversal causa performance sexual con bandera chilena en actividad de Apruebo Transformar», *BioBio*, 28 agosto 2022, https://www.biobiochile.cl/noticias/nacional/region-de-valparaiso/2022/08/28/performance-sexual-con-bandera-chilena-en-actividad-de-apruebo-transformar-causa-rechazo-transversal.shtml.

481. Preciado, *Manifiesto contrasexual*, p. 75.
482. Ibíd., p. 78.
483. Ibíd., p. 83.
484. Ibíd., p. 84.

para añadir una prótesis molecular a mi identidad de género *low-tech* hecha de dildos, textos e imágenes en movimiento...[485]

Preciado no quiere ser una mujer, no quiere ser tampoco un hombre; quiere, más bien, negar los sistemas recibidos de significación y subjetivación. Preciado quiere negar incluso la propia configuración de su organismo, con el fin de perfilar otro tipo de identidad. Ella misma nos advierte que su «autointoxicación» no debe ser interpretada como un medio para masculinizarse, sino más bien como una forma de negación de cualquier modelo o adscripción predefinida (y aquí residiría su *ethos* rebelde). Ella misma se hace llamar «*gender hacker*». Así pues, nos hace saber que su concepción de «las hormonas sexuales como biocódigos libres y abiertos» implica que su «uso no debe estar regulado por el Estado ni confiscado por las compañías farmacéuticas».[486] Esto resulta especialmente interesante por dos asuntos. Por un lado, porque en el año 2016, después de algunos trámites legales, Preciado pudo celebrar que su nuevo nombre, «Paul Beatriz Preciado», fue publicado en el Boletín Nacional de Nacimientos.[487] Es curioso que quien ha sostenido que había que deshacerse de los dispositivos de significación y subjetivación, que dice renegar del Estado de una manera radical, dependa a la postre de este mismo aparato de poder para que su «nueva identidad» acabe de cuajar psicológicamente a partir de registros oficiales que son sin duda «subjetivantes». Da un poco de pena volver a su *Manifiesto* y advertir que su «sociedad contrasexual demanda que se borren las denominaciones "masculino" y "femenino" correspondientes a las categorías biopolíticas (varón/mujer, macho/hembra) del carné de identidad, así como de todos los formularios administrativos y legales de carácter estatal».[488] Por

---

485. Paul B. Preciado, *Testo yonqui. Sexo, drogas y biopolítica* (Barcelona: Anagrama, 2022), p. 18.
486. Ibíd., p. 47.
487. *Cf.* Paul B. Preciado, «Mi destrucción fue mi Beatriz», *El estado mental*, 27 noviembre 2016, https://elestadomental.com/especiales/cambiar-de-voz/la-destruccion -fue-mi-beatriz.
488. Preciado, *Manifiesto contrasexual*, p. 60. También da lástima volver a *Testo yonqui* y leer: «Decido conservar mi identidad jurídica de mujer y tomar testosterona sin entrar en un protocolo de cambio de sexo. Esto es un poco como morderle la polla al régimen farmacopornográfico» (pp. 51-52).

otro lado, el asunto también interesa porque, si no las regula y provee el Estado, y si no las vehiculiza tampoco la industria farmacéutica, ¿es que acaso las hormonas sintéticas caen como maná del cielo? Preciado puede ser muy rebelde, pero sigue creyendo en *Santa Claus* y continúa necesitando que los burócratas de turno bendigan sus autopercepciones en los registros oficiales.

La rebeldía, que es una fuerza de negación potencialmente política, puede volverse tremendamente *idiota* cuando sus negaciones resultan funcionales para el mismo sistema que procuran negar. Así, el sistema se ríe del *rebelde-idiota*. Los efectos no buscados de la rebeldía lo hacen a uno un «idiota útil», trayendo a colación la inmejorable expresión que se le supo adjudicar —erróneamente— a Lenin para referirse a los que trabajaban en favor del comunismo sin advertirlo con claridad. ¿Contra qué se rebelan, en concreto, los «cuerpos sin órganos», los «deconstruidos», los «desarticulados» y «desestratificados», los *woke* que entran en guerra incluso contra su propio rostro, contra sus propias familias, los que se esfuerzan tanto por deshacer el orden del organismo, de los discursos y las subjetividades, que alegremente se disponen incluso a meterse un dildo por el ano durante «siete minutos» para después emitir «un grito estridente para simular un orgasmo violento»[489] con el que combatir al sistema? ¿Cuál es el objeto de esta rebeldía, sino la Nada? ¿Pero es acaso la Rebelión de la Nada una verdadera rebelión?

Rebeldía idiota, esto es todo lo que puede ofrecer un progresismo *woke* que encastra a la perfección con el narcisismo reinante, el aburrimiento sistemático, el desarraigo generalizado, el resentimiento desenfrenado, el vacío y el desierto más desesperante. Rebeldía idiota que aprovechan, desde luego, los mercaderes de la identidad, listos para hacer de las «contraidentidades» un fructífero negocio. No hay que volar muy lejos: los geles hormonales Testogel® que Preciado utiliza y promociona a lo largo de todo *Testo yonqui* los produce Besins Healthcare, la industria líder del mundo en testosterona y progesterona, que ocupa el 33 % del mercado mundial y está presente en cien países.[490] En Estados Unidos, esta

---

489. Preciado, *Manifiesto contrasexual*, p. 81.
490. *Cf.* https://www.besins-healthcare.com/.

compañía está asociada a la farmacéutica Abbvie Inc., que fue recientemente demandada por la venta de bloqueadores hormonales como Lupron® (cuya droga es utilizada en ciertos lugares para castrar químicamente a violadores)[491] a niños de apenas 8 años.[492] Los reportes financieros de Abbvie Inc. dan cuenta de que a lo largo del año 2021 la venta de Lupron® le generó ingresos por 783 millones de dólares.[493] Este mercado está creciendo a ritmos tan acelerados y maneja cifras tan exorbitantes que también Planned Parenthood se sumó a la comercialización de hormonas. Para el período 2019-2020 ya tenían más de 200 centros proveyéndolas en 31 estados norteamericanos.[494] Para comprarlas, no es necesario ningún trámite ni prescripción médica, pues el *shopping* identitario no es salud, sino consumo. Todo esto vale para las hormonas, pero también para las cirugías. Cuando se busca en sitios dedicados a las inversiones, como Global Market Insights, puede advertirse que las perspectivas de crecimiento del mercado de «cirugías de reasignación de sexo» son inmensas. Partiendo de un tamaño de mercado de 316.1 millones de dólares en el año 2019, se proyecta un valor de 1.500 millones para el año 2026. El informe explica que «la inclinación de los pacientes a cambiar de sexo» y «las políticas gubernamentales asociadas a las cirugías de transición de género» representan dos de los principales «factores que impulsan el crecimiento del mercado».[495]

---

491. Por ejemplo, el Instituto Nacional de Salud de Perú recomienda su uso para violadores en un documento titulado «Terapia hormonal para agresores sexuales y desórdenes parafílicos», mayo 2018, https://web.ins.gob.pe/sites/default/files/Archivos/authenticated%2C%20administrator%2C%20editor/publicaciones/2019-06-19/RR%2007-2018%20Revision%20rapida%20castracion%20quimica.pdf.

492. *Cf.* «Texas demands drug companies turn over documents on "puberty blocking" drugs for children», *Reuters*, 24 marzo 2022, https://www.reuters.com/article/usa-transgender-texas-idUSL2N2VR2RO.

493. «AbbVie Reports Full-Year and Fourth-Quarter 2021 Financial Results», *Abbie*, https://investors.abbvie.com/static-files/4805c635-ab17-4c3f-94dd-dc9bf18fbf8c, p. 8.

494. *Cf.* «Cuidado hormonal de reafirmación de género», Planned Parenthood, https://www.plannedparenthood.org/es/planned-parenthood-great-northwest-hawaii-alaska-indiana-kentuck/para-pacientes/servicios-de-salud/servicios-para-personas-transgenero.

495. «Sex Reassignment Surgery Market Size By Gender Transition (Male to Female {Facial, Breast, Genitals}, Female to Male {Facial, Chest, Genitals}), Industry Analysis Report, Regional Outlook, Application Potential, Price Trends, Competitive Market Share & Forecast, 2020 – 2026», marzo 2020, https://www.gminsights.com/industry-analysis/sex-reassignment-surgery-market.

Los rebeldes del género se convierten así en los más tiernos idiotas útiles del «biocapitalismo farmacopornográfico»,[496] como lo llama Preciado. «La verdad del sexo no es desvelamiento, es *sex design*»,[497] escribe ella con tono emancipador. Pero lo cierto es que, habiendo deshecho la identidad, todo lo que queda es diseñarse echando mano del *shopping identitario*. Su Testogel®, del cual ahora depende su identidad, no va a caer del cielo. «La certeza de ser hombre o mujer es una ficción somatopolítica producida por un conjunto de tecnologías de domesticación del cuerpo, por un conjunto de tecnologías farmacológicas»,[498] replica Preciado. De esta forma, ella no ha hecho más que rebelarse contra el sistema sexopolítico, deshaciendo la *ficción* que le habían impuesto, y rediseñando su propia ficción con hormonas y prótesis a la carta. Preciado y sus seguidores pueden inventar todos los neologismos que deseen, pueden lanzar sus diatribas contra el régimen «farmacopornográfico» e impulsar el «terror anal», pero su rebeldía no dejará de ser una triste racionalización política a la que el propio poder farmacéutico no dejará de agradecer. Que nuestra identidad sexual precise de la industria farmacéutica y sus productos es la mejor noticia que sus corporaciones e inversionistas podrían recibir.

Las izquierdas progresistas se han convertido en fuerzas enteramente funcionales para el sistema establecido. Esta es la razón por la que sus causas, sus discursos y sus demandas resultan siempre tan bien acogidas por todos los centros del poder social, económico y político. En efecto, desde los más grandes bancos hasta las universidades de mayor renombre; desde los medios masivos de mayor trayectoria hasta las industrias culturales más consagradas; desde los partidos políticos que van de la izquierda a la centroderecha hasta las altas esferas de las organizaciones internacionales; desde las ONG mejor financiadas por los «filántropos» de este mundo hasta las más poderosas corporaciones de las *big tech*. Feministas, LGBT, *drags*, *queer*, *woke*, indigenistas, multiculturalistas, traficantes de los derechos humanos (de

---

496. Preciado, *Testo yonqui*, p. 45.
497. Ibíd., p. 33.
498. Ibíd., p. 89.

delincuentes, guerrilleros y terroristas), racialistas, *antifa*, veganos, abortistas, veganos-abortistas… todos ellos causan la mayor
de las simpatías en las élites. Todos ellos son la mejor coartada de
un sistema establecido que supo vender a sus militantes favoritos
como rebeldes. *Idiotas útiles*, todos ellos favorecen la disolución
acelerada de las identidades que luego se venden y compran en el
mercado; todos ellos favorecen la expansión sin cesar de la mer-
cantilización de una vida que ve derrumbarse cualquier inhibi-
ción moral, tradicional o comunitaria; todos ellos incentivan los
mecanismos de la obsolescencia programada y del sistema-moda,
con arreglo a los cuales se despliega la sociedad de consumo, que
también desea consumir idiotismo en forma de rebeldía; todos
ellos coadyuvan en la hegemonía de un hiperindividualismo en
el que todos nos volvemos empresarios de nosotros mismos en
el nombre de la «liberación»; todos sirven a la desintegración de
los grupos fuertes, como las familias, las iglesias, los pueblos y las
naciones, allanando el camino para la expansión del globalismo
como nueva forma de gobernanza basada en la «diversidad» de
mónadas que lo único que pueden hacer es mirar su propio ombligo. Si algún contenido tiene la palabra «neoliberalismo», sin
duda involucra todo esto.[499]

Así, los discursos progresistas configuran hoy una suerte de
«llave maestra». Con ellos, toda puerta se abre inmediatamente.
¿Quiere usted ser periodista? ¡Sea progresista! ¿Quiere usted ser
politólogo, sociólogo, antropólogo, historiador, psicólogo, filósofo? ¡Sea progresista! ¿Quiere usted consagrarse como artista,
como músico o actor? ¡Sea progresista! ¿Quiere que las grandes
casas editoriales le abran sus puertas? ¡Sea progresista! ¿Quiere
usted obtener becas, nacionales e internacionales? ¿Quiere ser
condecorado por las ONG, o bien trabajar en alguna organización internacional? ¿Quiere trabajar en el gobierno? ¿Quiere sencillamente mantener su trabajo? ¿Quiere simplemente aprobar
sus asignaturas? ¡Sea progresista! La «llave maestra» abre cualquier puerta, permite el ingreso a cualquier puesto, allana el acceso a cualquier camino. Basta con ingresar a los grandes medios de

---

499. *Cf.* Adriano Erriguel, *Pensar lo que más les duele. Ensayos metapolíticos* (Madrid:
Homo Legens, 2020).

comunicación para advertir todo esto. Experiencia nauseabunda si las hay. Casi todo el personal —con excepción de quienes limpian los baños y algún camarógrafo— están cortados con la misma tijera. Los más jóvenes, con su *look* hípster *chic*, forman parte de todos estos «alternativos» que piensan exactamente lo mismo, reaccionan de la misma forma a cualquier estímulo, hacen los mismos gestos, pero todos ellos se creen realmente «auténticos». Los menos jóvenes borran con el codo todo lo que hace solo algunos años escribían con la mano. Para mantener sus trabajos, a menudo tienen que flagelarse en vivo y en directo. Piden perdón, hurgan en sus ojos alguna lágrima capaz de suscitar compasión: «¡No sabíamos lo que hacíamos! ¡Gracias a la nueva religión *woke*, ahora sí que lo sabemos!». Después de esto, recobran ese poder sacerdotal del que gozan, con el que destilan una moralina insoportable sobre las masas idiotizadas, dispuestas a seguir creyéndoles. ¡Deconstrúyase, pues nosotros ya lo hemos hecho! ¡Abrace el Sistema! ¡Bienvenido al club de los rebeldes!

Lo que nos vendieron como rebeldía, en realidad era sistema establecido. La verdadera rebeldía no funciona como «llave maestra»; al contrario, supone una cerrazón inmediata. Ocurre que el sistema establecido funciona mejor con identidades fluidas, flotantes, miniaturizadas. Este servicio lo proveen, mejor que nadie, la Nueva Izquierda y el progresismo. Sus rebeldías no pasan del *twerking*, los dildos, las pasarelas de moda, las banderas multicolor, el asesinato de sus propios hijos en gestación y las series *woke* de Netflix. *Rebeldía cool*: todas sus contestaciones se dirigen a instituciones que ya no detentan realmente el poder: el cristianismo, por empezar. Las élites nunca están en su mira. No son rebeldes, son *bullies*. El poder los usa para desviar la atención: «la Iglesia», «la conquista», «la heteronormatividad», «el patriarcado», «el hombre blanco». Así, puede acabar resultando que la encarnación de «el poder» sea un simple obrero hispano que cree en Dios, es padre de familia y va al templo los domingos.

Nunca fue tan fácil ser rebelde. Golpear en la cara a un cristiano que solo pondrá la otra mejilla. Quemar una iglesia mientras la policía recibe la orden de dejarla arder. Arrasar con edificios públicos, comercios privados y casas de vecinos un 8M sin que nadie sea detenido. Reírse de los creyentes: «medievales», «fundamentalistas», «místicos». Pero eso no se aplica al islam. Tampoco a los pueblos indígenas: ¡vamos, compre y exhiba su wiphala! Mostrar en redes sociales que uno se ha pintado los vellos de las axilas de algún color llamativo para desterrar «estereotipos». Publicar en redes sociales productos íntimos femeninos manchados. Demandar «justicia menstrual». Llevar Drag Queens a un colegio. Decorar las aulas con banderas LGBT. Hormonizar a niños. Usar en ellos bloqueadores hormonales cuyos destinatarios solían ser los violadores. Mandar al quirófano a púberes. Extirpar sus pechos, destrozar sus genitales. Aprender con *Sex Education*. Estudiar con Preciado. Fingir que uno lee a Preciado, a Deleuze, a Foucault. «No perder el tiempo leyendo» (Malena Pichot *dixit*). Dejar de comer carne en favor de los animales. Al mismo tiempo, sin embargo, defender el aborto (aborto hasta el final, hasta el último segundo). Romper las ventanas de algún restaurante que sirva carne. Usar el pañuelo verde proaborto. Ser como Greta. Recibir el aplauso de Naciones Unidas. Recibir los millones de Soros. Recibir millones de Ford y más millones de Rockefeller. Viajar en el barco del príncipe de Mónaco rumbo a la Cumbre de Acción Climática en Nueva York. No viajar en avión: eso contamina. Gritarle en la cara «racista» a alguien que lleva una insignia que dice «All Lives Matter». Escupirle en la cara; golpearle la cara. Usar distintivos de *antifa*. Cubrirse la cara con pasamontañas (nadie arrestará a nadie, pero las selfis se ven *cool*). Cancelar eventos universitarios, destrozar el campus. Lograr la censura de un libro, dos libros, cien libros, mientras se alzan los estandartes de la «diversidad» y la «inclusión». Incendiar esos libros en la Feria del Libro de Guadalajara. Golpear con dildos a los espectadores de una conferencia «homofóbica». Destrozar una Biblia mientras se alecciona sobre la necesidad de combatir los «discursos de odio». Simular un aborto disfrazada de María («arte de protesta», lo llamarán los medios hegemónicos al día siguiente). Acusar de «negacionistas» a quienes no desean vacunarse en fases experimentales. Defender seguidamente el «derecho a decidir sobre el propio cuerpo» (aborto: solo de eso se trata). Hacerse «pansexual», como Miley y Demi, como Ke$ha y Sia. Ser varón, pero usar vestidos, como Bad Bunny y Harry Styles. Concurrir a reuniones de «varones antipatriarcales». Volverse «aliade» (¿servirá para reducir

la miseria sexual?). Tomar cursos para «deconstruir la masculinidad», asistir a marchas #NiUnaMenos, pero terminar violando
en manada a una adolescente, como los monstruos de Palermo.[500]
Hablar «lenguaje inclusivo». BDSM en el «mes del orgullo». Sexo
en las calles en el «mes del orgullo». Comprar en Gucci y Prada en
el «mes del orgullo»; «deconstruirse» con Calvin Klein. Cuantos
más niños en el «desfile del orgullo», tanto mejor. Posporno, por-
noterrorismo, «terror anal». Meterse en el ano la bandera chilena.
Destruir algunos monumentos que nadie defenderá. Quitarle la
cabeza a Churchill, arrojar a Colón al río, pintarrajear héroes de
la patria. Ya no hay patria. Todo lo que hay es Yo y mis deseos.
Burlarse del himno, cambiar la letra del himno, entonar el himno feminista. El Estado es un «macho violador». Pedirle cuotas y
cupos a ese mismo Estado. Aguantar la respiración todo lo que
uno pueda para conmemorar a Floyd. Gritarle «asesino» a cualquier policía que se cruce en tu camino. Arrodillarse en el campo
deportivo. Acusar de «racista» a quien no se arrodille. Acusar de
«patriarcal» a mi padre. Mi madre carece de «sororidad». Mi familia es vomitiva; es arborescente y no rizomática. Deleuze me
lo enseñó. Hollywood me lo enseñó. Todo lo que hay es Yo y mis
deseos. Nada de Yo: no quiero significaciones, no quiero subjetivaciones. ¿Qué novedad tendrá para ofrecerme hoy el *shopping
identitario*?

III- Rebeldía política: un modelo para la Nueva Derecha

Todo este enorme engaño empieza a mostrarse como la farsa
que es. Intelectuales orgánicos de las izquierdas ya advierten que
la fuerza de la rebeldía que antes caracterizaba a sus filas se va
agotando. Este agotamiento es el resultado de volverse sistema.
Cuando uno niega lo que el sistema niega y afirma lo que este afirma, ninguna rebeldía le caracteriza. Por eso, la rebeldía empieza

---

500. *Cf.* «Violación en Palermo: uno de los acusados había hecho talleres de "feminismo y nuevas masculinidades"», *Perfil*, 2 marzo 2022, https://www.perfil.com
/noticias/politica/violacion-en-palermo-uno-de-los-acusados-habia-hecho-talleres
-de-feminismo-y-nuevas-masculinidades.phtml.

a llegar a las playas de las derechas, en las que se despliegan negaciones de otra índole. El historiador de izquierdas Pablo Stefanoni dedicó los últimos años a investigar precisamente esto. Su libro *¿La rebeldía se volvió de derecha?* ilustra cómo aquellos que detentaban el discurso de la rebeldía y de la juventud están ahora prendiendo sus alarmas de alerta: «la izquierda, sobre todo en su versión "progresista", fue quedando dislocada en gran medida de la imagen histórica de la rebeldía»; mientras tanto, el terreno de la rebeldía «fue ganándolo la derecha».[501] Otro ejemplo es el de Steven Forti, que cierra su libro *Extrema derecha 2.0* expresando su miedo por el giro juvenil hacia las derechas: «los resultados que nos proporcionan algunos estudios recientes son, en cierta medida, preocupantes». Así, en las elecciones de 2019 en España, «según un sondeo de Sociométrica, Vox fue el primer partido entre los varones menores de 30 años», superando cómodamente a los partidos de izquierdas como Unidas Podemos y PSOE. Forti también menciona las elecciones francesas del 2017, donde «Marine Le Pen consiguió el 21 por 100 de los votos entre los jóvenes de 18 a 24 años y el 24 por 100 entre los que tienen entre 25 y 34». En Italia, la Liga de Salvini obtuvo «su mejor resultado, un 38 por 100, entre los jóvenes de la generación Z».[502]

Ciertamente, el modelo de la rebeldía política de las derechas no lo proveen Deleuze y Guattari, ni Foucault, ni versiones más inmediatas y deudoras de aquellos como Preciado y sus afines. Ese modelo hay que buscarlo en otra parte. Propongo encontrarlo en Ernst Jünger. Su *emboscado* es la función inversa del idiota «deconstruido» representado por el progresista contemporáneo.

El *emboscado* es quien ha partido hacia el bosque. El bosque es una metáfora de resistencia y libertad. Su viaje parte de una negación; por eso estamos frente a un rebelde. Allí donde todos dicen sí, «Yo he dicho "no"».[503] Esta negativa puede que no cambie los resultados políticos inmediatos, pero ha cambiado de manera inmediata a quien tiene el *coraje* de decir «no»: lo *singulariza*, lo

501. Pablo Stefanoni, *¿La rebeldía se volvió de derechas?* (Madrid: Siglo XXI, 2021), p. 21.
502. Steven Forti, *Extrema derecha 2.0. Qué es y cómo combatirla* (Madrid: Siglo XXI, 2021), pp. 259-260.
503. Ernst Jünger, *La emboscadura* (Barcelona: Tusquets, 1993), p. 39.

extirpa de la masa, lo abre a la libertad. La negativa que se profiere no toma la forma del *nihilismo*, sino todo lo contrario. Tampoco anima al emboscado una voluntad de desenraizarse: lo que busca es el árbol y no el rizoma. Al emboscado lo han subido a una *nave* en la que todo es puro movimiento, pero a él lo mueve la voluntad de lo que permanece, o sea, lo que está enraizado en el bosque:

> La nave significa el ser temporal; el bosque, el ser sobretemporal. En esta época nuestra, que es una época nihilista, se acrecienta la ilusión óptica que parece multiplicar las cosas que se mueven, en menoscabo de las cosas que están quietas. En verdad, todos los poderes técnicos que hoy están desplegándose son un brillo fugaz que viene de las cámaras que guardan los tesoros del Ser. El hombre adquirirá seguridad si logra penetrar, aunque sólo sea por unos instantes brevísimos, en tales cámaras; no sólo perderán entonces su cariz amenazador las cosas temporales, sino que producirán la impresión de estar llenas de sentido.[504]

El emboscado abraza la trascendencia allí donde el cuerpo sin órganos refiere a la inmanencia absoluta. No se trata de saltar de la nave, sino de llenarla de sentido a partir de las cosas que no se mueven. El emboscado no reniega de las significaciones y las subjetivaciones, sino que procura que tengan raíces sólidas. Los árboles son la negación del rizoma, y el bosque es la negación del desierto. El desierto es el nihilismo. Este representa el gran vacío que avanza sobre el mundo moderno. Jünger exclama: «Ay de aquél que alberga desiertos: ay de aquél que no lleva consigo, aunque sólo sea en una de sus células, un poco de aquella sustancia primordial que una y otra vez es garantía de fecundidad».[505]

Todo esto es cuestión de buscar dentro de sí «elementos que ningún tiempo destruye».[506] Para el progresista, en cambio, lo único que somos es tiempo. Destruir las significaciones y las subjetivaciones que se fueron formando con el tiempo equivale a liberación. Tal cosa es también lo que llaman «progreso». Tras esa destrucción no se halla ningún elemento extratemporal, sino

---

504. Ernst Jünger, *La emboscadura*, p. 79.
505. Ibíd., p. 110.
506. Ibíd., p. 111.

una pura inmanencia en la que cada cual «construye» lo que le apetece después de ser enteramente borrado. Esa es la lógica de su rebeldía. El emboscado, al contrario, encuentra en el tiempo una estructura de sentido. Lo que el hombre es se manifiesta en el tiempo y se afecta en él. El emboscado busca *elementos que ningún tiempo destruye*, pero comprende que esos elementos se despliegan temporalmente. No hay que borrar el tiempo en nosotros, sino aprehender su riqueza. El tiempo une al emboscado a sus antepasados, de los cuales ha recibido cosas muy valiosas. La defensa de sí y de los suyos constituye la lógica de su rebeldía.

A diferencia del progresista, el emboscado de Jünger no cree que su mundo sea necesariamente el mejor mundo posible, que su propio tiempo sea el mejor tiempo posible, que su *generación idiota* sea la que por fin puede advertir que no somos nada más que ombligos nómadas buscando deconstrucciones al por mayor. Todos esos moralismos narcisistas le resultan repugnantes. El emboscado encuentra una serie de energías que conducen su práctica política, no solo en sus críticas al estado de cosas de la actualidad ni en las proyecciones a futuro, sino también en el *recuerdo*. El emboscado es capaz de *recordar con cariño*. En esto se diferencia radicalmente del progresista, que *recuerda con odio*. El emboscado tiene cariño por su padre, por su madre, por sus antepasados. La energía política que proviene del recuerdo —dice Jünger— «puede orientarse hacia los padres y hacia los órdenes que les fueron propios, padres y órdenes que están más próximos al origen que nosotros».[507] De ahí cabe entonces extraer sentido. El emboscado se sumerge en las profundidades de la historia, abraza lo que hay que valorar, actualiza lo que hay que modificar, desecha lo que no vale la pena recuperar. Esto es lo que debería llamarse *libertad*, que no tiene nada que ver con la «liberación».

Los progresistas, que no encuentran en el hombre nada que el tiempo no pueda corroer, creen que de la develación de las huellas históricas de nuestros modos de ser se sigue un mandato moral y político de negación. Todos esos esfuerzos genealógicos que apuntan a mostrar la contingencia de nuestras prácticas, de nuestros afectos, e incluso de lo que llamábamos «naturaleza»,

---

507. Ernst Jünger, *La emboscadura*, pp. 75-76.

traen consigo una proposición nunca demostrada, a saber, que la develación de la contingencia exige la subversión. Ante esto mismo, el emboscado, que ve en el hombre algo más que mero tiempo, encuentra en lo contingente preciosos tesoros que pertenecen tanto al reino de los vivos como al reino de los muertos. ¿Por qué deberíamos destruir las cosas simplemente por ser contingentes? Si el progresista plantea su rebelión contra todo lo que no ha sido creado por él mismo, el emboscado se rebela contra los megalómanos que están destruyendo su mundo en el nombre de la Nada.

En el bosque, el emboscado rechaza las figuras del desierto y de la nave, aunque no huye de ellas. El emboscado está en «la viña y la nave»,[508] pues si estuviera solo en la viña ya no estaría presentándole combate a nada, lo suyo habría sido más bien una renuncia. Así, la emboscadura es cualquier cosa menos una aspiración a las comodidades, a las neutralidades y las indiferencias. El bosque no es advertido como un escondite, sino como un plano de resistencia. La resistencia no se plantea a su vez como lucha interior, como «autotransformación», sino como lucha cultural y política. El emboscado de Jünger es ilustrado como un defensor de la libertad, la propiedad, la familia y la patria. El destierro, la marginación e incluso la muerte son consecuencias que el emboscado sabe factibles. Pero nada de esto le importa realmente, porque prefiere cualquier cosa antes que la servidumbre. «La resistencia del emboscado es absoluta; el emboscado desconoce el neutralismo».[509]

El emboscado es un rebelde que resiste. Está en desventaja, tanto numérica como económica y tecnológica. La mayoría de sus conciudadanos son realmente indiferentes, pero esa indiferencia se troca en apoyo al más fuerte cuando este sabe hacer uso de incentivos negativos y positivos. El indiferente es un lacayo del sistema. La otra cara de la indiferencia es la sumisión. También la pereza y la cobardía guardan una relación causal con la indiferencia. Pero el rebelde de Jünger supera los miedos, la sumisión, la pereza, el nihilismo, y se lanza a resistir poderes muy superiores a

---

508. Ernst Jünger, *La emboscadura*, p. 82.
509. Ibíd., p. 126.

los suyos. No teme; y cuando teme, no se paraliza. Si se mueve con inteligencia y determinación, la victoria puede al final ser suya.

De este modelo debe beber la rebeldía de lo que en otro trabajo denominé «Nueva Derecha».[510] Los emboscados de nuestro siglo se pertrechan en sus bosques, que van creciendo de a poco en la ciudad, en el campo, en las redes sociales, en las universidades, en las iglesias, en los cafés y las cervecerías. Estos emboscados han empezado a multiplicarse con muy poco y contra demasiado. Los veo combatir con cuentas de Facebook, Instagram y Twitter, que son censuradas una y otra vez, pero que vuelven a crearse una y otra vez sin descanso. Los veo poniendo en práctica su creatividad a través de memes que ridiculizan al orden establecido, editando videos en canales desmonetizados de YouTube que siempre están al borde del tercer *strike*, componiendo música políticamente incorrecta en sus propias computadoras y luchando por subirlas en Spotify. Los veo escribiendo libros que se publican como edición de autor, diseñando ellos mismos la portada, armando ellos mismos la maquetación, imprimiéndolos sin ninguna formalidad burocrática y arrojándolos a la postre como municiones pesadas de guerra en conferencias, seminarios y librerías alternativas. De hecho, también los veo organizando esas conferencias, pidiendo auditorios prestados porque el minúsculo presupuesto no alcanza para nada, promoviendo una difusión «boca a boca», luchando contra las amenazas de cancelación y la hostilidad de los medios hegemónicos. Los veo organizando grupos disidentes en sus universidades, duplicando sus lecturas desde que decidieron leer la bibliografía que el profesor exigía, pero la otra también. Los veo debatiendo: con profesores, con compañeros, con amigos y enemigos. En la medida en que apuestan por una *educación radical*, también los veo ganando cómodamente esos debates. Los veo, como el emboscado de Jünger, exclamando: «Yo he dicho "no"», allí donde todos se arrodillaron a la corrección política y la cultura *woke*. Pero también los veo diciendo «sí» a todo lo que esa cultura de pacotilla dice «no»: a la vida, a la familia, a la patria, a la propiedad, a la libertad. Los veo

---

510. *Cf.* Agustín Laje, *La batalla cultural. Reflexiones críticas para una Nueva Derecha* (Ciudad de México: HarperCollins, 2022).

poniendo sus propios cuerpos para defender iglesias mientras feministas, debidamente protegidas por la policía, procuran incendiarlas. Los veo defendiendo la propiedad pública y privada, defendiendo lo suyo y lo de los demás. Los veo tratando de armar partidos políticos nuevos, casi sin ninguna experiencia previa, sin más presupuesto inicial que las monedas que pueden sacar de sus propios bolsillos. Los veo, en muchos casos, llevándose gratas sorpresas electorales cuando logran perseverar. Los veo fundando *think tanks*, centros de estudios y medios digitales alternativos, que cada vez reciben más visitas. Los veo repudiando a *drags* que ingresan a los colegios, con bendición estatal, para liquidar la cabeza de los niños con la perorata de la «deconstrucción del género». Los veo marchando por los más indefensos de todos: los que aún no nacen, pero que ya existen y forman parte de nuestra especie. Los veo haciendo campañas contra series y películas *woke* producidas por las corporaciones culturales. Los veo obteniendo victorias incluso contra Disney y su Buzz LightYear. Toda esta emboscadura, y algo más, es lo que está llenando de pánico a la progresía global.

La rebeldía se volvió de derechas, y no podía ser de otra manera. La rebeldía consiste en decir «no» al sistema establecido. Desde que el sistema establecido hizo del progresismo su dogma oficial, no podía ocurrir cosa distinta: el derechismo está despertando su potencia rebelde. Claro que el progresismo y la Nueva Izquierda siguen posando de rebeldes; están desesperados por no perder ese capital simbólico tan caro a su tradición política. Pero cada vez se les hace más difícil. Lo suyo es *idiotismo útil*, mera *rebeldía-idiota*. Se rebelan contra lo que el sistema establecido procura destruir, y nada más. Tiran de las faldas del Estado niñera cuando sus caprichos no se cumplen, lloriquean ante los monopolizadores de la fuerza física cuando sus adversarios dicen algo que a ellos no les agrada, acusan de «discurso de odio» todo lo que no coincide con sus eslóganes prefabricados, exigen con histeria «espacios seguros» (*safe spaces*) en las universidades para no oír nada que pueda hacerlos pensar, demandan las caricias de las organizaciones internacionales y las incalculables donaciones de las ONG de los metacapitalistas para poder cumplir sus agendas. Todo esto cada día resulta más patente y vomitivo.

Por su parte, las nuevas derechas levantan su voz contra la casta política y la parasitaria burocracia que vive del pueblo, contra las organizaciones internacionales que hacen de nuestras soberanías una ficción y de nuestras democracias una pantomima, contra los «filántropos» del metacapitalismo global que derraman sus fortunas para impulsar ingeniería social y cultural, contra los popes de las *big tech* que utilizan su poder para destruir la libertad de expresión en esa ágora posmoderna que llamamos «redes sociales», contra los medios hegemónicos desesperados por mantener el monopolio de las *fake news*, contra el *establishment* académico que promueve, premia y beca cualquier sandez con el único requisito de que encaje con las exigencias *woke* que dominan también en ese campo social. Cuando uno advierte la forma que ha tomado el poder, no puede dejar de advertir que *la derecha se volvió rebelde* y *la izquierda se volvió sistema*.

El *ethos* rebelde de la Nueva Derecha, tomando al emboscado como modelo, debe descansar en la virtud de la valentía. Nada de victimismo; ese es el vicio que caracteriza a la *rebeldía-idiota* del progresismo. Que el análisis de las relaciones de fuerzas, de las inconmensurables magnitudes de poder que enfrentamos, de nuestros pesares y reveses, sirva no para derramar lágrimas, sino para endurecer el coraje. Desde luego que hay que denunciar las censuras, las persecuciones, los ataques; todo ello sucede con la bendición de los poderes establecidos, y hay que decirlo. Pero que nuestras denuncias funcionen como combustible del coraje, que sirvan para acelerarlo. Usando terminología gramsciana, el escritor de derechas François Bousquet acierta al describirse a él y los suyos como «subalternos»: «Visto el tratamiento mediático que se nos reserva, nosotros somos, nosotros identitarios, nosotros franceses, nosotros europeos, un grupo social de rango inferior, el pariente pobre de la diversidad y de las políticas de paridad, ninguna cuota para nosotros, ninguna consideración».[511]

Ampliemos el grupo de referencia: nosotros, neoderechistas en general, subalternizados por doquier, somos la bolsa de boxeo favorita de los poderes políticos, mediáticos, culturales y

---

511. François Bousquet, *¡Coraje! Manual de guerrilla cultural* (Alicante: Editorial Eas, 2021), p. 44.

académicos. Nada más fácil que reírse de nosotros. Nada más fácil que insultarnos. Nada más fácil que hacer de nosotros chivos expiatorios a los que acusar de cualquier cosa. Nada más fácil que señalar el color de nuestra piel (¡blancos!), nuestro sexo (¡hombres!) y nuestra orientación sexual (¡heterosexuales!) procurando denigrarnos, aunque muchos de nosotros tengamos otro color de piel, otro sexo u otra orientación sexual. Nada más fácil que hacernos la vida imposible en la universidad y, eventualmente, incluso expulsarnos de ella o segregarnos.[512] Nada más fácil que bajar nuestras calificaciones, que arrebatar nuestros méritos académicos, que amenazarnos incluso con quitarnos nuestros títulos, aunque ya nos los hayan concedido. Nada más fácil que cancelar nuestros eventos. Nada más fácil que echarnos de nuestros trabajos. Nada más fácil que denigrar nuestras creencias, atacar nuestros templos, escupir a todo lo que consideramos sagrado. Nada más fácil que acusarnos de «discurso de odio» cuando nos defendemos de los odiadores que monopolizan el «discurso del amor». Nada más fácil que excluirnos: «Es la paradoja de la sociedad inclusiva: no funciona más que bajo el precio de nuestra exclusión».[513] Pero no lloriqueemos por nada de esto; reconozcamos nuestra subalternidad, advirtamos y manifestemos nuestra actual posición en la configuración de relaciones de fuerzas dada, pero solo para hinchar nuestro pecho y seguir resistiendo. Dejemos al progre lloriquear, le concedemos alegremente el monopolio de los pataleos. Si alguna lágrima vertimos, que sea de coraje, no de solicitud. Nuestra energía no proviene de los lamentos, sino del coraje de saberse resistiendo. Que cada cachetazo se convierta en una medalla; que cada golpe recibido venga a constatar que estamos molestando, y que debemos seguir haciéndolo.

---

512. Uno de entre muchos ejemplos que podrían tomarse de lo que está sucediendo en Estados Unidos en torno a la locura racialista actual. Ya hay residencias para estudiantes fuera del campus de la Universidad de California que están prohibiendo a alumnos blancos en las áreas comunes. Al aplicar para un cuarto, uno tiene que declarar su raza, y comprometerse a no llevar invitados blancos. Solo se permiten «negros, indígenas y *queer*», según las reglas del lugar. *Cf.* «Off-campus UC Berkeley student housing bans white people from common areas», *New York Post*, 19 agosto 2022, https://nypost.com/2022/08/19/off-campus-uc-berkeley-housing-bans-white-people-from-common-areas/.

513. Bousquet, *¡Coraje! Manual de guerrilla cultural*, p. 46.

A eso es a lo que más le temen; por eso empiezan a temernos: temen la mera posibilidad de nuestro coraje. Temen que ese pisoteo constante, esa humillación sin límites a la que nos han querido someter, se traduzca no en vergüenza y culpabilidad, no en excusas y autoflagelos, sino en *coraje*.[514] Ellos, que hacen política con su sexo y su ombligo, con su menstruación y sus dietas a base de lechuga, no conocen el verdadero coraje de hacer política por tu libertad, por tu familia, por tu Patria, por tu Dios. Este coraje, si finalmente termina de desplegarse, revestirá magnitudes difíciles de calcular.

En efecto, pisotearon nuestras libertades, se burlaron de nuestras creencias, demonizaron nuestras familias, metieron basura en la cabeza de nuestros hijos, incendiaron nuestros templos, defecaron en nuestros altares, hormonizaron y mutilaron la sexualidad de nuestros niños, pero no esperaron nuestro coraje. Según sus presunciones, no teníamos siquiera el derecho a sentir coraje, a movilizar todo nuestro coraje. Esto, sencillamente, no entraba en sus cálculos. Pero ya está pasando el momento de las risas, y ahora empiezan a fruncir el ceño. Fue tal el nivel de arrogancia de nuestros adversarios que calificaron todo lo que nosotros hacíamos como «consumo irónico». Pensaron que cada vez más gente nos leía, nos escuchaba, nos veía a través de redes sociales y medios alternativos, simplemente porque querían reírse de nosotros. Reírse de nosotros, igual que como aquellos se nos reían. Pero ahora ríen cada vez menos. Ahora escriben libros diciendo que deberían tomarnos en serio, porque hay una rebeldía de derecha que está ganando el corazón de muchos jóvenes. Lo que empiezan a temer es nuestro coraje. ¡No era «consumo irónico», era *catarsis*!

---

514. Para mis lectores cristianos, recuerden el *coraje* de Jesús en el templo que se había convertido en un mercado. Mateo relata que Jesús, «haciendo un azote de cuerdas, echó fuera del templo a todos, y las ovejas y los bueyes; y esparció las monedas de los cambistas, y volcó las mesas» (Juan 2:15). O recuerden el coraje con el que Jesús se dirige a los maestros de la ley y fariseos: «¡Ay de vosotros, escribas y fariseos, hipócritas! Porque sois semejantes a sepulcros blanqueados, que por fuera, a la verdad, aparecen hermosos, mas por dentro están llenos de huesos de muertos y de toda inmundicia». A los mismos, no dudaba de calificarlos de «¡Serpientes, engendros de víboras!» (Mateo 23:27 y 33). ¿No es esto un acto de valentía en el que se expresa, entre otras cosas, una modalidad del coraje?

Nuestro coraje no es resentimiento, sino una demanda directa y explícita de respeto; un hartazgo colectivo respecto de agresiones que no dejan de multiplicarse en nombre de la «inclusión» y la «diversidad». Max Scheler caracteriza el resentimiento como «una *autointoxicación psíquica*», como «una actitud psíquica permanente, que surge al reprimir sistemáticamente la descarga de ciertas emociones y afectos».[515] El resentido, que contiene en su corazón impulsos de venganza, envidia y odio, padece al mismo tiempo *impotencia*[516] y no da el paso operativo que traduce en acción aquellos sentimientos. Por eso, se «autointoxica» cada vez más. Nuestro coraje, lejos del resentimiento, no envidia nada a nadie ni desea nada que ya no nos pertenezca ni nada que ya no seamos. Todavía más: no pretendemos nada de nuestros adversarios, más allá de su abstención: que se abstengan de meterse con nuestras familias, con nuestros hijos, con nuestras creencias, con nuestros símbolos, con nuestros templos, con nuestras libertades. Nuestro coraje no es resentimiento, sino exactamente lo contrario: es una respuesta sin ambages a los resentidos sociales disfrazados de rebeldes, aquellos que no dejan de intoxicarse a sí mismos achacándoles a los demás sus desdichas, reales o autopercibidas. Nuestro coraje, lejos de la parálisis de la impotencia, y lejos de la envidia y el odio por lo no sido o lo no tenido, desata un tipo particular de rebeldía muy alejada del resentimiento. También Camus distingue al rebelde del resentido: «El resentimiento es siempre resentimiento contra sí mismo. El rebelde, por el contrario, en su primer movimiento, se niega a que se toque lo que él es. Lucha por la integridad de una parte de su ser».[517] ¿Y no luchamos nosotros precisamente por eso?

La rebeldía de la Nueva Derecha y su modelo del emboscado constituyen un *antiidiotismo*. Hay en ella una salida al desierto del sentido que avanza, a las identidades sin suelo que se evaporan

---

515. Max Scheler, *El resentimiento en la moral* (Madrid: Caparrós Editores, 1998) p. 20.
516. «Las fuerzas represivas son aquí el sentimiento de impotencia, una acusada conciencia de "no poder", enlazada con un fuerte y penoso sentimiento de depresión; también son fuerzas represivas el temor, la angustia y el pánico ante la tendencia a expresarse y a obrar en la dirección de los afectos» (Scheler, *El resentimiento en la moral*), pp. 45-46.
517. Camus, *El hombre rebelde*, p. 25.

en el aire sin cesar (con el consiguiente aumento de rentabilidad del *shopping* identitario), a las coacciones del sistema-moda y a los cantos de sirena de la farándula, al embrutecimiento de los colegios y el adoctrinamiento de las universidades, al *framing* de los medios y a la *espiral del silencio* de las opiniones públicas manufacturadas que demandan nuestra autocensura, a la descomposición de nuestras familias y a la reducción de nosotros mismos a adolescentes idiotizados que claman por las caricias del Estado niñera. Las nuevas generaciones dispuestas a deshacerse de todas las miserias de la *generación idiota* tienen en la Nueva Derecha un proyecto en curso que demanda más que nunca el concurso de una nueva juventud. Los tiempos que vienen no serán nada fáciles: nuestros adversarios tienen de su lado el financiamiento, las comunicaciones, las corporaciones, las universidades, las industrias culturales, los gobiernos, las organizaciones internacionales. Pero, aun así, temen nuestro coraje; temen un despertar masivo del coraje que se vehiculice en la forma de la rebeldía política.

Emboscados libertarios, emboscados conservadores, emboscados reaccionarios, emboscados patriotas, emboscados tradicionalistas: que el bosque los encuentre unidos, aun en sus diferencias. Pero que esa unidad no sea una mera suma, sino una multiplicación: que el bosque se convierta en el *locus* de una operación hegemónica en la que las identidades particulares queden anudadas en una identidad política de mayor calibre. Que la rebeldía política alimente esa *praxis*, que no se doblegue ni retroceda. Frente al cuerpo sin órganos del progresismo, la emboscadura. Frente a la «deconstrucción», el sentido. Frente al rizoma, el enraizamiento. Frente a la borradura, la consideración del origen. Frente al victimismo, el coraje de quien resiste de verdad. Frente al globalismo, la Patria. Frente al desprecio por lo recibido, la imbricación intergeneracional. Frente a la licuefacción de los lazos sociales, la familia, las iglesias, los cuerpos intermedios. Frente a la fragmentación desquiciada de las identidades, los relatos sólidos. Frente al «ciudadano del mundo», el pueblo. Frente al odio contra el pasado, el cariño del recuerdo. Frente a la liberación, la libertad. Frente a la generación idiota, la Política y el Coraje.

BIBLIOGRAFÍA

Abbagnano, Nicola & Visalberghi, Aldo. *Historia de la pedagogía.* Ciudad de México: FCE, 2016.

Agustín de Hipona, *Confesiones.* Madrid: Verbum, 2015.

———. *El maestro o Sobre el lenguaje.* Madrid: Trotta, 2003.

Anshen, Ruth Nanda (Comp.). *La familia.* Barcelona: Ediciones Península, 1974.

Arendt, Hanna. *La condición humana.* Buenos Aires: Paidós, 2009.

Ariès, Phillipe. *Centuries of Childhood. A Social History of Family Life.* Nueva York: Vintage Books, 1962.

Aristóteles. *Ética nicomáquea.* Madrid: Gredos, 2011.

———. *Metafísica.* Madrid: Gredos, 1994.

———. *Poética.* Madrid: Gredos, 1999.

———. *Política.* Madrid: Alianza, 2019.

———. *Retórica.* Madrid: Gredos, 2011.

Aron, Raymond. *El opio de los intelectuales.* Buenos Aires: Ediciones Siglo Veinte, 1967.

Augé, Marc. *El tiempo sin edad. Etnología de sí mismo.* Buenos Aires: Adriana Hidalgo Editora, 2018.

Badiou, Alain. *La verdadera vida. Un mensaje a los jóvenes.* Buenos Aires: Interzona, 2017.

Baschet, Jérôme. *La civilización feudal. Europa del año mil a la colonización de América.* México D. F.: FCE, 2009.

Baudrillard, Jean. *Crítica de la economía política del signo.* Ciudad de México: Siglo XXI, 2016.

———. *Cultura y simulacro.* Barcelona: Editorial Kairós, 2016.

———. *De la seducción.* Madrid: Cátedra, 1981.

———. *El intercambio simbólico y la muerte.* Caracas: Monte Ávila Editores, 1980.

Baudrillard, Jean. *La agonía del poder.* Madrid: Ediciones Pensamiento, 2021.

———. *La sociedad de consumo.* Madrid: Siglo XXI, 2018.

———. *La transparencia del mal. Ensayo sobre los fenómenos extremos.* Barcelona: Anagrama, 1993.

———. *Olvidar a Foucault.* Valencia: Pre-textos, 1994.

———. *Pantalla total.* Barcelona: Anagrama, 2000.

Bauman, Zygmunt. *Vida de consumo.* Ciudad de México: FCE, 2020.

Beattie, John. *Otras culturas.* México D. F.: FCE, 1986.

Bell, Daniel. *Las contradicciones culturales del capitalismo.* Madrid: Alianza, 1977.

Benjamin, Walter. *La metafísica de la juventud.* Barcelona: Altaya, 1994.

Berger, Peter & Luckmann, Thomas. *Modernidad, pluralismo y crisis de sentido. La orientación del hombre moderno.* Barcelona: Paidós, 1997.

Bilbeny, Norbert. *El idiotismo moral. La banalidad del mal en el siglo XX.* Barcelona: Anagrama, 1993.

Bloom, Allan. *El cierre de la mente moderna.* Barcelona: Plaza y Janés Editores, 1989.

Bourdieu, Pierre. *Homo academicus.* Buenos Aires: Siglo XXI, 2013.

Bousquet, François. *¡Coraje! Manual de guerrilla cultural.* Alicante: Editorial Eas, 2021.

———. *El puto san Foucault.* Madrid: Ediciones Insólitas, 2019.

Butler, Judith. *El género en disputa. El feminismo y la subversión de la identidad.* Barcelona: Paidós, 2015.

Camus, Albert. *El hombre rebelde.* Buenos Aires: Losada, 2003.

Carr, Nicholas. *Superficiales. ¿Qué está haciendo Internet con nuestras mentes?* Ciudad de México: Taurus, 2015.

Castells, Manuel. *Comunicación y poder.* México: Siglo XXI, 2012.

Cicerón, *El arte de envejecer.* Badalona: Koan, 2020.

Cohen, Bernard. *The Press and the Foreign Policy.* New Jersey: Princeton University Press, 1963.

Comenio, Juan Amós. *Didáctica Magna.* Madrid: Akal, 2012.

Comte, Augusto. *Principios de filosofía positiva.* Santiago: Imprenta de la Librería del Mercurio, 1875.

Condorcet, *Bosquejo de un cuadro histórico de los progresos del espíritu humano.* Madrid: Editora Nacional, 1980.

Croci, Paula & Vital, Alejandra (comps.). *Los cuerpos dóciles. Hacia un tratado sobre la moda*. Buenos Aires: La Marca Editora, 2018.

Danielle, Leo. *O Universo é uma Catedral*. São Paulo: Ediçoes Brasil de Amanha, 1997.

De Beauvoir, Simone. *La vejez*. Bogotá: Debolsillo, 2013.

De Prada, Juan Manuel. *Una enmienda a la totalidad*. Madrid: Homo Legens, 2021.

De Saint-Simon, Henri. *Social Organization: The Science of Man and Other Writings*. Nueva York: Harper & Row, 1964.

De Tocqueville, Alexis. *La democracia en América*. Madrid, Trotta: 2018.

Debord, Guy. *Comentarios sobre la sociedad del espectáculo*. Barcelona: Anagrama, 1999.

———. *La sociedad del espectáculo*. Valencia: Pre-Textos, 2002.

Debray, Régis. *El Estado seductor. Las revoluciones mediológicas del poder*. Buenos Aires: Manantial, 1995.

Deleuze, Gilles & Guattari, Félix. *¿Qué es la filosofía?* Barcelona: Anagrama, 1997.

———. *El anti-Edipo*. Barcelona: Paidós, 1985.

———. *Mil mesetas*. Valencia: Pre-textos, 2020.

———. *Rizoma. Introducción*. Valencia: Pre-Textos, 2005.

Desmurget, Michel. *La fábrica de cretinos digitales. Los peligros de las pantallas para nuestros hijos*. Barcelona: Península, 2022.

Durlak, Joseph A. «Relationship between Individual Attitudes toward Life and Death», *Journal of Consulting and Clinical Psychology*, 38 (1972).

Dworak, Markus *et al.*, «Impact of Singular Excessive Computer Game and Television Exposure on Sleep Patterns and Memory Performance of School-Aged Children», *Pediatrics*, 2007, 120 (5).

Eker, T. Harv. *Los secretos de la mente millonaria*. Málaga: Editorial Sirio, 2006.

Elliott, Anthony. *Dar la talla. Cómo la cirugía estética transforma nuestras vidas*. Madrid: 451 Editores, 2009.

Ellis B. J. *et al.*, «Does Father Absence Place Daughters at Special Risk for Early Sexual Activity and Teenage Pregnancy?», *Child Development*, 2003, 74(3).

Erasmo de Rotterdam. *De cómo los niños precozmente y desde su mismo nacimiento deben ser iniciados en la virtud y en las buenas letras de manera liberal* (incluido en *Erasmo,* Madrid: Gredos, 2011).

Erikson, Erik H. *Infancia y sociedad.* Buenos Aires: Paidós, 1976.

Erriguel, Adriano. *Pensar lo que más les duele. Ensayos metapolíticos.* Madrid: Homo Legens, 2020.

Farocki, Harun. *Desconfiar de las imágenes.* Buenos Aires: Caja Negra, 2020.

Felisoni, Daniel *et al.* «Cell Phone Usage and Academic Performance: An Experiment», *Computers & Education,* 117, 2018.

Ferraris, Maurizio. *Posverdad y otros enigmas.* Madrid: Alianza Editorial, 2019.

Ferrés, Joan. *Televisión subliminal. Socialización mediante comunicaciones inadvertidas.* Barcelona: Paidós, 1996.

Finkielkraut, Alain. *La derrota del pensamiento.* Barcelona: Anagrama, 1994.

Forti, Steven. *Extrema derecha 2.0. Qué es y cómo combatirla.* Madrid: Siglo XXI, 2021.

Foucault, Michel. *Del gobierno de los vivos.* Buenos Aires: Fondo de Cultura Económica, 2014.

———. *El poder psiquiátrico.* Buenos Aires: FCE, 2012.

———. *Historia de la sexualidad. La voluntad de saber.* Buenos Aires: Siglo XXI, 2019.

———. *Nietzsche, la genealogía, la historia.* Valencia: Pre-textos, 2004.

———. *Vigilar y castigar.* México D. F.: Siglo XXI, 2016.

Frankl, Viktor. *Ante el vacío existencial. Hacia una humanización de la psicoterapia.* Barcelona: Herder, 2019.

———. *El hombre en busca de sentido.* Barcelona: Herder, 2019.

———. *El hombre en busca del sentido último.* Ciudad de México: Paidós, 2012.

Freud, Sigmund. *El malestar en la cultura.* En *Obras Completas,* vol. 22. Buenos Aires: Siglo XXI, 2013.

Fukuyama, Francis. *Identidad. La demanda de dignidad y las políticas de resentimiento.* Barcelona: Planeta, 2019.

García Calvo, Laín. *La voz de tu alma.* Barcelona: Océano, 2019.

Gazzaley, Adam *et al. The Distracted Mind.* Cambridge, MA: MIT Press, 2016.

Glynn, Martin. «Dad and Me. Research into the problems caused by absent fathers», *Addaction*, 2011, http://www.sakkyndig.com/psykologi/artvit/glynn2011.pdf.

Goffman, Erving. *Frame analysis: los marcos de la experiencia.* Madrid: Centro de Investigaciones Sociológicas, 2006.

González, Ana Marta. *Ficción e identidad. Ensayos de cultura posmoderna.* Madrid: Rialp, 2009.

Gracián, Baltasar. *El discreto y Oráculo manual y arte de prudencia.* Barcelona: Penguin Random House, 2016.

Guardini, Romano. *Las edades de la vida.* Buenos Aires: Lumen, 2016.

Han, Byung-Chul. *El aroma del tiempo.* Barcelona: Herder, 2019.

———. *Infocracia. La digitalización y la crisis de la democracia.* Buenos Aires: Taurus, 2022.

———. *La desaparición de los rituales.* Buenos Aires: Herder, 2021.

———. *La sociedad paliativa.* Buenos Aires: Herder, 2021.

———. *No-cosas.* Buenos Aires: Paidós, 2021.

Hancox, Robert *et al.* «Association of Television Viewing During Childhood with Poor Educational Achievement», *Archives of Pediatrics and Adolescent Medicine*, 159, 2005.

Heidegger, Martin. *Caminos de bosque.* Madrid: Alianza, 1995.

Hembrooke, Helene & Gay, Geri. «The Laptop and the Lecture: The Effects of Multitasking in Learning Environments», *Journal of Computing in Higher Education*, 15, núm. 1, septiembre 2003.

Herrero, Montserrat. *Poder, gobierno, autoridad. La condición saludable de la vida política.* Madrid: Centro de Estudios Políticos y Constitucionales, 2015.

Hobbes, Thomas. *Leviatán. La materia, forma y poder de una república eclesiástica y civil.* Ciudad de México: FCE, 2017.

Horowitz, Irving Louis. *Historia y elementos de la sociología del conocimiento.* Buenos Aires: EUDEBA, 1964.

Jünger, Ernst. *La emboscadura.* Barcelona: Tusquets, 1993.

Kallendorf, Craig W. (Ed.), *Humanist Educational Treatises.* Londres: Harvard University Press, 2002.

Kant, Immanuel. *¿Qué es la Ilustración?* Buenos Aires: Prometeo, 2010.

———. *El conflicto de las Facultades.* Madrid: Alianza, 2003.

———. *Pedagogía.* Madrid: Akal, 2003.

Kaufmann, Jean Claude. *Identidades: una bomba de relojería.* Barcelona: Ariel, 2015.

Koselleck, Reinhart. *Los estratos del tiempo*. Barcelona: Paidós, 2001.

Kosinski, Michal., Stillwell, David. & Graepel, Thore. «Private Traits and Attributes Are Predictable from Digital Records of Human Behavior», *Proceedings of the National Academy of Sciences of the United States of America*, 110, 15, 2013.

Laclau, Ernesto & Mouffe, Chantal. *Hegemonía y estrategia socialista*. Buenos Aires: FCE, 2011.

Laje, Agustín. *La batalla cultural. Reflexiones críticas para una Nueva Derecha*. México: HarperCollins, 2022.

Lasch, Cristopher. *Refugio en un mundo despiadado. Reflexión sobre la familia contemporánea*. Barcelona: Gedisa, 1996.

Le Breton, David. *La edad solitaria. Adolescencia y sufrimiento*. Santiago de Chile: LOM ediciones, 2012.

Lipovetsky, Gilles. *El crepúsculo del deber. La ética indolora de los nuevos tiempos democráticos*. Barcelona: Anagrama, 1996.

———. *El imperio de lo efímero. La moda y su destino en las sociedades modernas*. Barcelona: Anagrama, 1990.

———. *Gustar y emocionar. Ensayo sobre la sociedad de seducción*. Barcelona: Anagrama, 2020.

Lippmann, Walter. *Opinión Pública*. Buenos Aires: Fabril Editora, 1949.

Locke, John. *Pensamientos sobre la educación*. Madrid: Akal, 2017.

———. *Segundo tratado sobre el gobierno civil*. Madrid: Tecnos, 2006.

Lorenz, Dietrich. «Sobre el concepto de juventud en el siglo XII y el orden en que se debe estudiar la filosofía», *Miscelánea Comillas*, vol. 64 (2006).

Luhmann, Niklas. *La realidad de los medios de masas*. Barcelona: Anthropos, 2007.

Lyotard, Jean-François. *La condición postmoderna*. Madrid: Cátedra, 2019.

Malinowski, Bronislaw. *Los argonautas del Pacífico occidental I*. Barcelona: Planeta-De Agostini, 1986.

Massot, Vicente Gonzalo. *Esparta. Un ensayo sobre el totalitarismo antiguo*. Buenos Aires: Grupo Editor Latinoamericano, 1990.

Matthew, Csabonyi. & Phillips, Lisa J. «Meaning in Life and Substance *Use*». En *Journal of Humanistic Psychology*, 60, núm. 1, enero 2020.

McCombs, Maxwell & Shaw, Donald. «The Agenda-Setting

Function of the Mass Media». *Public Opinion Quarterly* 36, 1972.

————. «Explorers and Surveyors: Expanding Strategies for Agenda-Setting Research», *Journalism Quarterly* 69 (4), 1992.

McLuhan, Marshall. *La comprensión de los medios como la extensión del hombre.* México D. F.: Editorial Diana, 1972.

Mead, Margaret. *Cultura y compromiso. Estudio sobre la ruptura generacional.* Buenos Aires: Granica Editor, 1970.

————. *Educación y cultura en Nueva Guinea: estudio comparativo de la educación entre los pueblos primitivos.* España: Paidós, 1999. [Edición en inglés, *Growing up in New Guinea.* Nueva York: Blue Ribbon Books, 1930].

Mennel, Robert M. *Thorns and Thistles: Juvenile Delinquents in the United States.* Hanover: N. H., 1970.

Miall, Davis S. & Dobson, Teresa. «Reading Hypertext and the Experience of Literature», *Journal of Digital Information,* 2, núm. 1, agosto 2001.

Minogue, Kenneth. *Introducción a la política.* Madrid: Acento Editorial, 1998. [Edición en inglés, *Politics. A Very Short Introduction.* Oxford University Press, 2000].

Morduchowicz, Roxana. *Adolescentes, participación y ciudadanía digital.* Buenos Aires: FCE, 2021.

Morgan, Lewis. *La sociedad primitiva.* Madrid: Endymión, 1987.

Muray, Philippe. *El imperio del bien.* Granada: Nuevo Inicio, 2012.

Muuss, Rolf E. *Teorías de la adolescencia.* Buenos Aires: Paidós, 1966.

Narodowski, Mariano. *Un mundo sin adultos.* Buenos Aires: Debate, 2016.

Nietzsche, Friedrich. *El ocaso de los ídolos.* Madrid: M. Aguilar Editor, 1932.

————. *Obras completas, vol. III. Madrid: Tecnos, 2014..*

Nisbet, Robert. *The Quest for Community.* Delaware: Isi Books, 1981.

Obama, Barack. *Una tierra prometida.* Madrid: Debolsillo, 2022.

Obama, Michelle. *Mi historia.* Madrid: Plaza & Janés Editores, 2018.

Octobre, Sylvie. *¿Quién teme a las culturas juveniles? Las culturas juveniles en la era digital.* Ciudad de México: Océano, 2019.

Ogburn, William & Nimkoff, Meyer. *Sociología.* Madrid: Aguilar, 1979.

Ortega y Gasset, José. *La rebelión de las masas*. Barcelona: Ediciones Orbis, 1983.

Pieper, Josef. *El ocio: fundamento de la cultura*. Buenos Aires: Librería Córdoba, 2010.

Platón, *Protágoras*, en *Diálogos I*. Madrid: Gredos, 2000.

———. *República*. Madrid: Editorial Gredos, 2011.

Postman, Neil. *Divertirse hasta morir*. Barcelona: Ediciones La Tempestad, 2012.

———. *La desaparición de la niñez*. Barcelona: Círculo de Lectores, 1988. [Edición en inglés, *The Disappearance of Childhood*. Nueva York: Vintage Books, 1994].

Preciado, Beatriz. *Terror anal*. Sta. Cruz de Tenerife: Melusina, 2009.

Preciado, Paul B. *Manifiesto contrasexual*. Barcelona: Anagrama, 2022.

———. *Testo yonqui. Sexo, drogas y biopolítica*. Barcelona: Anagrama, 2022.

Reklau, Marc. *30 días: cambia de hábitos, cambia de vida*. Amazon: 2014.

Rideout, Victoria *et al*. «The Common Sense Census: Media Use by Kids Age Zero to Eight». *Common Sense Media*: 2020.

———. «The Common Sense Census: Media Use by Tweens and Teens». *Common Sense Media*: 2019.

Riesman, David. *La muchedumbre solitaria*. Barcelona: Paidós, 1981. [Edición en inglés *The Lonely Crowd*. Nueva York: Vail-Ballou Press, 1989].

Rockwell, Steven C. & Singleton, Loy A. «The Effect of the Modality of Presentation of Streaming Multimedia of Information Acquisition», *Media Psychology*, 9 (2007).

Rothbard, Murray. *Educación: libre y obligatoria*. Madrid: Unión Editorial, 2019.

Rousseau, Jean-Jacques. *Emilio o la educación*. Barcelona: Gredos, 2015.

Sábada, Teresa. *Framing. Una teoría para los medios de comunicación*. Pamplona: Ulzama Ediciones, 2006.

Sadin, Éric. *La era del individuo tirano. El fin de un mundo común*. Buenos Aires: Caja Negra, 2022.

———. *La siliconización del mundo. La irresistible expansión del liberalismo digital*. Buenos Aires: Caja Negra, 2018.

Sartori, Giovanni. *La política. Lógica y método en las ciencias sociales*. Ciudad de México: FCE, 2015.

Scavino, Dardo. *Las fuentes de la juventud. Genealogía de una devoción moderna*. Buenos Aires: Eterna Cadencia, 2015.

Scheler, Max. *El resentimiento en la moral*. Madrid: Caparrós Editores, 1998.

Schmitt, Carl. *El concepto de lo político*. Madrid: Alianza Editorial, 2019.

Schopenhauer, Arthur. *El arte de envejecer*. Madrid: Alianza, 2019.

Sciacca, Miguel. *El oscurecimiento de la inteligencia*. Madrid: Gredos, 1973.

Séneca, *Epístolas morales a Lucilio I*. Madrid: Gredos, 1986.

————. *De la brevedad de la vida*. San Juan: Universidad de Puerto Rico, 2007.

Sharif, Iman *et al.* «Association Between Television, Movie, and Video Game Exposure and School Performance», *Pediatrics*, 118, 2006.

Simmel, Georg. *Filosofía de la moda*. Madrid: Casimiro, 2019.

Smith, Adam. *Teoría de los sentimientos morales*. Madrid: Alianza, 1997.

Stanley Hall, Granville. *Adolescence*. Nueva York: Appleton, 1916.

Stefanoni, Pablo. *¿La rebeldía se volvió de derechas?* Madrid: Siglo XXI, 2021.

Sunstein, Cass R. *Paternalismo libertario*. Barcelona: Herder, 2017.

Thompson, John B. *Los media y la modernidad. Una teoría de los medios de comunicación*. Barcelona: Paidós, 2017.

Turkle, Sherry. *En defensa de la conversación. El poder de la conversación en la era digital*. Barcelona: Ático de los Libros: 2019.

Vermorel, Fred. *Starlust: las fantasías secretas de los fans*, Barcelona: Contra, 2021.

Von Mises, Ludwig. *La mentalidad anticapitalista*. Buenos Aires: Unión Editorial, 2013.

Watson, Peter. *Ideas. Historia intelectual de la humanidad*. Colombia: Planeta, 2017.

Weber, Max. *Economía y sociedad*. Ciudad de México: FCE, 2014.

Weil, Simone. *Echar raíces*. Madrid: Trotta, 2014.

Winerman, Lea. «By the numbers: An alarming rise in suicide», *American Psychological Association*, enero 2019, vol. 50, núm. 1.

Young, Christopher J. *et al.* (eds.). *Quick Hits for Teaching with*

Digital Humanities: Successful Strategies from Award-Winning Teachers. Indiana: Indiana University Press, 2020.

Zhu, Erping. «Hypermedia Interface Design: The Effects of Number of Links and Granularity of Nodes», *Journal of Educational Multimedia and Hypermedia*, 8, núm. 3 (1999).

Zuboff, Shoshana. *La era del capitalismo de la vigilancia.* Barcelona: Paidós, 2020.

ACERCA DEL AUTOR

Licenciado en Ciencia Política por la Universidad Católica de Córdoba y Máster en Filosofía por la Universidad de Navarra, el afamado escritor, politólogo, intelectual y conferencista Agustín Laje ha participado como autor y coautor en varios libros, entre los cuales destacan los éxitos de ventas *El libro negro de la nueva izquierda* (2016) y *La batalla cultural* (2022). Ha visto publicadas sus columnas en medios locales, nacionales e internacionales. Laje es actualmente columnista en La Gaceta de la Iberosfera, El American, PanAm Post, Alt Media y el diario digital español El Liberal. El autor ha recibido distintos galardones nacionales e internacionales. Sus ensayos sobre filosofía política han sido premiados cinco años consecutivos en México por Caminos de la Libertad. Ha dictado conferencias en distintos países, tales como Uruguay, Argentina, Chile, Perú, Paraguay, Ecuador, Bolivia, México, El Salvador, Colombia, Puerto Rico, Costa Rica, Guatemala, República Dominicana, Estados Unidos y España. Actualmente, Laje está realizando el doctorado en Filosofía por la Universidad de Navarra.